Kohlhammer

Heide Göttner-Abendroth

# Am Anfang die Mütter – matriarchale Gesellschaft und Politik als Alternative

Ausgewählte Beiträge zur modernen Matriarchatsforschung

Verlag W. Kohlhammer

Umschlagbild: Dreifaltige Große Göttin, nach einer persischen Schiefergussform (2. Jahrtausend v.u.Z.) gezeichnet von Gudrun Frank-Wissmann, Mainz-Kastel


produktsicherheit@kohlhammer.de

Umschlag: Gestaltungskonzept Peter Horlacher
Satz: michon, Niederhofheimer Str. 45a–c, 65719 Hofheim/Ts.
Gesamtherstellung:
W. Kohlhammer Druckerei GmbH + Co. KG, Stuttgart
Printed in Germany

ISBN 978-3-17-021934-2

# Inhalt

# Vorwort

Zum 70. Geburtstag von Heide Göttner-Abendroth sollte ein Jubiläumsband erscheinen, denn sie hat ihr ganzes Leben der Matriarchatsforschung gewidmet. Sie ist die Begründerin der modernen Matriarchatsforschung (seit 1980) und gehört zu den Pionierinnen der feministischen Forschung, die in den 70er Jahren begann. Darum hatte ich den Wunsch, dass ein Teil ihrer Arbeit durch diesen Band sichtbar werden würde.

Ich bin mit dem Werk von Heide Göttner-Abendroth schon lange verbunden, denn seit fünfzehn Jahren bin ich in der Akademie HAGIA tätig, und seit 2007 habe ich Mitverantwortung als Co-Leiterin übernommen. In dieser Zeit habe ich die Bedeutung ihres Werks kennen gelernt, das auf verschiedenen gesellschaftlichen Ebenen wirksam ist.

Ich betrachte dieses Werk insgesamt als ein politisches Werk, weil es eine neue Gesellschaft skizziert. Es gibt uns einen geschichtlichen Boden, der für die Zukunft fruchtbar gemacht werden kann, das heißt, auf dem neue Lebensformen ohne Gewalt und Herrschaft wachsen können. Für mich als Medizinerin und Heilerin zeigt es einen Heilungsweg auf, der aus diesen zerstörerischen patriarchalen Gesellschaften Schritt für Schritt auf der gesellschaftlichen, politischen und spirituellen Ebene hinausführen kann.

Die in diesem Jubiläumsband versammelten Aufsätze, die vergriffen oder noch nicht publiziert waren, umfassen ein großes Spektrum an Themen: Sie enthalten grundsätzliche Klärungen, wie matriarchale Gesellschaften gelebt haben und noch leben, die ich sehr erhellend finde. Weiterhin werden darin patriarchale Muster analysiert, so dass sichtbar wird, in welcher lebensfeindlichen Gesellschaft wir uns befinden. Ebenso werden die Prinzipien matriarchaler Kunst- und Kulturformen erklärt, an denen man erkennen kann, wie matriarchale Gesellschaften ihr Weltbild ausgedrückt haben. Zuletzt wird ganz konkret ein matriarchatspolitischer Weg aufgezeigt, wie wir die patriarchale Gesellschaft überwinden können.

Der Jubiläumsband zum Geburtstag von Heide Göttner-Abendroth erscheint anlässlich des Kongresses für Matriarchatspolitik in St. Gallen in der Schweiz im Jahr 2011, der durch die Akademie HAGIA organisiert wurde. Dieses Zusammentreffen war ja nicht geplant, sondern es hat sich so ergeben. Deshalb habe ich es als eine Herausforderung betrachtet, Heide Göttner-Abendroth bei diesem Anlass mit dem Jubiläumsband zu ehren. Genauso wie der Kongress zum richtigen Zeitpunkt in dieser Gegenwart voller Krisen stattfindet, ist es an der Zeit, dass ihre Aufsätze wieder an die Öffentlichkeit gelangen. Denn ihr Werk war von Anfang an matriarchatspolitisch.

Heide Göttner-Abendroth hat ihr Hauptwerk in dem renommierten Kohlhammer Verlag publiziert. Ihre Arbeiten werden dort sehr geschätzt. So lag es nahe, dass ich bei diesem Verlag für die Publikation eines Jubiläumsbands anfragte. Zu meiner Freude hat Herr Jürgen Schneider, der ihr Werk dort vertritt, spontan zugesagt. Mein Dank gilt daher ausdrücklich Herrn Schneider für seine Unterstützung und sein Engagement für die Veröffentlichung.

Cécile Keller
im Februar 2011

# I Grundsätzliche Gedanken und Klärungen

## 1 Matriarchat – was ist das?

*Eine Begriffsklärung*

Der Begriff „Matriarchat" war in seiner Bedeutung bis heute völlig unklar, denn er wurde schlecht oder gar nicht definiert. Darum blieb er der am häufigsten missverstandene und falsch interpretierte Begriff. Entgegen dem Anschein ist er nicht die Parallele zum Begriff „Patriarchat", was „Väterherrschaft" bedeutet. Ihn deshalb mit „Mütterherrschaft" zu übersetzen, ist weder sprachlich noch sachlich richtig. Denn *arché* heißt im Griechischen sowohl „Herrschaft" wie „Anfang", wobei die zweite Bedeutung die ältere ist. Beide Bedeutungen sind nicht gleichzusetzen; sie fallen nur denjenigen zusammen, die aus Unwissenheit meinen, vom Anfang der Menschheitsgeschichte an habe es Herrschaft gegeben. Legenden dieser Art sind allerdings zu Dutzenden von patriarchalen Theoretikern in Umlauf gesetzt worden.

Dass im Griechischen das Wort *arché* auch *Beginn*, *Ur-Anfang* bedeutet, geht aus solchen Begriffsbildungen wie „Archetyp" oder „Arche Noah" oder „Archäologie" hervor. Denn man würde „Archäologie" auch nicht als „Lehre von der Herrschaft" oder „Archetyp" als „Herrschaftstyp" übersetzen wollen, ebenso wenig bedeutet „Arche Noah" etwa „Noahs Herrschaft" (1). Sondern Archäologie bezeichnet klar die „Lehre von den Anfängen (der Kultur)", Archetyp meint einen „uranfänglichen Typus", und die Arche Noah bezieht sich auf den neuen Anfang der Menschheit nach der Sintflut (Bibel).

Wir übersetzen deshalb das Wort „Matriarchat" korrekt mit „am Anfang die Mütter". Erst später, als im Rahmen patriarchaler Ideologie behauptet wurde, dass es Herrschaft von Anbeginn der Geschichte an gegeben hätte, nahm das Wort *arché* auch die zweite Bedeutung von *Herrschaft* an. Deshalb übersetzt man „Patriarchat" korrekt mit „Herrschaft der Väter", was auch Männerherrschaft meint. Matriarchale Gesellschaften sind hingegen nicht das Spiegelbild patriarchaler Gesellschaften, sondern eine völlig andere Gesellschaftsform von sehr langer Dauer in der frühen Kulturgeschichte. Deshalb ist es falsch, „Matriarchat" mit „Herrschaft der Mütter" zu übersetzen und dabei auch Frauenherrschaft zu meinen, wie ein gängiges Vorurteil es will. Die Übersetzung „am Anfang die Mütter" trifft hingegen die Sache.

Es gibt heute etliche Versuche, den Begriff „Matriarchat" aus der wissenschaftlichen und öffentlichen Diskussion wegzulassen. Ein abschwächender und verschleiernder Sprachgebrauch wird stattdessen eingeführt, der in der Forschungsgeschichte zu diesem heiklen Thema keineswegs neu ist. Aus durchsichtigen Gründen, nämlich undurchschauter Ideologie und Angst vor der Kritik der zünftigen Fachwelt, werden solche Ersatzbegriffe wie „matrizentrisch", „matristisch", „matrifokal", „gynaikostatisch", „gylanisch" zu den alten Ersatzbegriffen wie „mutterrechtlich" und „gynaikokratisch" hinzu erfunden, welche die Sache eher verdunkeln als erhellen. Sie sind allesamt vom wissenschaftlichen Standpunkt sehr problematisch. Erstens werden dabei meist nur einzelne Züge matriarchaler Gesellschaften thematisiert, nie diese Gesellschaftsordnung als Ganze, was deren Bild verzerrt, oder sie sind schlicht falsch wie z. B. die Bezeichnung „gynaikokratisch", was „Frauenherrschaft" heißt. Zweitens werden sie in der allgemeinen Öffentlichkeit kaum verstanden und deshalb nicht zur Kenntnis genommen, denn sie gehören nicht zum allgemeinen Sprachgebrauch. Drittens werden diese verengenden und verzerrenden Begriffe dazu benutzt, die Existenz von Gesellschaften, die von Frauen geschaffen wurden – eben Matriarchate – zu leugnen, was wieder dazu dient, die Schöpfungen und die Geschichte von Frauen unsichtbar zu machen. Wenn schließlich eine (lückenhafte) Darstellung dieser Gesellschaftsform unter einem der genannten Kunstbegriffe, die in der Öffentlichkeit nicht verstanden werden, wieder eingeführt wird, so gleicht das nicht mehr wissenschaftlicher Forschung, sondern eher einem Trick. Auf jeden Fall ist damit das Problem „Matriarchat" vom Tisch, und darauf kommt es an!

Der Bekanntheit wegen ist deshalb der Begriff „Matriarchat" in jeder Hinsicht der bessere, wenn in der Forschung von Frauen geprägte Gesellschaften bekannt werden. Außerdem ist es ein wichtiger wissenschaftspolitischer Schritt, dass Forscherinnen diesen Begriff mit den von ihnen erforschten Inhalten neu definieren und sich nicht mehr kleiner machen, als sie sind.

### *Ein anderer Begriff und ein anderer Inhalt von Geschichte*

Wenn wir uns hier mit kulturgeschichtlichen Fragen im Zusammenhang mit matriarchalen Gesellschaften beschäftigen, dann setzen wir ein anderes Geschichtsverständnis voraus. Das herrschende Geschichtsverständnis reicht nicht weiter zurück als bis zum klassischen Griechenland mit seiner ausgeprägt „abendländischen" Kultur. In dieser kulturgeschichtlich relativ späten Epoche haben wir nur noch die Splitter der kulturellen Schöpfungen in der Hand, die es in den enorm langen Zeiträume davor gegeben hat. Diese Zeiträume heißen bei den Historikern „Prähistorie", ein Begriff, den ich aus zwei Gründen zurückweise.

Erstens ist alles, was Menschen sozial und kulturell geschaffen haben, schon immer Geschichte, eben die Kulturgeschichte der Menschheit. Der abwertende Begriff „Prähistorie" grenzt hier aus und verweist alle Kulturen vor der offiziell zugelassenen „Geschichte" in den Bereich des Vorläufigen und Primitiven. Damit wird den kulturellen Schöpfungen der Menschen in der Altsteinzeit, Jungsteinzeit, Bronzezeit genauso Unrecht getan, wie wir dies aus dem herrschenden Eurozentrismus der westlichen Zivilisation gegenüber den nicht westlichen Kulturen, die als „exotisch" betitelt werden, kennen. Die umgekehrte Haltung, nämlich die „prähistorischen" und „exotischen" Kulturen schwärmerisch zu verherrlichen, ist nur die andere Seite der Medaille und hebt den falschen Geschichtsbegriff noch längst nicht auf. Dieser Begriff von „Geschichte" erweist sich also als zu eng.

Zweitens ist er ideologisch besetzt. Denn bei den Historikern beginnt „Geschichte" immer erst dann, wenn sich jene Muster etabliert haben, die klassisch patriarchal sind: hierarchische Gesellschaftsstrukturen mit untergeordneter Stellung der Frau, feudale Reiche mit Adelsherrschaft, territoriale Staatsbildungen mit meist monotheistischen Staatsreligionen. Solche Strukturen werden als große, geistige Leistungen gerühmt, denen gegenüber alles andere das Etikett *prä-* mit dem Unterton „vorläufig" und „wertloser" erhält. Dies zeigt, dass der gängige Begriff von „Geschichte" in höchstem Maß tendenziös ist, nämlich von patriarchaler Herrschafts-Ideologie geprägt, die sich dabei in schönem Zirkelschluss selbst bestätigt. Patriarchale Herrschaftsmuster werden dabei stets positiv normiert und damit im Bewusstsein dauerhaft zementiert.

Auch das Unterscheidungskriterium der Schriftlichkeit hilft hier nicht weiter, nach welchem die eigentliche „Geschichte" mit der Erfindung der Schrift begonnen haben soll. Die neuere Forschung zeigt deutlich, dass Schrift nicht erst mit den Gesetzestafeln des Herrschers Hammurabi von Babylon und anderen Machthabern begann, sondern dass die Menschen von Beginn der Geschichte an geschrieben haben, nur anders, nämlich mit symbolischen Hologrammen, die religiöse Bedeutung hatten (2). Außerdem haben Wissenschaften wie die Archäologie und die Anthropologie mit ihrer Erforschung von sogenannten „schriftlosen" Kulturen derart viele Informationen über diese frühen Epochen ans Licht gebracht, dass man nicht mehr so tun kann, als beginne die Kulturgeschichte erst mit den patriarchalen antiken Griechen und Römern.

Wenn ich also gesellschaftliche und kulturgeschichtliche Frage stelle, dann werden stets alle Zeiträume der menschlichen Kulturgeschichte einbezogen. Der Reichtum an Erkenntnissen aus der neueren Entwicklung der Kulturwissenschaften erlaubt es, sich ein viel besseres Bild von diesen frühen Kulturformen machen zu können, als es die traditionelle „abendländische" Geschichtsschreibung gestattet hat. Allerdings setzt das bei den dafür relevanten Kulturwissenschaften ebenfalls Vorsicht voraus, denn auch hier wird offen oder subtil patriarchale Ideologie transportiert – heute besonders in der Archäologie. Das geschieht auf die Weise, dass man patriarchale Muster nun seit Beginn der Menschheitsentwicklung gegeben sieht und ihnen damit Ewigkeitswert unterzuschieben versucht. Dafür sprechen die ans Tageslicht beförderten, kulturellen Relikte jedoch in keiner Hinsicht.

Wenn der Inhalt der Geschichte nicht immer ein patriarchaler gewesen ist, sondern auch lange nicht patriarchal geprägte Zeiträume umfasst, die ich mit gutem Grund als „matriarchal" bezeichne, dann tauchen – kaum ist dies ausgesprochen – in der Regel zwei berechtigte Fragen auf. Die eine richtet sich darauf, wie wir aus der Geschichte überhaupt etwas Sicheres über die matriarchale Gesellschaftsform wissen können. Die andere richtet sich auf den Inhalt dessen, was hier „matriarchal" heißen soll, es ist die Frage nach einer genauen Definition.

Zur ersten Frage: Wie kann man etwas Sicheres übers Matriarchat wissen, das doch als Thema an den Rand gedrängt und mit Bergen von Vorurteilen zugeschüttet wurde, heute außerdem für diverse absurde Ideen und alberne Moden herhalten muss? Das ist umso bedauerlicher, weil die traditionelle Matriarchatsforschung im deutschsprachigen Raum bereits seit langem existiert. Sie begann schon 1861 mit dem berühmten Werk *Das Mutterrecht* von Johann Jakob Bachofen (3). Kurz davor setzte durch Henry Lewis Morgan die anthropologisch-ethnologische Richtung der Matriarchatsforschung ein (4). Über ein Jahrhundert ging die Diskussion zu „Mutterrecht" und „Matriarchat" dann weiter, sowohl in bürgerlich-konservativen wie in linken Kreisen, doch ausschließlich aus der Perspektive von Männern. Dabei wurde dieses Thema unter den verschiedensten Gesichtspunkten von philosophischen Schulen und politischen Strömungen gebraucht und missbraucht (5).

Was mich an den verschiedenen Werken zum Thema Mutterrecht oder Matriarchat erstaunte, war – trotz guter Materialsammlungen – der Mangel an einer klaren Definition und einer wissenschaftlichen Begründung dieses Wissensbereichs. Der Begriff „Matriarchat" blieb derart verschwommen, dass nahezu jeder etwas anderes darunter verstehen konnte. Wie aber will man wissenschaftlich arbeiten, wenn man nicht einmal den Bereich definiert, über den man redet? Das öffnete Tür und Tor für Emotionen und Ideologien, mit denen diese Diskussion von Anfang an beladen war. Immer spielen dabei gängige Klischees vom „Wesen der Frau" eine Rolle, die lediglich zeigen, dass die eigene patriarchatskritische Selbstreflexion beim Umgang mit diesem Thema nicht geleistet wurde. So finden wir massive Rückprojektionen bürgerlich-patriarchaler Verhältnisse in die frühe Kulturgeschichte, ebenso in der Ethnologie auf andere, nicht westliche Gesellschaften – eine Situation, die viele sogenannten „Forschungsergebnisse" wertlos macht. Darum steht die gesamte traditionelle, bürgerlich-patriarchale Matriarchatsforschung auf schwankendem Boden.

Der eigentliche Grund, weshalb es hier eine Art Denkblockade gibt, die genauere Untersuchungen verhindert, ist einfach: Wenn Morgans und Bachofens erste Funde und alles, was danach ans Licht kam, ernst genommen worden wären, hätte das den Zusammenbruch der patriarchalen Ideologie und des patriarchalen Weltbilds bedeutet. Darum wurde eine unvoreingenommene und wissenschaftlich ehrliche Matriarchatsforschung nicht geleistet und das Thema tabuisiert.

### *Die wissenschaftliche Basis der modernen Matriarchatsforschung*

Nachdem ich diesen Zusammenhang erkannt hatte, entschloss ich mich – auf dem Boden meines philosophischen Instrumentariums – der Matriarchatsforschung eine wissenschafts-theoretische Begründung und moderne Methodologie zu geben. Denn ich halte dieses neue Wissensgebiet für viel zu wichtig, als dass es in dieser Hinsicht vernachlässigt werden dürfte. Denn von einer wissenschaftlichen Methodologie hängt es ab, ob wir etwas Sicheres über diese andersartige Gesellschaftsform wissen können. Ferner braucht es dazu eine Reflexion auf die verinnerlichten patriarchalen Vorurteile, sowohl bei sich selbst wie bei den anderen ForscherInnen, um sich nicht in den üblichen Projektionen zu verfangen, die bei diesem Thema allgemein verbreitet sind. Dazu ist eine nachvollziehbare Methode der Ideologiekritik nötig, die genau angeben kann, welche Muster undurchschauter patriarchaler Ideologie ins Spiel kommen und aus welchem individuellen oder sozialen Hintergrund sie stammen. Das Wichtigste aber ist eine klare, wissenschaftliche Definition, welche die notwendigen und hinreichenden Merkmale für „Matriarchat" angeben kann. Diese kann nicht a priori konstruiert werden, sondern kann nur aus dem fortlaufend sich vertiefenden Verständnis der so andersartigen matriarchalen Gesellschaftsform erwachsen – ein Unternehmen, das durchaus Jahrzehnte dauern kann.

Damit ist erstens deutlich geworden, was in der traditionellen Matriarchatsforschung fehlt, und zweitens, was die moderne, wissenschaftliche Matriarchatsforschung ausmacht und wodurch sie sich von allen vorigen Arten von Matriarchatsforschung unterscheidet. Denn es muss Folgendes angegeben werden:

1. eine *wissenschaftstheoretische Begründung*, auf welche Weise überhaupt Erkenntnis zu diesem Thema gewonnen werden kann (Erkenntnistheorie);
2. eine *wissenschaftliche Methodologie*, deren Hauptmerkmal *Interdisziplinarität* ist, denn nur mithilfe aller relevanten Wissenschaften kann ein umfangreiches Gebiet wie eine gesamte Gesellschaftsform erforscht werden;
3. eine nachprüfbare *Methode der Ideologiekritik*, welche die typischen ideologischen Muster angeben kann, die immer wieder einfließen und die Sache verzerren, sowie deren individuellen oder sozialen Hintergrund analysieren kann;
4. eine wissenschaftliche Definition, welche auf allen Ebenen der Gesellschaft die notwendigen und hinreichenden Merkmale für matriarchale Muster angeben kann.

Die moderne Matriarchatsforschung leistet all dies, weshalb sie den Beginn eines neuen Paradigmas in der Erkenntnis der menschlichen Kulturgeschichte darstellt, was tiefgreifenden Einfluss auf unser Weltverständnis hat.

Ich kann diese vier Eckpfeiler der modernen Matriarchatsforschung hier nicht ausführen; das ist an anderer Stelle geschehen (6). Aber in der gebotenen Kürze sollen hier einige Gedanken dazu geäußert werden, auf welchem wissenschaftstheoretischen Weg wir zu gesicherter Erkenntnis zu diesem Thema kommen können (Erkenntnistheorie). Ebenso soll hier die strukturelle Definition von „Matriarchat" kurz angegeben werden. „Strukturell" heißt sie deshalb, weil sie auf jeder Ebene der Gesellschaft: der ökonomisch-ökologischen Ebene, der Ebene der sozialen Muster, der politischen Ebene und der weltanschaulichen Ebene, jene Muster oder Strukturen angibt, die den matriarchalen Charakter ausmachen.

Ich stellte bei meiner Arbeit zum Thema Matriarchat bald fest, dass es – außer undurchschauter patriarchaler Ideologie – einen zweiten triftigen Grund für die Unklarheiten und Vorurteile in der traditionellen Matriarchatsforschung gibt, nämlich einen nicht gangbaren erkenntnistheoretischen Weg. Denn aus der Kulturgeschichte *allein*, auf die sich solche Autoren wie J. J. Bachofen, E. Neumann, J. Gebser und etliche andere beziehen, können wir in der Tat nichts Sicheres über die matriarchale Gesellschaftsform wissen, und eine genaue und vollständige Definition lässt sich auf diesem Weg überhaupt nicht gewinnen. Der Grund ist einfach: Wir haben es in der Kulturgeschichte nur noch mit Resten und Fragmenten vergangener Gesellschaften zu tun, die kein Gesamtbild mehr ergeben und außerdem, aus ihrem Zusammenhang gerissen, sehr schwierig zu deuten sind. Unbestritten können das viele Fragmente sein, und sie können überaus wichtig sein, aber sie vermögen uns nur verstreute Informationen zu geben. Wir können nicht durch historische Forschung allein wissen, wie matriarchale Menschen gedacht und gefühlt haben, wie sie ihre sozialen Muster und politischen Vorgänge organisierten, das heißt: wie ihre Gesellschaft insgesamt funktioniert hat. Um dieses Wissen und, als Konsequenz davon, die vollständige Definition von „Matriarchat" zu gewinnen, müssen wir deshalb die noch lebenden Beispiele dieser Gesellschaftsform erforschen, die glücklicherweise in allen Kontinenten – mit Ausnahme von Europa – noch existieren.

Wissenschaft, die seit ihren Anfängen vor ca. 200 Jahren so etwas wie die „Augenzeugin" der letzten, noch lebenden matriarchalen Gesellschaften geworden ist. Es ist kein Zufall, dass der sogenannte „Vater der Ethnologie", Henry Lewis Morgan, bei seinen tiefgreifenden Studien zur Gesellschaft der Irokesen in Nordamerika ausgerechnet ein damals noch lebendiges, klassisches Matriarchat beschrieben hat (7), und dass er dies auch wusste. Doch geistige oder politische Konsequenzen hat er daraus genauso wenig gezogen wie Bachofen. Nach ihm gab es zahlreiche weitere ethnologische Forschungen zu matriarchalen Gesellschaften, doch das wurde entweder nicht benannt oder mit einer nicht adäquaten, weil patriarchalen Theorie verschleiert.

Dennoch hat auf diese Weise die matriarchale Gesellschaftsform in der Ethnologie-Anthropologie ihren Niederschlag gefunden. Es war mir deshalb möglich, anhand umfangreicher ethnologisch-anthropologischer Literaturstudien und eigener Studien vor Ort die letzten noch lebenden Matriarchate der Gegenwart in anderen Kontinenten: in Ostasien, Indonesien und dem Pazifische Raum, in Indien und Afrika, in Süd-, Zentral- und Nordamerika, zu erkennen und zu beschreiben (8).

Dabei habe ich von diesen Völkern und Ethnien viel gelernt, insbesondere durch persönliche Kontakte mit den indigenen Frauen und Männern aus den heutigen matriarchalen Gesellschaften, denen ich begegnete. Anlässe dafür waren die beiden „Weltkongresse für Matriarchatsforschung" 2003 in Luxemburg und 2005 in Texas/USA, die ich organisierte und leitete (9). Auf diese Weise konnte ich anhand meiner Forschung Schritt für Schritt die vollständige und genaue Definition von „Matriarchat" entwickeln.

Diese Definition wurde auf einem gangbaren erkenntnistheoretischen Weg gewonnen, und sie eröffnet neue Wege. Denn sie ist erstens das wissenschaftliche Werkzeug für weitere Untersuchungen zum Thema, seien diese nun ethnologisch oder kulturhistorisch ausgerichtet. Denn der Kulturgeschichte kann man sich jetzt zuwenden – aber auf gesichertem Boden und nicht im Sumpf von Spekulationen. Zweitens hilft diese Definition, die vollständigen matriarchalen Gesellschaften zu unterscheiden von einzelnen matriarchalen Elementen, die als Reste und Spuren überall noch anzutreffen sind, auch in Europa. Drittens kann sie uns indirekt vor Augen führen, welche Strukturen patriarchale Gesellschaften haben, nämlich alles, was nicht mehr matriarchal ist. Damit gibt sie uns gleichzeitig eine Möglichkeit, die sozialen Muster, die Verhaltensweisen und die Denkformen, in denen wir meist unbewusst gefangen sind, zu durchschauen und patriarchatskritisch zu hinterfragen.

*Die Definition der matriarchalen Gesellschaftsform*

Ich stelle hier die strukturelle Definition der matriarchalen Gesellschaftsform, kurz „Matriarchat" genannt, vor, damit klar werden mag, um was es sich dabei – jenseits aller Vorurteile – eigentlich handelt. Sie enthält die *Tiefenstruktur* matriarchaler Gesellschaften, die ich im ethnologischen Bereich durch die kulturvergleichende Methode gewonnen habe. Sie wird hier kurzgefasst präsentiert, und zwar auf den vier Ebenen von Gesellschaft: der ökonomisch-ökologischen, der sozialen, der politischen und auf der Ebene der Weltanschauung und Kultur.

*Auf der ökonomischen Ebene* sind Matriarchate meistens, aber nicht ausschließlich Ackerbaugesellschaften. Es wird Subsistenzwirtschaft mit lokaler und regionaler Unabhängigkeit praktiziert (10). Die Siedlungsgröße reicht von Dörfern bis zu Städten. Land und Häuser sind Eigentum des Clans im Sinne von Nutzungsrecht; Privatbesitz und territoriale Ansprüche sind unbekannt.

Die Güter sind in lebhaftem Austausch, der den Verwandtschaftslinien und Heiratsregeln folgt. Dieses System des Austauschs verhindert, dass Güter bei einem Clan oder bei einer Person akkumuliert werden können. Das Ideal ist Verteilung und nicht Akkumulation. Weitgehend besteht der Austausch im Schenken, in das nicht-profitorientierter Erwerb eingeschlossen ist. Vorteile und Nachteile beim Anbau oder Erwerb von Gütern werden durch soziale Regeln ausgeglichen, z. B. sind wohlhabende Clans bei den zahlreichen gemeinschaftlichen Festen reihum engagiert, ihren derzeitigen Wohlstand zu verschenken, indem sie das ganze Dorf einladen und bewirten. Dafür haben sie „Ehre", das heißt, soziales Ansehen gewonnen, was sie in Zeiten der Not schützt. Matriarchale Gesellschaften sind daher Beispiele für eine funktionierende Ökonomie des Schenkens (11).

Auf der ökonomischen Ebene sind Matriarchate gekennzeichnet von perfekter Gegenseitigkeit. Ich definiere sie daher als *Ausgleichsgesellschaften auf dem Boden einer Ökonomie des Schenkens.*

Im Gegensatz dazu kann man Patriarchate auf allen ihren geschichtlichen Stufen ökonomisch als *Akkumulationsgesellschaften* definieren, bei denen die Güter aller Menschen in den Händen von wenigen landen. Dieses Kriterium zeigt sich sowohl in den Sklavenhaltergesellschaften wie in den Feudalgesellschaften als auch in den modernen kapitalistischen Industriegesellschaften.

*Auf der sozialen Ebene* beruhen matriarchale Gesellschaften auf dem Clan. Matriarchale Menschen leben in großen Sippen zusammen, die nach dem Prinzip der Matrilinearität, der Verwandtschaft in der Mutterlinie, aufgebaut sind (kurz: Matri-Clan). Der Clanname, alle sozialen Würden und politischen Titel werden in der mütterlichen Linie vererbt. Ein solcher Matri-Clan besteht aus mindestens drei Generationen von Frauen: der Clanmutter, die im Zentrum steht und höchste Achtung genießt; hinzu kommen ihre Schwestern und die Töchter und Enkelinnen, ebenso die in Mutterlinie direkt verwandten Männer: die Brüder der Clanmutter, die Söhne und Enkel.

Ein Matri-Clan lebt im großen Clanhaus zusammen, das zehn bis hundert Personen je nach Größe und architektonischem Stil umfassen kann. Die Frauen leben permanent hier, denn Töchter und Enkelinnen verlassen niemals das mütterliche Clanhaus. Ihre Gatten oder Geliebten kommen in sogenannter „Besuchs-Ehe" nur über Nacht zu ihnen. Man nennt dies Matrilokalität.

Die Form der Besuchs-Ehe besagt, dass junge Männer, die das Mutterhaus nach der Heirat verlassen, nicht allzu weit gehen müssen. Sie gehen gerade zum benachbarten Clanhaus, das mit ihrem Clanhaus in Heiratsrelation steht, dort wohnen ihre Partnerinnen. Und sie bleiben nicht lange fort, nur von der Abenddämmerung bis zum Morgengrauen. Diese Form der Ehe ist sehr offen und verdient den Namen „Ehe" kaum, denn die Liebesbeziehungen beider Geschlechter sind frei. Matriarchale Männer leben nicht bei ihren Gattinnen oder Liebespartnerinnen, in deren Clanhaus sind sie nur zu Gast. Ihr Zuhause ist das mütterliche Clanhaus, in dem sie die Pflichten und Rechte eines vollen Clanmitglieds haben, denn hier leben und arbeiten sie. Die Kinder der Gattinnen und Liebespartnerinnen gehören zu deren Clanhaus, denn sie tragen den Clannamen der Mutter. Männer betrachten diese Kinder nicht als „ihre" Kinder, da sie nicht denselben Clannamen tragen wie sie. Hingegen haben die Schwesterkinder denselben Clannamen, daher betrachten Männer ihre Nichten und Neffen (gemäß unserer Terminologie) als mit sich am nächsten verwandt, und sie wenden ihnen Fürsorglichkeit und Mitverantwortung zu. Die biologische Vaterschaft in unserem Sinne ist unbekannt oder spielt als gesellschaftlicher Faktor keine Rolle. Männer üben hingegen bei den Schwesterkindern die „soziale Vaterschaft" aus (12).

Jeder Clan ist eine unabhängige Wirtschaftseinheit. Damit solche unabhängigen Gruppen ein gesellschaftliches Gefüge mit den anderen Clans bilden können, wurden komplexe Heiratsregeln entwickelt, z. B. die Regel der wechselseitigen Heirat zwischen je zwei Clans. Dazu gehören noch Regeln der freien Wahl mit den anderen Clans, mit der beabsichtigten Wirkung, dass alle Mitglieder des Dorfs oder der Stadt näher oder ferner miteinander verwandt sind. Diese Verwandtschaft stellt ein gegenseitiges Hilfssystem nach festen Regeln dar. Auf diese Weise wird eine nicht-hierarchisch organisierte, horizontale und egalitäre Gesellschaft erzeugt, die sich als eine „große Familie", das heißt, als erweiterter Clan mit allen wechselseitigen Hilfsverpflichtungen versteht. Die Matrilinearität ist dabei nicht nur eine Spezialität der Bestimmung von Verwandtschaft, sondern eine das ganze Gesellschaftsgefüge tragende Regel.

Matriarchate definiere ich auf der sozialen Ebene daher als *matrilineare Verwandtschaftsgesellschaften.*

Demgegenüber sind patriarchale Gesellschaften auf der sozialen Ebene in erster Linie *androzentrische Gesellschaften*, d. h. der Mann steht an der Spitze und im Mittelpunkt. Das erzeugt ein starkes Machtgefälle zwischen Männern und Frauen. Ferner muss man davon ausgehen, dass patriarchale Gesellschaften sowohl in der Familie als auch in der Gesellschaft aus untereinander Fremden bestehen. Diese bilden Herrschafts- und Interessengruppen, die als Ego-Gruppen gegeneinander antreten, sich unaufhörlich bekämpfen und gegenseitig unterdrücken; das gilt ebenso für die Gesellschaft wie für die patriarchalen Familien und Clans. Das familiäre und gesellschaftliche Gleichgewicht bleibt dabei immer prekär und ist meistens nicht existent.

*Auf der politischen Ebene* sind in matriarchalen Gesellschaften die Prozesse der Entscheidungsfindung ebenfalls entlang den Verwandtschaftslinien organisiert. Basis jeder Entscheidungsfindung sind die einzelnen Clanhäuser. Angelegenheiten, die das Clanhaus betreffen, werden von den Frauen und Männern in einem Prozess der Konsensfindung entschieden. Kein Haushaltsmitglied darf mit seiner Stimme ausgeschlossen werden, Jugendliche sind von ca. 13 Jahren an Clanmitglieder mit vollem Stimmrecht. Entscheidungen fallen nur durch Konsens, d. h. durch Einstimmigkeit.

Dasselbe gilt für Entscheidungen, die das ganze Dorf betreffen: Nach dem Rat im Clanhaus treffen sich Delegierte der einzelnen Clanhäuser im Dorfrat, in manchen Gesellschaften die Clanmütter selbst, in anderen die gewählten Mutterbrüder, die ihren Clan nach außen vertreten. Sie sind keine Entscheidungsträger, sondern nur Delegierte, die miteinander austauschen, was die einzelnen Clanhäuser beschlossen haben. Sie halten das Kommunikationssystem im Dorf aufrecht und gehen so lange zwischen Clanrat und Dorfrat hin und her, bis alle Clanhäuser auf Dorfebene den Konsens gefunden haben.

Dasselbe gilt wiederum auf regionaler Ebene: Hier werden die Entscheidungen der Dörfer und Städte auf regionaler Ebene durch Delegierte, meist Männer, durch Information koordiniert. Auch hier gehen die verschiedenen Delegierten zwischen regionalem Rat und Dorfrat und Clanrat solange hin und her, bis die Region durch alle Clanhäuser aller Dörfer ihre Entscheidung im Konsens gefunden hat.

In einer solchen Gesellschaft können sich Hierarchien und Klassen nicht bilden, auch kein Machtgefälle, weder zwischen den Geschlechtern noch zwischen den Generationen. Deshalb sind Matriarchate im hier definierten Sinne herrschaftsfrei. Minderheiten werden nicht durch Mehrheitsentscheidungen ausgegrenzt, denn politische Entscheidungen fallen sozusagen „basisdemokratisch". Auf der politischen Ebene definiere ich Matriarchate daher als *egalitäre Konsensgesellschaften*.

Patriarchate stellen demgegenüber grundsätzlich *Herrschaftsgesellschaften* oder *Klassengesellschaften* dar und werden so definiert. Das gilt für alle Monarchien, Oligarchien, Plutokratien, aber auch noch für ihre moderne Spielart als formale Demokratien, in denen das Volk kaum etwas zu entscheiden hat und Minderheiten – manchmal 49 Prozent der Menschen – regelmäßig stimmlos gemacht werden. Außerdem sind sie von zahlreichen hierarchischen Institutionen durchsetzt wie z. B. dem Militär, den Konzernen, den Kirchen, der Universität, dem Kunstbetrieb, den Medien usw., die keineswegs demokratisch funktionieren. Da die Interessen von Herrschenden und Beherrschten diametral entgegengesetzt sind, können sie nie zu einem Ausgleich gebracht werden; die Folge sind sozial instabile Gesellschaften. Denn Druck von oben wird beantwortet mit Druck von unten, was eine unaufhörliche Serie von sozialen Unruhen, Aufständen, Revolutionen und Kriegen nach sich zieht.

*Auf der weltanschaulich-kulturellen Ebene* kann man matriarchale Glaubensformen nicht mit „Naturreligion" und „Fruchtbarkeitskult" charakterisieren; solche Begriffe sind nicht nur abwertend, sondern auch falsch. Dabei wird nicht deutlich, dass es sich hier um komplexe religiöse Systeme handelt.

Eine grundlegende Vorstellung vom Leben und vom Kosmos ist der Wiedergeburtsglaube der Clanmitglieder, der sehr konkret verstanden wird: Jedes Mitglied eines Clans ist davon überzeugt, dass es nach dem Tod durch die jungen Frauen des Clans wiedergeboren wird. In diesem Sinne gelten die Kinder als die wiedergeborenen Ahnen und Ahninnen der Sippe und sind heilig. Frauen werden nicht nur dafür geehrt, dass sie die Lebensschenkerinnen und Ernährerinnen sind, sondern besonders dafür, dass sie die Wiedergebärerinnen sind, Tod also in Leben umwandeln können. Leben und Tod werden dabei als zyklisch sich ständig abwechselnde Prozesse aufgefasst.

Das wurde von der Natur abgeschaut mit ihren Zyklen von Wachsen, Reifen und Vergehen alles Lebendigen, das danach wiederkehrt. Die Erde als die Große Mutter garantiert die Wiedergeburt und Ernährung allen Lebens. Sie ist die eine Urgöttin, die andere Urgöttin ist die kosmische Göttin als Schöpferin des Universums. Auch hier beobachteten die Menschen den zyklischen Prozess von Werden, Vergehen und Wiederkehr anhand der Phasen des Monds und des Auf- und Untergangs aller Gestirne, wobei auf jeden Untergang ein neuer Aufgang folgt. Der Makrokosmos gilt in diesem Sinne als gleichartig wie der Mikrokosmos von Erde, Gesellschaft und Mensch, die denselben Gesetzmäßigkeiten folgen und den Makrokosmos spiegeln. In diesem Sinne ist alles ineinander eingebettet: die Menschen in die Gesellschaft, die Gesellschaft in die irdische Natur und diese wiederum in die kosmische Natur. Solche Trennungen wie „Gott" contra „Welt", „Gut" contra „Böse", „Geist" contra „Materie", „Mensch" contra „Natur", die allesamt abspaltenden, abwertenden und letztlich pathologischen Charakter haben, existieren nicht.

Ihre Vorstellung vom Göttlichen ist nicht transzendent, sondern immanent, das heißt, die gesamte Welt ist göttlich, und zwar eine weiblich verstandene Gottheit. Der Kosmos ist als Urgöttin die Schöpferin, die Erde ist als Urgöttin die Mutter alles Lebendigen. Deshalb gilt die gesamte Natur als heilig. Alles besitzt Göttlichkeit, das kleinste Wesen und der größte Stern, jede Frau und jeder Mann. In einer solchen Kultur ist alles spirituell. In ihren Festen, den Kultdramen, die dem Jahreszeitenzyklus folgen, wird auch alles gefeiert: sowohl die Natur mit ihren Erscheinungen, als auch die verschiedenen Clans mit ihren Aufgaben, die verschiedenen Geschlechter mit ihren Fähigkeiten und die verschiedenen Generationen mit ihrer jeweils anderen Lebenseinsichten. Es gilt das Prinzip: Vielfalt ist der Reichtum in allem. Es gibt keine Trennung zwischen dem Sakralen und dem Profanen, deshalb ist auch im alltäglichen Leben jede Handlung wie z. B. Säen, Ernten, Kochen, Weben zugleich ein bedeutungsvolles Ritual. Spiritualität, Religion, Kunst und Wissen fließen ineinander und finden ihren gesamthaften Ausdruck in den großen Kultdramen, in denen alle an den symbolischen Handlungen beteiligt sind.

Auf der spirituellen Ebene definiere ich Matriarchate daher als *sakrale Gesellschaften und Göttinkulturen.*

Patriarchate sind demgegenüber *profane Gesellschaften* mit ständig fortschreitender Profanierung des Heiligen. Denn sie benutzen religiöse und kulturelle Muster ebenfalls zur Hierarchie- und Machtbildung – durch Priesterkasten oder Kulturträger, die an der Macht der Herrschenden teilhaben – und pervertieren deren Inhalte zu *Ideologie.*

Für die patriarchalen Weltreligionen ist charakteristisch, dass sie Hierarchien von Machtstrukturen aufbauen, die denen des Staates gleichen. Die Gläubigen werden als „Laien" tief unter die Priesterkaste heruntergestuft, wobei die Priester die Macht der Weltinterpretation besitzen und über Einschluss und Ausschluss verfügen, was insbesondere den Ausschluss von Frauen aus religiösen Ämtern mit sich gebracht hat. Die allen Menschen eigenen religiösen und spirituellen Fähigkeiten werden vereinnahmt und dazu benutzt, die Prinzipien der Herrschenden zu unterstützen. Deshalb sind in der Regel die patriarchalen Weltreligionen auch *Staatsreligionen.*

Abschließend fasse ich die Merkmale der matriarchalen Gesellschafsform auf den vier Ebenen noch einmal zusammen.

Die ökonomischen Merkmale sind: meist Garten- oder Ackerbaugesellschaften; Land und Haus als Sippenbesitz, nie als Privateigentum; Verteilungsrecht der

Frauen über die Lebensmittel; ständiges ausgleichendes Zirkulieren der lebensnotwendigen Güter: *Ausgleichsgesellschaften.*

Die sozialen Merkmale sind: mutterzentrierte Sippen, die durch Matrilinearität und Matrilokalität zusammengehalten werden; Wechselheirat zwischen je zwei Sippen, mit Ergänzungen durch freie Liebeswahl; meist Besuchs-Ehe aufseiten der Männer; soziale statt biologische „Vaterschaft", verwandtschaftliche Verbindungen aller Clans: horizontale *matrilineare Verwandtschaftsgesellschaften.*

Die politischen Merkmale sind: Konsensbildung im Sippenhaus; Konsensbildung auf Dorf- oder Stadtebene und auf regionaler Ebene über ein Delegiertenwesen; die Delegierten als Kommunikationsträger und nicht als Entscheidungsträger; Abwesenheit von Klassen und Herrschaftsstrukturen: egalitäre *Konsensgesellschaften.*

Die weltanschaulich-kulturellen Merkmale sind: konkreter, auf die Sippe bezogener Wiedergeburtsglaube; Kult der Ahninnen und Ahnen; Verehrung der mütterlichen Erde und eines weiblich verstandenen Kosmos; immanente Heiligkeit der Welt; Abwesenheit von dualistischem Denken und dualistischer Moral; vollständige Symbolisierung und Ritualisierung des Lebens und Handelns: *sakrale Gesellschaften und Göttinkulturen.*

*Anmerkungen und Literaturhinweise*

1) Diesen begrifflichen Vergleich formulierte zuerst My Hanh Derungs in einem Vortrag.
2) Vgl. Marie König: *Am Anfang der Kultur. Die Zeichensprache des frühen Mensc*hen, Berlin 1973; und Marija Gimbutas: *Die Sprache der Göttin*, Frankfurt a. M. 1995.
3) Johann Jakob Bachofen: *Das Mutterrecht*, Stuttgart 1861, Neuausgabe in Auswahl durch H. J. Heinrichs, Frankfurt a. M. 1975.
4) Henry Lewis Morgan: *League of the Ho-dé-no-saunee or Iroquois*, 2 vols., New York 1901.
5) Vgl. Heide Göttner-Abendroth: *Das Matriarchat I. Geschichte seiner Erforschung*, Stuttgart 1989–2009.
6) Zur ersten theoretischen Formulierung siehe Heide Göttner-Abendroth: „Zur Methodologie der Frauenforschung am Beispiel einer Theorie des Matriarchats", in: *Dokumentation der Tagung „Frauenforschung in den Sozialwissenschaften"*, München 1978, Deutsches Jugendinstitut (DJI); zur theoretischen Weiterentwicklung, dies.: *Das Matriarchat I. Geschichte seiner Erforschung*, a. a. O., für die Methode der Ideologiekritik Kap. 1, bes. S. 30–33; dies.: „Matriarchal Society: Definition and Theory", in: Genevieve Vaughan (Hg.): *The Gift*, Rom 2004; zur interdisziplinären Methodologie und allmählichen Entwicklung der strukturellen Definition aus dem Material, dies.: *Das Matriarchat II,1. Stammesgesellschaften in Ostasien, Indonesien, Ozeanien*, Stuttgart 1991; dies.: *Das Matriarchat II,2. Stammesgesellschaften in Amerika, Indien, Afrika*, Stuttgart 2000.
7) Henry Lewis Morgan: *League of the Ho-dé-no-saunee or Iroquois*, a. a. O.
8) Heide Göttner-Abendroth: *Das Matriarchat II,1. Stammesgesellschaften in Ostasien, Indonesien, Ozeanien*, a. a. O.; dies.: *Das Matriarchat II,2. Stammesgesellschaften in Amerika, Indien, Afrika*, a. a. O.

9) Die Kongress-Publikationen sind: Heide Göttner-Abendroth (Hg.): *Gesellschaft in Balance*, Stuttgart 2006; dies. (Hg.): *Societies of Peace. Matriarchies Past, Present and Future*, Toronto 2009.

10) Vgl. zur Theorie der Subsistenz Veronika Bennholdt-Thomsen/Maria Mies: *Eine Kuh für Hillary. Die Subsistenzperspektive*, München 1997; Veronika Bennholdt-Thomsen/Mechthild Müser/Cornelia Suhan (Hg.): *FrauenWirtschaft. Juchitàn – Mexikos Stadt der Frauen*, München 2000; Andrea Baier/Veronika Bennholdt-Thomsen/Brigitte Holzer: *Ohne Menschen keine Wirtschaft*, München 2005.

11) Vgl. zur Ökonomie des Schenkens Genevieve Vaughan: *For-Giving. Schenken und Vergeben*, Königstein/Taunus 2008 (zuerst Austin 1997); dies. (Hg.): *Women and the Gift Economy*, Toronto/Kanada 2007.

12) Diese sozialen Muster konnte ich bei den Mosuo in Südwest-China noch vor Ort beobachten, siehe Heide Göttner-Abendroth: *Matriarchat in Südchina. Eine Forschungsreise zu den Mosuo*, Stuttgart 1998.

# 2 Die drei Säulen patriarchaler Ideologie

*Einführende Bemerkungen*

Was „Patriarchat" ist, meinen wir zu wissen, und ebenso, was „patriarchale Ideologie" zum Inhalt hat. Wie weit patriarchale Ideologie – im Sinne von Verschleierung und Beschönigung einer unterdrückerischen Realität – allerdings reicht, ist meist nicht bewusst. Denn schon im Kindergarten und in der Grundschule und verstärkt in den höheren Schulen oder gar beim Studium nehmen wir ununterbrochen patriarchale Ideologie in uns auf und halten daher ihre Perspektive für die normale Welt. Selbst wenn diese patriarchale Perspektive durch den Leidensdruck oder durch Erfahrungen in unserem Leben da und dort Risse bekommt, ahnen wir meist noch nicht, wie sehr wir dennoch in diesem rissigen Gebäude gefangen bleiben. Bis in unsere geheimsten Gedanken und Gefühle, bis in jede Verhaltens- und Sprechweise, ganz abgesehen von der ständig wiederholten patriarchalen Lebenspraxis, reicht diese Ideologie.

Es ist kaum möglich, aus diesem geistigen und sozialen Gefängnis patriarchaler Ideologie herauszukommen, wenn keine andere Gesellschaftsform als das Patriarchat bekannt ist. Erst die Erforschung und das Verständnis nicht-patriarchaler Gesellschaftsformen und Denkweisen machen es überhaupt möglich, einen Standpunkt außerhalb des Patriarchats zu gewinnen. Das Patriarchat zu durchschauen gelingt nicht, wenn wir unreflektiert darin befangen bleiben. Erkenntnis benötigt Distanz. Die moderne, sich ständig weiterentwickelnde Matriarchatsforschung, die eine völlig andersartige Kultur und Lebensweise ans Licht fördert, schafft diese Distanz (1). Denn Matriarchate sind keine Umkehrung patriarchaler Lebensformen und Denkmuster, sondern ihre Ordnung ist so andersartig, dass uns bei der Beschäftigung damit oft Fremdheitsgefühle beschleichen. Diese spiegeln die Verständnishürden, die wir als „Kinder des Patriarchats" zu überwinden haben, wenn wir patriarchale Ideologie nicht auf die matriarchale Gesellschaftsordnung projizieren wollen. Insofern schließt ernsthafte Matriarchatsforschung immer eine selbstkritische Bewusstseinsveränderung ein.

Es geht weder um ein affirmatives Steckenbleiben im Patriarchat, dessen zerstörerisches Potential immer offensichtlicher wird, noch geht es um romantische Sehnsüchte hin zum Matriarchat, was nur patriarchal erzeugte Bedürftigkeit spiegelt. Stattdessen ist der Fokus wissenschaftlicher Matriarchatsforschung die nüchterne Erkenntnis andersartiger sozialer Tatsachen, die wir selbstkritisch zu verstehen haben. Träume vom Matriarchat enthalten wieder nur patriarchale Ideologie, was uns der Erkenntnis der Situation, in der wir uns befinden, keinen Schritt näher bringt. Darum sind diese Fremdheitsgefühle angesichts der andersartigen Strukturen matriarchaler Gesellschaften ein Spiegel für uns selbst: An ihnen bemerken wir, wie weit wir patriarchale Normen verinnerlicht haben und uns in dieser patriarchalen Normalität bewegen wie die Fische im – verseuchten – Wasser.

Auch in den alternativen Bewegungen der Gegenwart ist es ein notorischer Fehlschluss zu meinen, Befreiungen jeder Art und Visionen einer neuen Gesellschaft seien möglich ohne die Kenntnis der matriarchalen Gesellschaftsordnung und Geschichte – eine Kultur und Geschichte, die wesentlich von Frauen geschaffen wurde. Die Folge davon ist, dass die Interaktionsmuster zwischen den Geschlechtern undurchschaut bleiben und traditionell patriarchales Rollenverhalten von Männern und Frauen trotz guten Willens wiederholt wird. In den gender-gemischten alternativen Bewegungen lässt sich diese Problematik ablesen an der Unfähigkeit, das Mann-Frau-Machtgefälle wirklich zu thematisieren und zu überwinden. Das führt zur charakteristischen Schwächung dieser Bewegungen oder gar zu ihrem Scheitern.

Einem anderen Fehlschluss gehen weite Kreise der feministischen Frauen- und Genderforschung in die Falle, wenn sie meinen, dass Befreiung allein durch Patriarchatskritik möglich sei. Doch Patriarchatskritik auf dem Boden des Patriarchats ist in sich widersprüchlich und greift immer zu kurz. Auch hier bleibt eine Befangenheit in patriarchalen Mustern bestehen, weshalb nur halbe Schritte getan werden und die Initiativen im Reformismus oder in einer Nische stecken bleiben. Reformismus meint dabei jenen Gleichheits-Feminismus, dem gemäß Frauen nun auch alles können und tun, was in der gegebenen Gesellschaft von Männern getan wird, ohne dass sie dabei das System überschreiten wollen. Hier bildet sich das Syndrom der Imitation patriarchaler Muster heraus, was lediglich zur Verdoppelung des Patriarchats – nun auch mit einem weiblichen Gesicht –, aber nicht zu seiner Auflösung führt.

Jede radikale Kritik und radikale Veränderung setzt deshalb voraus, dass patriarchale Ideologie bis zur Wurzel durchschaut wird. Dabei ist es durchaus die politische Absicht, das patriarchale System aufzuheben. Die weitverbreitete Meinung, dass am Patriarchat – weil es geschichtlich entstanden ist – doch etwas Gutes sei, beispielsweise die Schöpfungen des männlichen Geistes oder die Entstehung des Individualismus oder die Entwicklung der Maschinentechnik, geht in die Irre. Dabei wird nicht erkannt, dass diese Entwicklungen durchaus Alibifunktion in einer Herrschaftsgesellschaft haben – wie der sogenannte „Individualismus“ mitten in einer Massengesellschaft – oder keineswegs nur für lebensfreundliche Zwecke gebraucht werden – wie die Entwicklung der maschinisierten Welt aus dem männlichen Geist, die in erster Linie der Kriegsführung und Herrschaftserweiterung dient. Denn Patriarchate sind generell Herrschaftsgesellschaften, die Begriffe „Patriarchat“ und „Herrschaft“ sind gleichbedeutend. Obendrein werden dabei die Leistungen nicht-patriarchaler Kulturen verschwiegen, denn Dichten und Denken, Individualität und Technik hat es zu allen Zeiten gegeben. Sie sind wertvolle Schöpfungen der menschlichen Kultur von ihren Anfängen an. Können wir an Herrschaftsstrukturen, die das gesamte patriarchale Leben und Denken durchziehen, etwas Gutes finden, sogar ein bisschen davon retten? Aber schon ein bisschen Herrschaft ist eben Herrschaft. Schon etwas patriarchale Ideologie ist eben patriarchale Ideologie. Herrschaftsformen und Freiheit von Herrschaft lassen sich nicht miteinander verbinden, sie schließen sich logisch und praktisch gegenseitig aus. Da es hier um die Aufhebung von patriarchaler Herrschaft und der damit verbundenen Ideologie geht, gibt es in diesem Punkt keine Kompromisse.

*Die drei Säulen patriarchaler Ideologie*

Patriarchale Ideologie ruht auf drei Säulen, welche die verschiedenen patriarchalen Herrschaftsformen durch ihre gesamte fünf- bis sechstausendjährige Existenz in immer neuen Varianten legitimiert haben. Die wichtigste Säule des Patriarchats ist die Herrschaft des Mannes über die Frau, die sich ideologisch im Androzentrismus (*andros* heißt „Mann“) spiegelt. Der Androzentrismus ist die Fiktion von der universellen männlichen Dominanz, was in dem Grundsatz gipfelt, dass Patriarchat räumlich und zeitlich unbegrenzt sei. Das ist der „Mythos vom ewigen Patriarchat“. Seine wesentliche Funktion ist, Herrschaft als naturgegeben und den Menschen angeboren hinzustellen.

Dabei ist Herrschaft alles andere als natürlich, sondern eine künstliche, menschenfeindliche Konstruktion. „Herrschaft“ wird folgendermaßen definiert: In einer Herrschaftsgesellschaft kann eine Minderheit befehlen, und eine Mehrheit muss diesen Befehlen gehorchen, weil die Minderheit einen „Erzwingungsstab“ besitzt, das heißt: Krieger, Militär, Polizei, Verwaltungsämter, Justiz, Gefängnisse und andere Vollstreckungsorgane (2). Diese können die Befehle der Minderheit mit Gewalt bis hin zum Krieg gegen das eigene Volk durchsetzen. Die Bildung solcher Erzwingungsstäbe ist ein komplizierter Vorgang. Sie sind geschichtlich als Kriegerhorden unter charismatischen Anführern entstanden und haben sich bis heute zu hochtechnifizierten Kontrollapparaten entwickelt. Sie prägen die verschiedenen Strukturen von Herrschaft: das frühe Patriarchat der Kriegerkönige, das mittelalterliche Patriarchat des Feudalismus, das bürgerliche Patriarchat der Klassengesellschaft und das moderne Patriarchat der industriellen Maschinengesellschaft und der global-kapitalistischen Weltwirtschaft. Trotz seines heutigen Größenwahns ist das Patriarchat als Herrschaftsgesellschaft geschichtlich entstanden und deshalb auch aufhebbar.

Im Androzentrismus definiert sich der Mann, das herrschende Geschlecht, als das Gute, Geistige und die Norm dessen, was „Mensch“ ist. Alles andere wird als nicht normal abgespalten und abgewertet. Exemplarisch wird diese Haltung gegenüber der Frau praktiziert, die als das Niedrige, Böse und von der Norm Abweichende gilt und als das ständig Defiziente in den Hintergrund gedrängt wird. Androzentrismus spiegelt das generelle Mann-Frau-Machtgefälle in patriarchalen Gesellschaften. Außerdem liefert er die Legitimation zur Zerstörung von nichtpatriarchalen Kulturen, insbesondere von matriarchalen Gesellschaften, die solche Machtgefälle nicht kennen. Genauso destruktiv wird mit Bereichen umgegangen, in denen Frauen im Patriarchat noch eine gewisse Souveränität bewahren konnten: beispielweise als Handwerkerinnen in den Frauenzünften im europäischen Mittelalter, als Heilerinnen und Hebammen vor der europäischen Neuzeit, als Beginen in den autonomen Beginenhöfen in der Neuzeit, als Bäuerinnen in der Subsistenzwirtschaft in vielen nicht-westlichen Ländern heute. Diese Bereiche wurden und werden systematisch zerstört und ihre Neubildung verhindert, denn im Androzentrismus strebt der Mann nach nichts mehr als nach der totalen Kontrolle über die Frauen.

Die zweite Säule des Patriarchats ist die Herrschaft des Mannes über die Natur, zu welcher die Ideologie des *Anthropozentrismus* (*anthropos* heißt „Mensch") gehört. Darin sieht sich der Mensch (gleich Mann) als Maß und Mittelpunkt aller Dinge. Er macht sich zur obersten Norm für alle Lebewesen und natürlichen Zusammenhänge und nimmt sich selbst aus der Natur heraus. Denn er ist die „Krone der Schöpfung" und soll sich den Rest der Welt „untertan machen". Die Spaltung von „Geist" und „Natur" wird eingeführt, wobei der Geist mit „Mann", „Zivilisation" und „Gott" gleichgesetzt und die Natur zur „chaotischen, bösen" Wildnis oder gar zur bloßen, angeblich „toten Materie" herabgewürdigt wird. Allen anderen Lebewesen werden Empfinden, Seele und Intelligenz abgesprochen, und es wird mit ihnen wie mit Dingen, genauer: Nutzgegenständen umgegangen.

Damit wird legitimiert, dass der Mensch (gleich Mann) mit der Natur, unserer Erde, als wehrlosem Gegenüber machen kann, was er will: Er kann sie erobern, ihr Gewalt antun, sie ausplündern und zerstören. Das Ergebnis des Anthropozentrismus holt uns heute als weltweite, von Menschen gemachte Naturkatastrophen ein, deren Ursache die Zerstörung des Gleichgewichts der Lebenszusammenhänge auf der Erde ist, einschließlich des unsrigen. So hat der Wahn des Machens zu viel kaputt gemacht, und es ist die Aufgabe des Mannes, den Anthropozentrismus zu beenden, um es heute wieder gut zu machen.

Die dritte Säule des Patriarchats ist die Herrschaft über andere Völker, der *politische und geistige Imperialismus*. Seine Opfer sind in erster Linie die nicht-patriarchal organisierten Gesellschaften, die unterdrückt oder zerstört wurden und noch werden. Aber auch patriarchal organisierte Gesellschaften kämpfen gegeneinander, wobei das Recht des Stärkeren gilt. Das „Recht des Stärkeren" bedeutet dabei die Macht der stärkeren Waffe, wie zwei klassisch patriarchale Thesen besagen: „Der Krieg ist der Vater aller Dinge" (griechischer Philosoph der Antike) und „Alle Macht kommt aus den Gewehrläufen" (chinesischer Revolutionär der Gegenwart). Der politische und geistige Imperialismus manifestiert sich in der gewaltsamen Bildung von Weltreichen und Weltreligionen. Denn Herrschaft als Zwang gegen andere, als Druck von oben, erzeugt immer Gegendruck von unten, was wiederum neue „Sachzwänge" schafft. Es entsteht ein Circulus vitiosus, ein Teufelskreis der Zwänge zwischen Herrschenden und Beherrschten. Denn aus Herrschaft und ihren ausbeuterischen Methoden folgt immer wieder soziales Chaos im Inneren. Diese unaufhörlichen inneren Probleme nach außen zu verlagern, durch künstliche Feindbilder und überflüssige Kriege davon abzulenken, ist typisches Merkmal patriarchaler Politik und die Wurzel des politischen und geistigen Imperialismus. Auch hier vollzieht sich der ideologische Prozess von Abspaltung und Abwertung als Rechtfertigungsgrundlage für Völkermord, Kulturzerstörung, Kolonialisierung, Missionierung und der heutigen Globalisierung der westlichen Geld-Ökonomie und der westlichen Wirtschaftsweise.

Androzentrismus, Anthropozentrismus sowie politischer und geistiger Imperialismus zusammen bilden das patriarchale Syndrom. Es zieht der freien Erkenntnis enge Grenzen und verhindert eine wirklich humane Gesellschaft. Stattdessen erzeugt es das Krebsgeschwür der zunehmenden patriarchalen Kulturneurosen und destruktiven Verhaltensformen, die Ausfluss dieser kranken Gesellschaftsordnung sind. Das *patriarchale Syndrom* zieht sich durch die gesamte fünf- bis sechstausendjährige Geschichte des Patriarchats und kehrt in allen Typen von Herrschaftsgesellschaften in verschiedenen Variationen wieder. Heute ist es besonders gefährlich, weil die Herrschenden in Wirtschaft und Militär mehr zerstörerische Macht den je in den Händen haben, womit das Wachstum von Intelligenz, Vernunft oder gar Ethik nicht Schritt gehalten hat.

### *Erläuterungen zum Androzentrismus*

Die Bildung des Androzentrismus geht mit dem Trick der philosophischen Wesensdefinitionen einher. Patriarchale Philosophie bedient sich dieser Methode durch die Definition des „Wesens" von etwas, das dabei festgelegt wird, das man „in den Griff bekommt" und damit kontrollieren kann. Aus dem Fluss der Ereignisse und Gestalten werden durch Wesensdefinitionen Entitäten herausgelöst, bezeichnet und in einem System „dingfest" gemacht, das heißt „zu Dingen gemacht", über die verfügt werden kann. Es ist der geistige Vorgang des Abspaltens und Abwertens, der Hierarchie erzeugt und Herrschaft rechtfertigt, die immer hierarchisch ist.

Deutlich lässt sich dieser Vorgang ablesen an den Wesensdefinitionen der Frau, welche die gesamte patriarchale Geistesgeschichte durchziehen. Im Kampf der frühpatriarchalen Kriegerhorden gegen die hochentwickelten matriarchalen Kulturen der Frühzeit war „die Frau" das feindliche Wesen, denn Frauen leiteten als Matriarchinnen und Sakralköniginnen, Hand in Hand mit ihren Brüdern und Söhnen, die matriarchale Gesellschaft, die ihre Schöpfung war. Deshalb begann die feindliche Projektion auf Frauen im Frühpatriarchat: Sie waren grundsätzlich „das Böse", „das Chaos", „die verschlingende Unordnung", die niedergerungen werden musste, so wie in der Mythologie der frühpatriarchale Held Marduk die Urgöttin Tiamat niederringt und erschlägt. Dabei wird jedoch der Widerstand der matriarchalen Frauen und ihrer Gesellschaften gegen die neue frühpatriarchale Herrschaft sichtbar, die ihnen aufgezwungen wurde.

In den Wesensdefinitionen der klassisch-patriarchalen Philosophen in Europa, China und Indien wird diese Ideologiebildung fortgesetzt. So definiert der griechische Philosoph Aristoteles das Wesen der Frau als die „ungeformte Materie", die bloße „Ackerfurche", in die der Mann als „erster Beweger" die geistige Form hineingibt, ohne die nichts entstehen könne. Geist und Materie werden auseinandergerissen – als ob Geist sich nicht verkörpern müsste, um Wirklichkeit zu werden, und als ob Materie nicht geistig wäre in ihrer schöpferischen Vielfalt des Lebendigen. Der Mann als „Geist" kann nach dieser Definition über die Frau als „Materie" verfügen wie das höhere Wesen über das niedrigere. Zudem ist er als „Vater" durch seinen Samen (Form) allein Schöpfer des Kindes, zu dem die Frau als „Ackerfurche" (Materie) nichts beisteuern kann außer ihrem nährenden Schoß. Hier wird der klassisch-patriarchale Vaterschaftsbegriff formuliert, der sogar die biologische Mutterschaft verleugnet und die Frau ausschließlich auf die Pflegefunktion reduziert. Auf diese Weise wird legitimiert, dass die Kinder alleiniger Besitz des Vaters sind, seinen Namen tragen und seine Erben sein dürfen. Die Mutter ist nur noch das Gefäß für „seine Kinder". Noch im 17. und 18. Jahrhundert glaubte man, dass im Sperma des Mannes das kleine Menschlein vollständig enthalten sei. Diese Auffassung hält sich bis heute, sie spiegelt sich in Redewendungen wie der vom Mann, welcher der Frau ein Kind „macht", oder vom männlichen Gynäkologen, der – als Geburtshelfer der Frau – das Kind „geboren" habe.

Der chinesische Staatsphilosoph Konfuzius definierte das Wesen der Frau als das „Niedere", „Dunkle", „Erdhafte", „Schwache", „Haltlose", „Gemeine" (Yin-Prinzip), das durch das Wesen des Mannes als das „Höhere", „Lichte", „Himmlische", „Starke", „Feste", „Edle" (Yang-Prinzip) im Zaum gehalten werden müsse. Wenn die „Edlen" (Männer) nicht herrschten, nähmen die „Gemeinen" (Frauen) überhand, deshalb müsse es durch bestimmte Methoden systematisch unterdrückt werden. Nur so funktioniere der Staat, womit das patriarchale Chinesische Reich gemeint war, das mithilfe dieser Ideologie strengste Hierarchisierung nicht nur im Staatswesen, sondern bis in die Rangordnung der Familienmitglieder hinein durchsetzte.

Daran wird die Funktion von Wesensdefinitionen als Herrschaftsinstrument deutlich, das bis heute uneingeschränkt und effektiv eingesetzt wird. So ist in katholischen Kreisen das „Wesen" und die „Bestimmung" der Frau immer noch, zu gebären und ihre Kinder für das Patriarchat und die Kirche zu erziehen. Dies sei von Gott und Natur so eingerichtet! In der Psychologie ist ihr „Wesen" die Abweichung von der Norm des Mannes, sie ist emotional, irrational, überhaupt defizient („Penisneid") und kann sich nur in Verbindung mit einem Mann als vollständiges Wesen betrachten (Sigmund Freud). Sie soll ihren „Animus" (Geist) unterdrücken, um mit ihrer „Anima" (Seele) dem Mann, dem der Animus sowieso angeboren ist, zu dienen, damit er seine Anima entfalten kann (C. G. Jung) (3). Aus sich selbst heraus hat sie keinen Wert, sondern bezieht ihn sekundär über den Mann. Durch direkte und strukturelle Gewalt wird dies den Frauen im Patriarchat beigebracht, und die meisten von ihnen haben es so weit verinnerlicht, dass sie ihr Selbstwertgefühl ausschließlich über den Mann beziehen. Daraus entsteht das psychologische Syndrom der Männerfixiertheit von Frauen im Patriarchat.

An diesen Beispielen wird deutlich, dass Wesensdefinitionen willkürliche Festschreibungen sind, zu denen die Betroffenen niemals befragt werden. Eine Projektion auf sie wird fixiert, weil sie den Herrschenden dient. Durch anhaltend gewalttätige Bedrohung wird sie soweit bei den Betroffenen verfestigt, dass diese schließlich selbst glauben, die willkürliche Festschreibung sage etwas Wahres über sie aus. Die Folge ist eine Neurotisierung auf der oberen wie auf der unteren Ebene dieser künstlich geschaffenen Hierarchie: Der herrschende Mann lebt auf die Dauer schlecht mit seiner Projektion, da die Wirklichkeit ihr häufig widerspricht. Die unterdrückte Frau, welche diese Projektion verinnerlicht hat, ist auf die Dauer unglücklich und weiß nicht warum. Die Kinder in diesem Geschlechterverhältnis wachsen in einer Scheinrealität voller emotionaler Widersprüche auf, was sie ebenfalls neurotisiert. Das ist das patriarchale Syndrom zwischen den Geschlechtern, es zementiert die Herrschaft des Mannes über die Frau um den Preis der fortgesetzten Erzeugung einer kranken Gesellschaft. Eine solche Gesellschaft benötigt dann Erlösungsreligionen und Massenmedien, um aus der schlechten Realität zu fliehen, und Heerscharen von Psychologen, Pädagogen und Sozialarbeitern als heilende Fußtruppen, die vergeblich an den Symptomen herumkurieren.

In manchen Zweigen der feministischen Philosophie der Gegenwart wird diese Methode der Wesensdefinitionen oft ebenfalls undurchschaut – nur mit umgekehrten Vorzeichen – verwendet. Das Problem liegt in derselben pauschalen Gegenüberstellung von Frauen und Männern insgesamt, ohne jegliche historische und gesellschaftliche Differenzierung. Nur landen jetzt auf der Seite des Mannes die negativen Merkmale, die vorher der Frau zugeschoben wurden: Er sei jetzt „böse", denn von Natur aus „aggressiv und gewaltsam", vom Chromosomensatz her „defizient" und eigentlich überflüssig. Das Wesen der Frau hingegen sei pure Liebe und Kreativität, „das polymorph Umfassende", „das intuitiv Untrügliche" aus dem Bauch heraus, das Freundliche und Humane und so weiter. Auf dem Boden dieser Wesensdefinitionen wird dann über „weibliches Denken", „weibliche Ästhetik", „weibliches Schreiben und Sprechen", „weibliche Musik" und ähnliches sinniert und geschrieben. Dieses Vorgehen krankt ebenfalls an der patriarchalen Denkfigur der Wesensdefinitionen, die Projektionen sind und keine Erkenntnisse bringen. Wenn auch aus einer berechtigten, oppositionellen Haltung gegenüber patriarchaler Herrschaft formuliert, die Frauen so lange erniedrigt hat, wiederholen diese Definitionen doch die patriarchale Denkhaltung von Abspaltung und Abwertung. Sie verhindern patriarchatskritische Analysen eher, als sie zu fördern. Bei ernsthafter Patriarchatskritik geht es nicht um einen wechselseitigen Schlagabtausch zwischen den Geschlechtern auf der Basis von Klischees und Vorurteilen, sondern um die Einsicht in Lebensformen von konkreten Frauen und Männern in konkreten Gesellschaften in Geschichte und Gegenwart. Zumindest muss dabei deutlich gemacht werden, ob von matriarchalen Frauen und matriarchalen Männern in nichtpatriarchalen Gesellschaftsformen gesprochen wird oder ob die Rede von patriarchalen Männern und patriarchalisierten Frauen in patriarchalen Gesellschaften ist. Weitere Unterscheidungen haben sich dann auf die Form, die historische Zeit sowie die geographische Region der jeweiligen Gesellschaftsordnung zu beziehen. Denn solange über den Wesensdefinitionen die soziale und historische Perspektive auf die Wirklichkeit von Frauen und Männern ausgelassen wird, führen diese nur zu unpolitischer und ahistorischer und damit wertloser Argumentation. Patriarchale Ideologie in ihren tiefgreifenden Wirkungen kann so kaum entlarvt werden.

*Erläuterungen zum Anthropozentrismus*

Dieselbe Methode der Abwertung und Unterdrückung durch Wesensdefinitionen, wie sie gegen Frauen verwendet wird, ist auch die Grundlage für die patriarchale Ideologie des Anthropozentrismus. Es geht dabei um die Festschreibung des „Wesens" des Menschen, womit immer der Mann gemeint ist. Die klassischen griechischen Philosophen Plato und Aristoteles setzten den Menschen in Gegensatz zur Natur – als ob er nicht ein Teil der Natur sei! – und definierten ihn als „Vernunftwesen". Als solches hat er Geist und kann denken, womit sie der gesamten übrigen Natur das Geistige absprechen und sie zu dumpfer Materie herabwürdigen. Mit dieser Konstruktion wird nicht nur den Tieren jede Intelligenz abgesprochen, sondern auch den Frauen. Denn sie werden wegen ihrer Gebärfähigkeit in die Nähe der „bloßen Natur" gerückt, noch nicht ganz Mensch, zwischen Mann und Tier stehend, deshalb gefährlich unvernünftig. Der Mann als eigentlicher Mensch und vernunftbegabtes Wesen erhält damit die Legitimation, die natürlichen Fähigkeiten der Frau und die Natur im Allgemeinen auszubeuten.

Im christlichen Kontext wird der Mensch als „die Krone der Schöpfung" definiert, als „Ebenbild Gottes" – sofern er Mann ist –, was ihm das Recht gibt, sich „die Erde untertan zu machen", sie zu plündern, zu vergewaltigen und zu zerstören. Dies ist doch ein erstaunliches Merkmal von Vernunft seitens der Krone der Schöpfung! Neuere Definitionen sprechen vom „homo faber", dem Mann als Macher, vom „homo ludens", dem Mann als Spieler, oder vom „homo socialis", dem Mann als Kamerad im Männerbund seiner patriarchalen Gesellschaft. Niemals ist dabei vom Mann als Naturwesen die Rede, weil er sich mit jeder dieser Definitionen als Subjekt aus dem Gefüge der Natur herausnimmt, die er zum bloßen, manipulierbaren Objekt degradiert.

Seit Beginn der Neuzeit wurde der Gegensatz von Geist und Natur beziehungsweise Mensch/Mann und Natur weiter verschärft, wie Claudia von Werlhof in einer ihrer Patriarchats-Analysen gezeigt hat (4). Anthropozentrismus ist nach ihrer Auffassung nicht nur das religiös motivierte, patriarchale Projekt der Naturbeherrschung allgemein, sondern durch die gesteigerten Machtmittel wird die Natur endgültig auf die ausbeutbare Ressource reduziert. In der Antike hatte sie immerhin noch etwas von einer götterdurchwirkten, numinosen Macht, und im Christentum war sie Schöpfung Gottes und Zeichen seiner „Herrlichkeit", genoss daher bei den Menschen einen gewissen Respekt. In der Neuzeit wird sie in jeder Hinsicht entheiligt und auf den bloßen Rohstoff reduziert, den die Menschen benutzen können, über den sie verfügen können, ohne dafür etwas zurückzugeben. Sie ist der große Gratis-Fundus, aus dem sich die Profite des bürgerlichen Kapitals speisen. Dabei wird alles zur „Natur" erklärt, was aus der Perspektive des kapitalistisch-bürgerlichen Mannes von ihm gratis genommen werden kann, um zur Ware verdinglicht und dann verkauft zu werden. Auf diese Weise vermehrt er sein Kapital: Die Erde mit ihren Territorien und Bodenschätzen ist „Natur" und daher gratis zu haben, ebenso die natürlichen Geschöpfe insgesamt, nämlich Pflanzen, Tiere und die anderen Menschen. Denn es ist keineswegs so, dass der neuzeitliche Begriff von „Mensch" alle Menschen umfasst: Gemeint ist lediglich der weiße, erwachsene, herrschende Mann, der in der Lage ist, Kapital zu schaffen. Alle anderen Menschen werden aus seiner Perspektive ent-menschlicht, zu Nummern, zu „Menschenmaterial" oder gar zu „Humankapital" gemacht. Das gilt für die Frauen insgesamt und für die Mehrheit der ärmeren Männer. Letztere müssen ihre Arbeitskraft verkaufen, die als menschliche Ressource damit zur Ware wird. Frauen werden ideologisch zur „bloßen Natur" erklärt, weil sie durch ihre Gebärfähigkeit das Wichtigste hervorbringen, nämlich menschliches Leben. Als „Naturressource" sind sie selbstverständlich gratis verfügbar. Ihre Fähigkeit und die damit verbundene Arbeit der Lebensschaffung und täglichen Lebenserhaltung erscheint damit als „Biologie" oder „Instinkt", was nichts kostet. Und ihre Schöpfung, die junge Generation in jeder Gesellschaft, wird zum „Naturvorkommen". Mit dieser Ideologie des Anthropozentrismus kolonialisieren die herrschenden Männer des Patriarchats „Natur" in zunehmendem Maße, sie bewirtschaften Pflanzen, Tiere und Frauen (5).

Gleichzeitig gilt dieses Wertvollste auf der Welt, nämlich das Leben, als das Wertloseste. Es erscheint als beliebig verschwendbar und zerstörbar, um als zugerichtete, tote Ware verkauft zu werden, und zwar ohne Anerkennung der natürlichen „Grenzen des Wachstums". Es ist nichts als zu formender „Stoff", weil er noch nicht einmal Geld kostet. In der kapitalistischen Logik der Neuzeit hat nur Geld einen Wert, Leben nicht. Insofern ist auch die Arbeit des Gebärens, der Kindererziehung, der Pflege, Ernährung und Heilung, die von Frauen geleistet wird (die sogenannte „Hausarbeit"), wertlos, weil sie gratis ist. Und sie muss gratis bleiben, weil ihr tatsächlicher Wert so hoch ist, dass sie eigentlich unbezahlbar ist. Der Wert kann im Grunde gar nicht in Geld ausgedrückt werden, diese Arbeit wird daher behandelt, als habe sie gar keinen Wert. Was zu „Natur" erklärt wird – und das kann alles sein –, gilt als „außerökonomisch", als „Input" in den Verwertungsprozess, aus dem tote Ware herauskommt. Insofern wird die Natur in ihrem lebendigen Zusammenhang von Pflanzen, Tieren und dem größten Teil der Menschheit, darunter insbesondere die Gesamtheit der Frauen, ständig zum Objekt gemacht, beraubt und zerstückelt, das heißt, dieser Verwertungsprozess führt fortwährend vom Leben zum Tod. Tote, weil zerstückelte Dinge sind Ware, „tote" Arbeit ist Kapital, und das Toteste ist das Teuerste, nämlich das Kapital, das Geld selbst. Dabei wird das patriarchale „Projekt der Beherrschung der Natur immer mehr zum Problem anstatt weniger, nicht, weil sie so unüberwindlich wäre, sondern weil sie zerstört wird, aus dem Gleichgewicht gerät, steril, verschwunden ist“ (6).

Dieser unheilvolle Weg der patriarchalen Naturzerstörung, der auf der Ideologie des Anthropozentrismus beruht, geht Werlhof zufolge von falschen Voraussetzungen aus, über die nicht nachgedacht werden darf, die zu kritisieren tabu ist, was einem Denkverbot gleichkommt. Einmal der schon erwähnte Geist-Natur-Gegensatz: Natur gilt als geistlos. Daraus folgt die Überzeugung, man müsse aus dieser Natur heraus, weil der Geist immer anderswo, im äußersten Falle „transzendent“ (Gott) ist. Der Geist ist der Natur als „bloßer Materie“ immer enthoben.

Andererseits: Wenn der Geist nicht Natur ist, so muss er künstlich sein, nämlich gesellschaftlich produziert. Daher wird „Geist“ als Denken definiert, und zwar nicht als Denken allgemein, sondern als instrumentalistisches Denken (Intellekt), das zu operationalisierbarem Handeln (Technik) führt. Denn Intellekt und Technik dienen der Naturbeherrschung. Der ausgeklammerte Rest, der dem Machbarkeitswahn nicht folgt, heißt „Intuition“ und gilt nicht als Denken. Durch diese Art von „Denken“ definiert sich der Mensch/Mann aus der Natur heraus, überhebt sich über alle anderen Naturwesen einschließlich der Frauen und glaubt, sich so von der Natur frei machen zu können.

Da Natur und Geist getrennt gedacht werden, werden sie auch getrennt neu definiert: Die Natur ist das Rohe, Ungeformte, angeblich „Gewaltsame“. Der Geist dagegen ist das abstrakte Denken im Sinne von Intellekt, Technik und Geld, womit die Gesellschaftlichkeit geprägt wird. Die Natur wird dieser Gesellschaftlichkeit als „gefährliche Bestie“ gegenübergestellt. Auf diese Weise entsteht die perverse Projektion, dass die Natur die Gewalt-Täterin ist, nicht der Mensch. Das zeigt sich auch in gutgemeinten Äußerungen wie: „Die Natur schlägt zurück!“, als ob man sie schon jemals hätte schlagen sehen. Schlimmer noch: Gewalttätigkeit in der menschlichen Gesellschaft wird auf diese Weise als natürlich betrachtet.

Die Vorstellung vom Geist als instrumentalistischem Denken führt zu einer anderen, nicht weniger schlimmen Perversion. Denn Menschsein wird nicht über den Geist allgemein, sondern nur über einen Teil davon definiert, nämlich die operationalisierbare Intelligenz, deren Ideal die Denkmaschine ist. Insofern ist der Weg zur „Künstlichen Intelligenz“ der Maschine nur konsequent, deren Simulation von Geist selber als „Geist“ gilt. Man führt das Menschenhirn in den Computer ein, um es von der Schwächlichkeit des sterblichen Fleisches zu befreien. Die reine Intelligenz gilt dabei als besser und wichtiger als der Mensch selbst, der mehr und mehr als überholt und veraltet betrachtet wird. Letztendlich führt dieses Programm zur Abschaffung der Menschheit selbst, denn die intelligenten, scheinbar belebten Maschinen als „künstliche Kinder“, als perfekte Roboter, sollen im „postbiological age“ ihre Väter und Erfinder und die biologische Menschheit ablösen. Hauptsache, das Muster der männlichen Intelligenz ist per Computer gerettet!

Hier entpuppt sich – gemäß dieser Analyse von Werlhof – der Anthropozentrismus im modernen Gewand als die menschenfeindlichste Ideologie überhaupt. Der Mensch als sogenanntes „freies" Individuum, wie er zu Beginn der Neuzeit definiert wurde, hebt sich schließlich selber auf. Denn die „Freiheit" dieses Individuums besteht in der Verleugnung von Geburt und Tod als Grundlage der menschlichen Existenz. Als „freies" Individuum ist er völlig unabhängig von Natur, Müttern, Herkunft und der eigenen Körperlichkeit, „frei" von anderen Menschen sowie Geschichts- und Lebenszusammenhängen. Mit diesem Begriff von Individualismus wird jede Verbindung zur Natur geleugnet, doch bleibt dieser „Mensch" ein rein gesellschaftliches Konstrukt und unerreichbares Ideal. Erst die Maschinen der „Künstlichen Intelligenz" können es verwirklichen, insofern sind sie die „Krone der Schöpfung" und die abzuschaffenden Menschen nur ihr rückständiges Anhängsel. Es ist das vorgefertigte Programm zum Tod, Resultat einer nekrophilen Gesellschaft.

Es ist höchste Zeit, aus diesem Teufelskreis des pathologischen patriarchalen Denkens herauszukommen und zu einem alten, doch sehr modernen nicht-patriarchalen Denken vorzustoßen, dem integrierenden matriarchalen Denken (7).

### *Erläuterungen zum politischen und geistigen Imperialismus*

Sind Androzentrismus und Anthropozentrismus die Hauptpfeiler patriarchaler Ideologie, so sind der politische und der geistige Imperialismus deren praktische Folgen. Der politische Imperialismus manifestiert sich im Zwang zur fortgesetzten Bildung von Weltreichen, die rasch zerfallen und von jeweils konkreten Ideologien begleitet sind. Zum geistigen Imperialismus gehören sämtliche patriarchalen Weltreligionen wie Hinduismus, Buddhismus, Zoroastrismus, Zionismus, Christentum und Islam mit ihrer jeweiligen Spaltung in „Gläubige" und „Ungläubige". Ihre Überheblichkeit drückt sich in dieser scharfen Abgrenzung und – in Buddhismus, Christentum und Islam – in der Missionierung Andersdenkender aus. Diese kolonialistischen und religiösen Ideologien ergänzen die androzentrische und die anthropozentrische Ideologie und bilden mit diesen zusammen das patriarchale Syndrom.

So geht jede Reichs- und Weltreichsbildung im Laufe der fünf- bis sechstausendjährigen Patriarchatsgeschichte einher mit der Deklaration aller anderen Völker zu „Barbaren", womit sie zur Eroberung und Ausbeutung freigegeben sind. Denn jedes patriarchale System behauptet, diesen „Untermenschen" erst die wahre Zivilisation und Ordnung gebracht und sie damit aus ihrem nicht-menschlichen Zustand befreit zu haben. Doch seltsam: Die Eroberten erweisen sich meistens nicht dankbar für diese Segnungen!

Beispielsweise hat das patriarchale Griechenland mit seinen Ansprüchen der Seeherrschaft im östlichen Mittelmeer den klassischen Begriff „Barbaren" geprägt, womit alle älteren und matriarchal organisierten Völker des umliegenden Mittelmeerraums gemeint waren. Deren Sitten galten als unverständlich und monströs, als „Missstände", für die zivilisatorische Abhilfe notwendig schien. Da das patriarchale Griechenland noch heute idealisiert wird, hat sich diese Betrachtungsweise gegenüber antiken und gegenwärtigen matriarchalen Völkern bis heute in Europa nicht geändert. Das Römische Reich mit seiner Weltmachtspolitik gegenüber der damals bekannten Welt übernahm die griechische Ideologie und führte mit militärischer Macht aus, wozu die Griechen wegen ihrer Zerstrittenheit nicht in der Lage gewesen waren. Die römischen Eroberer brachten, nachdem sie ihr Reich im Mittelmeerraum und Europa gegründet hatten, fast allen Völkern Europas ihre *Lex romana* mit perfektem Patriarchalismus auf staatlicher und familiärer Ebene, bis hin zur Verfügungsgewalt des *Pater familias* (Familienvaters) über Leben und Tod von Gesinde, Kindern und Gattinnen. Diese Struktur wurde später zementiert, als das römische Christentum Europa missionierte.

Auch die Entwicklung des patriarchalen Chinesischen Reichs ist gekennzeichnet von der Ideologie der Barbarisierung der dort ansässigen matriarchalen Völker, die im Verlauf von mehreren tausend Jahren in Ostasien zurückgedrängt, vereinnahmt oder ermordet wurden. Die Lebensweisen der nicht-chinesischen Völker wurden von den chinesischen Chronisten festgehalten, wobei diese Menschen abschätzig je nach Hautfarbe als *wu-man*, „schwarze Barbaren", oder *pai-man*, „weiße Barbaren", bezeichnet wurden. Auf Kosten ihres angestammten Lebensraums hat sich das riesige Chinesische Reich entwickelt, wobei genuine Techniken dieser Völker, wie zum Beispiel die Seidenherstellung, vereinnahmt und im großen Stile kommerziell ausgewertet wurden. Noch heute sind die nicht-chinesischen Minderheiten Opfer von Expansionspolitik und Pogromen – wie bei der kommunistisch-chinesischen „Kulturrevolution" und bei der Eroberung Tibets zu sehen war. Oder sie sind Opfer von Entwicklungsprogrammen, die ihnen aufgezwungen werden, weil sie als „rückständig" etikettiert werden (8).

Mit der europäischen Neuzeit, in der die verschiedenen europäischen Nationen nacheinander ihre Weltreiche bildeten, wurde es üblich, die zu erobernden Völker als „Wilde" zu bezeichnen. Die Ethnologie diente als Hilfswissenschaft für Eroberung und Missionierung, sie hatte damit dieselbe Funktion wie die Aufzeichnungen der chinesischen Chronisten. Bis ins 20. Jahrhundert hinein blieb die in der Ethnologie beibehaltene kolonialistische Abwertung anderer Völker als „Wilde" oder „Primitive" mit ihren „monströsen Sitten" und ihrem „wilden Denken" bestehen. Die neuere Bezeichnung „Naturvölker" bringt hier kaum Abhilfe, weil nun suggeriert wird, dass deren komplexen und bewusst gestalteten Sozialformen „naturwüchsig", das heißt, ohne jeglichen Geist entstanden seien. In jedem Fall wird ihnen ein Defizit an Denkvermögen bescheinigt, womit sie als Menschen minderen Grades eingestuft werden und zivilisatorische Bekehrung nötig haben. Bestenfalls gelten sie als „unterentwickelt" und werden von Entwicklungshelfern ins bei ihnen nicht erwünschte Patriarchat mit seiner ausbeuterischen Geld-Ökonomie hinein katapultiert – zugunsten der Weltwirtschaft des Weißen Mannes.

Kolonialismus ist stets verbunden mit Rassismus, und dieser wird genauso wie der Herrschaftsanspruch des Mannes über die Frau mithilfe von Wesensdefinitionen verankert. Nun ist vom „Wesen des Negers" die Rede oder vom „Wesen des Indianers", wobei die Projektionen von Verachtung bis Idealisierung reichen. Das Bild vom „edlen Wilden" hat denselben geistigen Hintergrund wie das vom „schwarzen Kannibalen", beide sind realitätsfremde Klischees. Denn in jedem Falle sind diese „primitiven Völker" bei der Landnahme im Wege, wie die historische Eroberung Amerikas gezeigt hat und die heutige Landnahme durch transnationale Konzerne zeigt. Oder sie sind nur als „Menschenmaterial", als Sklaven zu gebrauchen, was die leidvolle Geschichte Afrikas spiegelt und die heutige Versklavung großer Teile von Völkern auf Plantagen, in Bergwerken und Fabriken.

Wesensdefinitionen von ganzen Völkern spielten auch bei der europäischen Selbstzerfleischung in zwei Weltkriegen und im Faschismus ihre unheilvolle Rolle. In den wechselseitigen Feindschaften wurde das „Wesen" des Franzosen, Engländers, Russen oder Deutschen definiert, je nachdem, wer welche aggressive Absicht gegen wen hatte. Denn in jedem Fall stand der Feind im europäischen Bruderkrieg immer unterhalb der eigenen Kulturhöhe. Eine der schlimmsten Ausprägungen fanden Kolonialismus nach außen und Rassismus nach innen im deutschen Nationalsozialismus, wobei positive Definitionen vom „Wesen des Ariers" als „Herrenmensch" brutal gegen negative Definitionen vom „Wesen des Juden" und anderer „Untermenschen" gesetzt wurden und für die letzteren den direkten Weg in die Konzentrationslager und Gaskammern bedeuteten.

Der geistige Imperialismus patriarchaler Herkunft begann mit der Zerstörung und Vereinnahmung der matriarchalen Spiritualität und ihres symbolischen Weltverständnisses durch erobernde, frühpatriarchale Kriegerkönige. Sie pervertieren die matriarchale Kultur und missbrauchen deren Gehalte für ihre Herrschaftszwecke. So wurde die uralte Große Muttergöttin durch den neuen Vatergott verdrängt (manchmal durch simple Geschlechtsumwandlung), und ihre Töchter und Söhne wurden zu „seinen" Kindern gemacht, die seine patriarchalen Prinzipien zu vertreten hatten. Die ehemaligen Symbole einer liebevollen Haltung zur Welt degenerierten zum „Sündenfall", der das Verbot von sexueller Lust nach sich zog. Die Vereinnahmung des matriarchalen Weltbilds ist vollständig erreicht in den patriarchalen Großreligionen, die zugunsten des Monotheismus alle anderen Gottheiten ausradierten, die alten Symbole jedoch ihrem einzigen Gott zuschrieben. Sie gleichen damit in ihrer Struktur den neu entstehenden, patriarchalen Weltreichen. Männliche Einheit und strenge hierarchische Ordnung sind ihre Merkmale. Es gilt der Grundsatz: ein Reich, ein Herrscher, ein Gott! Diese geistige Weltmachtpolitik ist das Fundament für jeden Monotheismus, und Monotheismus hat stets solchen monarchischen, universellen Reichsansprüchen und Reichen gedient. Daher sind monotheistische Religionen typischerweise immer Staatsreligionen.

Ihre Macht gewinnt die Priesterkaste in einer Staatsreligion, indem sie die ideologischen Legitimationswünsche des Herrschers stützt. Dessen Dank besteht darin, dass er den militärischen Eroberungstaten die religiösen folgen lässt, was die

Serie der Zwangsbekehrungen mit sich bringt, die alle patriarchalen Weltreligionen den unterworfenen Völkern angetan haben. Das ist die Idee des Missionarischen. Der missionarische Fanatismus speist sich nicht aus einer religiösen Ethik, sondern aus den Machtansprüchen der Weltreligionen. In aufschlussreicher Weise steigert sich missionarischer Eifer daher oft zum „Heiligen Krieg", und dieser lässt den Gewaltcharakter des geistigen Imperialismus, der immer auf den Waffen des politischen Imperialismus beruht, sichtbar werden. Auch untereinander führen patriarchale Großreligionen „Heilige Kriege", was mit der Konkurrenz der politischen Weltreiche untereinander verknüpft ist. Die Opfer dieses geistigen Imperialismus der Religionen sind durch die patriarchale Geschichte hindurch Legion.

Sämtliche ideologischen Versatzstücke aus dem Androzentrismus und Anthropozentrismus sind in den patriarchalen Großreligionen fest verankert. So gilt in ihnen die Frau gemäß dem Androzentrismus als minderwertiges Wesen, was bis zur Behauptung der „Seelenlosigkeit" oder „Tierartigkeit" der Frau reicht. Sie ist das „unreine" Wesen par excellence, denn sie hat mit verdrängten Naturvorgängen wie Geburt und Tod zu tun. Sie ist das „Einfallstor des Bösen", denn sie hat erotische Anziehungskraft für den Mann, der sie zum Sündenbock für seine eigene Lust macht. Daher ist sie nur begrenzt religionsfähig und wird sehr eingeschränkt zu den Riten patriarchaler Großreligionen zugelassen.

Der Anthropozentrismus manifestiert sich in der Bestätigung des Herrschaftsanspruchs des Mannes über die Natur, wobei „Natur" die gesamte Welt im Gegensatz zum reinen, transzendenten Geist-Gott ist. Die Vorstellung von diesem Geist-Gott ist leer, er ist auf den bloßen Begriff reduziert. Dieses leere Wesen gilt allerdings als omnipräsent und omnipotent. Ihm gegenüber wird die Welt zum „Nichts", zur „Täuschung", zum „Schleier der Maya" (Buddhismus), zum Ort des Fluchs nach der Vertreibung aus dem Paradies und damit zum „Jammertal" (Christentum), zur Bühne eines fatalistisch hingenommenen „Schicksals", aus dem nur der Tod Erlösung bringt (Islam). Die natürliche Lebenswelt ist damit grundsätzlich „schlecht", während das leere Wesen, welches Gott oder Nirwana heißt, grundsätzlich „gut" ist. Darin manifestiert sich die Leibfeindlichkeit, Liebesfeindlichkeit und Lebensfeindlichkeit der patriarchalen Großreligionen, deren Basis eine generelle Frauenfeindlichkeit und Naturverachtung ist. Sie sind „nekrophile" Unternehmen, die den Allwissenheits- und Allmachtswahn des herrschenden, patriarchalen Mannes spiegeln (Mary Daly) (9).

In der europäischen Neuzeit wuchs aus dem patriarchalen Christentum die puritanische Moral der Arbeit und des Geldes (protestantische Variante). Denn die „Gnade Gottes" erwies sich am kaufmännischen Erfolg und am Besitz von Kapital. Nachdem das letzte, fadenscheinige Gewand von Religion abgestreift wurde, sind es in der modernen Zeit die Priester der Wissenschaft in ihren Experimentier- und Labor-Tempeln, die der Natur durch Atomisierung in die kleinsten Teilchen die letzten Geheimnisse zu entreißen versuchen. Für die Macht des Militärs spalten sie die Materie und die Gene, produzieren Overkill-Bomben und beginnen den Ausverkauf des Lebens mithilfe der Gentechnologie. Dies sind die Früchte desselben

Anthropozentrismus, den schon die Kirchenväter in unbeholfener Form gepredigt haben.

### *Schlussbemerkungen*

Es ist dringend an der Zeit, die letztlich mörderische, patriarchale „Vorstellung von der Geistlosigkeit des Lebens und der Unlebendigkeit des Geistes" fallen zu lassen (Claudia von Werlhof). Entsprechend ist auch das Denken kein instrumentalisierbarer Akt, der in Maschinen abgefüttert werden kann. Vielmehr ist es nach dem Verständnis matriarchaler Kulturen eine den Menschen gegebene, komplexe Naturfähigkeit, mit der sie die Komplexität der Welt voll Achtung und Liebe widerspiegeln können. Zu dieser liebevollen Geistigkeit müssen wir zurückkehren oder besser: voranschreiten.

Genauso ist es an der Zeit, Frauen wieder als das anzusehen, was sie schon immer gewesen sind, nämlich als das Fundament für das Leben und Überleben der Menschheit insgesamt. Weltweit garantieren sie die Generationenfolge und als Subsistenzbäuerinnen die Ernährung des größten Teils der Menschheit. Im menschlichen Bereich sind sie die Trägerinnen des Lebens und daher das zentrale Geschlecht. Die von ihnen geprägte Kulturschöpfung der matriarchalen Gesellschaftsordnung war frei von Herrschaft und entsprach vollendet den menschlichen Bedürfnissen.

Matriarchale Tendenzen in neuen Gesellschaftsmustern aufzugreifen heißt deshalb nicht, patriarchale Muster umzukehren, sondern das Fundament des menschlichen Lebens, das Frauen schon immer gewesen sind, als solches wieder anzuerkennen. Die patriarchale Gesellschaft steht „auf dem Kopf", weil sie noch immer von diesem Fundament lebt und es gleichzeitig verleugnet. Aber dass wir „Geld essen können" und Maschinen lebendige Kinder sind – dahin ist das Patriarchat trotz der vieler Kopfgeburten männlicher Provenienz noch immer nicht gediehen. Bevor dieser Wahnsinn der Selbstzerstörung der Menschheit seinen Schlusspunkt findet, sollten wir daran gehen, die gesellschaftliche Ordnung wieder „vom Kopf auf die Füße zu stellen", das heißt, wieder realistisch und liebevoll zugleich zu werden.

Wir wissen, dass ein grundsätzlicher Paradigmenwechsel in unserer Denk- und Lebensweise notwendig ist. Obwohl wir uns keiner Illusion hingeben dürfen angesichts der geballten zerstörerischen Mächte der Gegenwart, ist es dennoch nicht ausgeschlossen, dass sich durch das Mitwirken vieler Menschen solche kreativen Sprünge ereignen werden.

Ich möchte weder mit einer deterministischen Schlussfolgerung, noch mit einer naiven Prophezeiung schließen, sondern mit einem Bild: Stellen wir uns eine mächtige Gewitterwolke vor! Sie schwebt „abgehoben" am Himmel, ist voller Turbulenzen und Spannungen und verändert das Klima am Boden – so wie die heutigen Herrschaftssysteme. Unter ihrer drohenden Präsenz fühlt man sich am Boden sehr unwohl. Diese Gewitterwolke hält sich für die ganze Welt. Möglicherweise prallt sie aggressiv auf eine andere Gewitterwolke, was aber im Prinzip nichts verändert, sondern das Gewölk lediglich größer macht.

Doch bei einer bestimmten Übergröße wird sich das Gebilde selbst zu schwer. Es gibt einen qualitativen Sprung, denn es fängt an zu regnen. Millionen kleinster Tropfen fallen aus dem gigantischen Gebilde. Jeder Tropfen für sich allein gesehen hat natürlich wenig Gewicht, er ist nur „ein Tropfen auf dem heißen Stein"! Aber diese Tropfen sind viele, und sie regnen unaufhörlich herab. Darüber wird die Gewitterwolke – unter Blitz und Donner – langsam aber sicher dünner, sie schrumpft unweigerlich. Zuletzt ist ein neuer Zustand erreicht: Die Erde ist nass geworden, und das Leben sprießt auf ihr neu, während die Gewitterwolke am Himmel sich verflüchtigt und aufgelöst hat.

Auch das ist möglich! Deshalb arbeiten wir darauf hin, dass jede einzelne Person, jede Gruppe oder jede Gemeinschaft zu einem solchen „Regentropfen" wird, der nicht mehr mitmacht und unten aus dem System herausfällt. Jeder „Tropfen" schwächt es und macht es dünner. Damit können wir hier, heute und sofort beginnen, jede Person an ihrem Ort, in der Hoffnung, dass wir viele werden, damit es zugunsten der Mutter Erde kräftig zu regnen beginnt.

*Anmerkungen und Literaturhinweise*

1) Heide Göttner-Abendroth: *Das Matriarchat II,1. Stammesgesellschaften in Ostasien, Indonesien, Ozeanien*, Stuttgart 1991;
dies.: *Das Matriarchat II,2. Stammesgesellschaften in Amerika, Indien, Afrika*, Stuttgart 2000.
2) Siehe zu diesem Begriff Christian Sigrist: *Regulierte Anarchie*, Frankfurt a. M. 1979.
3) Siehe zur Kritik an dieser Anima-Animus-Theorie Gerda Weiler: *Der enteignete Mythos*, München 1985.
4) Claudia von Werlhof: „Anthropozentrismus als Erkenntnisschranke", in: dies.: *Männliche Natur und künstliches Geschlecht*, Wien 1991.
5) Claudia von Werlhof/Maria Mies/Veronika Bennholdt-Thomsen: *Frauen, die letzte Kolonie*, Reinbek bei Hamburg [2]1988.
6) Claudia von Werlhof: „Anthropozentrismus als Erkenntnisschranke", a. a. O., S. 164.
7) Vgl. Heide Göttner-Abendroth: „Das Denken in patriarchalen und matriarchalen Gesellschaften", Beitrag in diesem Buch.
8) Vgl. Heide Göttner-Abendroth: *Matriarchat in Südchina. Eine Forschungsreise zu den Mosuo*, Stuttgart 1998; dies.: *Das Matriarchat II,1. Stammesgesellschaften in Ostasien, Indonesien, Ozeanien*, a. a. O., Kap. 4.
9) Vgl. Mary Daly, *Jenseits von Gottvater, Sohn und Co.*, München 1980.

# 3 Das Denken in patriarchalen und matriarchalen Gesellschaften
Information – Wissen – Erkenntnis – Weisheit

*Definitionen von Information – Wissen – Erkenntnis – Weisheit*

Im allgemeinen glauben wir zu wissen, was Information, Wissen, Erkenntnis und Weisheit sind und wie diese sich im Denken zusammenfügen. Aber in der Diskussion gehen die Meinungen darüber weit auseinander. Ist es z. B. eine Information, wenn uns gesagt wird, dass Affen drei Beine haben und Schnee von Natur aus blau ist? Kommt das Wissen aus der Wissenschaft oder aus dem Bauch? Ziehen wir unsere Erkenntnisse aus mathematischen Gesetzen oder aus Kontemplation? Ist es Weisheit, dem Weltlichen zu entsagen oder die Sinnlichkeit des Lebens zu genießen und zu preisen? Dies sind Fragen, auf die es eine ganze Skala unterschiedlicher Antworten gibt. Die Begriffe sind also keineswegs geklärt, und ich möchte sie deshalb kurz definieren:

*Was ist Information?*
Schnee ist blau, und Affen haben drei Beine. Solche Aussagen betrachten wir nicht als Information, denn es lässt sich durch empirische Nachprüfung feststellen, dass sie falsch sind. Auch die Methode der Nachprüfung ist klar: Wir müssten nur bis zum nächsten Winter warten, wenn der Schnee fällt, und wir müssten in ein Land reisen, in dem es Affen gibt. Wir betrachten als Information also Aussagen, die empirisch nachprüfbar sind. Das Problem beginnt natürlich dann, wenn wir nicht selbst nachprüfen können, ob wir eine Information vorliegen haben oder nicht. Bei dem Übermaß an Informationsströmen, die heute auf uns einstürzen, ist das keineswegs immer möglich.

*Was ist Wissen?*
Wissen besteht für uns aus Sätzen oder Aussagen, die durch empirisch geprüfte Informationen bestätigt sind. Angenommen, jemand baute auf der Aussage, dass Schnee blau ist, eine Farbenlehre auf, dann würden wir dem nicht folgen und das nicht als Wissen betrachten. Wenn wir aber Sätze oder Aussagen vorliegen haben, die empirisch gut bestätigt sind, nehmen wir das als Wissen an. Auch die Behauptung, dass es in der menschlichen Kulturgeschichte den Glauben an Göttinnen gegeben hat, können wir als Wissen annehmen, da sie belegt ist. Diese empirisch belegten Aussagen sind der Schatz unseres Erfahrungswissens, mit dem wir jeden Tag umgehen. „Empirie“ heißt übersetzt nichts anderes als „Erfahrung“, denn aus konkreten, sinnlich nachprüfbaren Erfahrungen bauen wir unser Wissen auf.

Nun dürfen wir nicht davon ausgehen, dass Erfahrungswissen oder – philosophisch ausgedrückt – empirisch bestätigte Hypothesen rein objektiv und somit allgemeingültig sind. Der Gegensatz von objektivem Wissen und subjektiver Einsicht ist nämlich längst überholt. Erfahrungswissen ist inter-subjektiv, das heißt, auf ein soziales und kulturelles Umfeld bezogen, in dem es Gültigkeit hat, das ihm allerdings auch Grenzen setzt. Innerhalb desselben Umfelds ist Erfahrungswissen übertragbar. Außerhalb wird es mit der Übertragbarkeit problematisch.

Nehmen wir zum Beispiel die beiden Erfahrungssätze, dass Schnee von Natur aus weiß ist und Affen zwei Beine haben. Selbst diese recht einfachen Sätze sind nicht allgemein gültig. Denn nicht sämtliche Beispiele, die es in der Welt gibt, sind nachgeprüft worden, und wir können nicht wissen, ob morgen Schnee auch noch weiß sein wird oder übermorgen Affen nicht vielleicht doch drei Beine haben. Das ist wichtig festzuhalten, dass sogar die von uns konstruierten Naturgesetze nicht absolut gültig sind, sondern nur mit einer hohen Wahrscheinlichkeit gelten.

Problematischer wird es bei kulturellen Beispielen. Menschen in einer bestimmten Kultur, die einen Göttinglauben besitzen, betrachten z. B. die Form eines Bergs als das Gesicht ihrer Berggöttin, ein Wissen, das an andere Menschen derselben Kultur übertragbar ist. Wenn aber ein Mensch aus unserer Kultur dorthin kommt, vielleicht ein Geologe, dann sieht er keineswegs eine Göttin in diesem Berg, sondern nur den geologischen Aufbau und hält ihn insgesamt für einen Steinhaufen. Das meint die Intersubjektivität des Erfahrungswissens, die innerhalb eines kulturellen Umfelds eine Übertragbarkeit erlaubt, dieser aber außerhalb einer bestimmten Kultur gewisse Grenzen setzt.

*Was ist Erkenntnis?*

Darüber streiten sich die Philosophen seit Jahrhunderten. Wir verbinden mit ihr eine gewisse Allgemeingültigkeit. Erkenntnis ist – philosophisch gesprochen – die Bildung von Theorie, die ihrerseits von empirisch bestätigten Hypothesen, also unserem Erfahrungswissen, getragen ist. Alle Theorien enthalten weitreichende Erklärungen, die auf einem Erfahrungsfundament ruhen müssen. Wir würden bestimmt einer biologischen Theorie der Entwicklung der Tiergattungen keine Anerkennung zollen, wenn darin dreibeinige Affen und grüngestreifte Zebras vorkommen. Hier fehlt der elementare empirische Aufbau. Denn wir erkennen eine solche Theorie und die aus ihr abgeleiteten Erklärungen nur an, wenn darin Tiere so präsentiert werden, wie wir sie in der Erfahrung wahrnehmen.

Oder ein kulturelles Beispiel: Wenn eine Theorie erklärt, warum Menschen aus einer Göttinkultur in Bergen, Flüssen, Hügeln usw. die Züge von Göttinnen sehen, das heißt, was der Grund dafür ist, dass sie die Natur so betrachten –, während Menschen aus einer anderen Kultur das nicht tun –, dann schreiben wir dieser Theorie erklärende Kraft zu, wenn sie sich auf empirisch nachprüfbare Aussagen bezieht, d. h. wenn Menschen aus jener Kultur befragt worden sind.

Theorien hängen in ihrer erklärenden Reichweite davon ab, was an Information und Wissen zur Verfügung steht, sie sind deshalb immer in Veränderung begriffen. Zum Beispiel konnte in der Antike das Firmament nur mit dem bloßen Auge beobachtet werden. Wenn aus diesen Informationen Wissen gebildet wurde und darauf aufbauend die antike Theorie des bestirnten Himmels formuliert wurde, dann ist sie heute überholt. Denn später konnte man durch das Fernrohr schon erheblich mehr beobachten, und heute sieht man mithilfe von Riesenteleskopen wiederum ganz neue Dinge. So sind Theorien durch das Hinzukommen neuer Informationen und neuen Wissens ständig einer Revision unterworfen. Das trifft verstärkt auf Kulturtheorien zu, denn sie hängen trotz empirischer Bestätigung, d. h. trotz Erfahrungswissen, obendrein von kulturellen Vorurteilen ab, mit denen fremde Kulturen betrachtet werden. Sie verändern sich nicht allein durch das Hinzukommen neuer Informationen, sondern auch, je mehr die Vorurteile aus der eigenen Kultur schrittweise hinterfragt und überwunden werden können.

Aus meiner Forschung ist mir bekannt, welch große Probleme Ethnologen, Archäologen und andere Wissenschaftler haben, die von der westlich-patriarchalen Wissenschaftsperspektive geprägt sind, die Muster nicht-patriarchaler Gesellschaften zu erkennen. Die unbewussten Sehgewohnheiten und Denkmuster aus der eigenen Kultur machen sie an vielen Stellen geradezu blind.

Erkenntnis ist also ein ständiger Prozess, der nur dann sinnvoll weitergeht, wenn er auf dem sich ständig verändernden Erfahrungswissen beruht. Ich definiere „Erkenntnis" deshalb als einen intersubjektiven, kulturellen und interkulturellen Prozess, der auf Erfahrungswissen basiert.

*Was ist Weisheit?*

Nichts ist mehr kulturabhängig als die Auffassung von Weisheit. Bei Weisheit geht es nicht nur um den Erkenntnisprozess, sondern um eine Werthaltung. Der weise Mann oder die weise Frau einer bestimmten Kultur wird diejenige Person sein, welche die dortigen kulturellen Erkenntnisse verinnerlicht hat – denn Weisheit ohne Wissen gibt es nicht – und gleichzeitig die Werte dieser Kultur am stärksten ausdrückt, und zwar im Sinne einer Lebenshaltung.

Zum Beispiel gilt in Indien Buddha als ein Weiser, weil er der Welt entsagt hat, um aus dem „Rad der Wiedergeburten" auszusteigen. Im Christentum galten Menschen als Weise, die sich als Einsiedler oder Mönche von der Welt zurückgezogen haben. In China galt Konfuzius als ein Weiser, weil er in seiner Lehre Staat und Familie perfekt hierarchisch geordnet hat. Das sagt etwas aus über die Werte der jeweiligen Kultur –, und in allen drei Fällen handelt es sich um Werthaltungen von patriarchal geprägter Kulturen.

## *Information – Wissen – Erkenntnis – Weisheit aus kulturkritischer Sicht*

Kulturkritische Sicht heißt bei mir immer patriarchatskritische Sicht. Das möchte ich jetzt am Beispiel des indischen Weisen Buddha vorführen:

Seine Weisheit war es danach zu streben, aus dem „Rad der Wiedergeburten" auszusteigen und durch die schließlich erlangte Erleuchtung ins Nirwana einzugehen. Welche Erkenntnis, verknüpft mit einem Werturteil, liegt dieser Weisheit zugrunde? Es ist die wertende Erkenntnis, dass das „Rad der Wiedergeburten" etwas

Negatives ist. Diese Erkenntnis wiederum basiert auf dem Erfahrungswissen, dass alles Leben, alles Dasein leidvoll ist. Und welche Information wurde hier eingegeben? Vielleicht die, dass sein eigenes Leben leidvoll war, ebenso das Leben anderer Menschen, die er beobachtet hatte. So ist Buddha in diesem Kontext zu seiner Weisheit gekommen.

Dieses Wissen und diese Erkenntnis sind abhängig von der Kultur, in der Buddha gelebt hat. Sie war vom Hinduismus geprägt mit seiner Vorstellung, dass Wiedergeburten auf karmische Weise Lohn und Strafe enthalten, sodass ein Mensch bei schlechter Lebensführung jeweils in einer niedrigeren Existenz wiedergeboren wird. Damit wird gleichzeitig eine strenge Hierarchie der unterschiedlichen Existenzformen eingeführt, wobei der Mann an erster Stelle rangiert, die Frau unter ihm, d. h. noch unter dem schlechtesten Mann, und gleich unter der Frau kommt die Welt der Tiere.

Bei Konfuzius geht es auch um strenge hierarchische Ordnung, doch nicht im religiösen, sondern im staatlichen Sinne. Sie beruht auf der Vorstellung, dass man das Niedere im Staat beherrschen muss, wobei das Niedere als das *Yin*, das Weibliche, charakterisiert wird.

Im Christentum wird die ganze Welt als niedrig abgewertet. Und auch hier handelt es sich um *Frau Welt*, die wie das Weibliche allgemein als das „Einfallstor zur Sünde" gilt, woraus sich die Weisheit zur Weltflucht ergeben hat.

Diese drei genannten Kulturen sind patriarchal geprägte Kulturen, was deutlich wird, wenn wir die jeweilige Einstellung zur Frau betrachten. Denn es zeigt sich, wie massiv die Frauenverachtung in diesen indischen, chinesischen und europäischen Weisheiten ist. Wir sind daher geneigt, sie als auf ihr historisches und kulturelles Umfeld begrenzt zu betrachten und sie nicht mehr als für uns relevante Weisheiten anzusehen.

Denn patriarchale Frauenverachtung ist für uns kein Wert.

Nun habe ich als Matriarchatsforscherin und Patriarchatskritikerin in meiner jahrzehntelangen Forschung zum Thema Matriarchat längst ein Bild von anderen gesellschaftlichen Möglichkeiten und Kulturen gewonnen, in denen es keine Frauenverachtung gibt. Darin geht es um die hochgeachtete Weisheit von Frauen, die sich wesentlich von den patriarchalen Weisheiten, die wir eben genannt haben, unterscheidet. Denn diese Gesellschaftsform ist nicht auf Strukturen von Herrschaft gegründet, sondern auf Strukturen von Verwandtschaft, in denen Werte von Ausgleich, Konsens, Egalität, Mütterlichkeit und Friedensstiftung für alle Menschen gelten. Und diese Werte stammen von den Frauen, insbesondere von den Müttern im Matriarchat (1).

In einer solchen Gesellschaft würde die Weisheit des Buddha auf größtes Unverständnis und Kopfschütteln stoßen, noch viel mehr als bei uns, die wir im allgemeinen nicht an ein „Rad der Wiedergeburten" glauben. Obwohl matriarchale Menschen grundsätzlich an Wiedergeburt glauben, würden sie Buddha dennoch keineswegs verstehen, ja sie würden seine Weisheit sogar für sehr unweise halten.

Woran liegt das? Haben sie etwa verschiedene Informationen, anderes Erfahrungswissen und abweichende Erkenntnisse als er, dessen Erkenntnis vom Leid allen Lebens doch als grundsätzlich gilt und von anderen Religionen geteilt wird?

Sie haben ganz einfach eine andere Weisheit, die sich mit keiner Weisheit aus patriarchalen Zusammenhängen vergleichen lässt. Die Weisheit matriarchaler Menschen ist, dass das Leben hier im Diesseits der höchste Wert ist, weshalb sie kein virtuelles Jenseits benötigen. Es ist ihre Werthaltung, dem Leben zu dienen, es in seiner Vielfalt zu achten und zu fördern. Daher heben matriarchale Gesellschaften keine besonderen, einmaligen Personen als Weise auf den Sockel, denn *diese* Weisheit wohnt in jedem Menschen in ihrer Kultur. Sie haben auch keine großen Religionsstifter mit ihren Erlösungsreligionen gebraucht, denn in einer matriarchalen Gesellschaft ist die Welt kein „Jammertal", aus dem sich die Menschen aus tiefem Herzen nach Erlösung sehnen. Was hat die Welt erst zu diesem „Jammertal" werden lassen, aus dem zu fliehen die höchste Weisheit der großen Religionsstifter ist?

Es ist der Einbruch des Patriarchats vor ca. 5–6 Jahrtausenden in die menschliche Kulturgeschichte und seine permanente Ausbreitung seither bis heute, was das Leben immer gewaltbesetzter, bedrückender und leidvoller gemacht hat. Denn für die meisten Menschen lebt es sich nicht gut in Herrschaftsgesellschaften, deren Lasten sie tragen müssen und deren Willkür sie ausgesetzt sind. Bezeichnenderweise stammen alle Erlösungsreligionen und Weltfluchthaltungen aus dem Kontext patriarchaler Gesellschaften, und zwar meist zu jener Zeit, als sich klassisch patriarchale Staaten und Reiche flächendeckend ausbreiteten.

Für Menschen in matriarchalen Gesellschaften stellen sich deshalb die Inhalte von Information, Wissen und Erkenntnis anders dar als für Menschen in patriarchalen Gesellschaften. Deshalb ist ihre Weisheit auch von anderer Art. So ist es zum Beispiel ihre wertende Erkenntnis, dass das „Rad der Wiedergeburten" etwas höchst Positives ist. Denn sie wünschen sich, nach ihrer Reise durch die Anderswelt im Diesseits wiedergeboren zu werden, unter ihren eigenen Verwandten, wovon ihr konkreter Wiedergeburtsglaube – der etwas anderes ist als abstrakte „Seelenwanderung" – beredtes Zeugnis ablegt.

Das Erfahrungswissen, das dieser bewertenden Erkenntnis zugrunde liegt, besagt, dass das Leben im Diesseits im Wesentlichen gut ist. Die Informationen, die dieses Erfahrungswissen speisen, stammen aus dem Leben der jeweils Einzelnen in dieser Gesellschaftsform. Denn matriarchale Menschen finden es gut, in ihrer Gesellschaft zu leben, trotz der menschlichen Sorgen und Kümmernisse, die sie auch haben. Sie finden es gut, in einer Sozialordnung zu leben, in der sie sich vom eigenen Clan und dem Netz der Verwandtschaft in Dorf oder Stadt getragen fühlen; in der sie einen maßvollen Wohlstand mit allen teilen, so dass alle haben, was sie benötigen; in der sie bei jeder Entscheidung mit ihrer Ansicht und Stimme als Individuum gehört werden und mitbestimmen können; in der sie sich eingebettet fühlen in einer als heilig erachteten großen Mutter Natur. Ganz entschieden möchten sie nicht – soweit ich es von ihnen in heute noch existierenden Matriarchaten erfahren konnte – in einer anderen Gesellschaftsform leben, nämlich in der patriarchalen, von der sie genügend Eindrücke aus ihrer nächsten Umgebung haben und genügend Repressalien erleiden müssen (2).

Wir sehen daran, dass es durchaus an der Struktur der Gesellschaft und den Werten der Kultur liegt, ob Menschen zu der grundsätzlichen Erkenntnis kommen, dass das Leben im Diesseits gut oder schlecht ist. In einer ausgleichenden, integrierenden und bedürfnisorientierten Gesellschaft, wie Matriarchate es sind, wird die Antwort eher positiv ausfallen als in einer Gesellschaft, die herrschaftsorientiert, gewaltbesetzt und repressiv ist. Die Frauen haben ihre matriarchalen Gesellschaften so geformt, dass Lebensbejahung der höchste Wert ist und jedes einzelne Mitglied darin das Leben lebenswert finden kann. Die Muster dieser Gesellschaftsform zeugen von höchster *sozialer Intelligenz*, eben von Weisheit.

Das steht in krassem Gegensatz zu der einseitigen *strategischen Intelligenz* auf dem Boden von Waffengewalt, von der patriarchale Gesellschaften beherrscht sind und welche die Mehrheit der Menschen in soziales Elend führt und die Staaten durch Aufstände der Unterdrückten häufig in politisches Chaos. Heute leben wir im bürgerlichen Industrie-Patriarchat, das sich weltweit ausbreitet und durch die kapitalistische Wirtschaftsweise zu globaler Ausplünderung übergegangen ist. Dabei geht es unverändert um territoriale Ansprüche, die mit Krieg durchgesetzt werden, und um die rücksichtslose Aneignung von Ressourcen, diesmal der ganzen Erde. Das führt gegenwärtig zur globalen Zerstörung ganzer Völker und Kulturen und der gesamten Biosphäre.

Doch ein hübscher neuer Begriff wurde dafür erfunden: die vielbeschworene „Informationsgesellschaft". Hat diese Gesellschaft nun mehr und bessere Informationen als früher? Viele glauben tatsächlich, dass eine neue Technologie eine neue Gesellschaft erzeugt. Doch davon ist wenig zu spüren. Trotz Überflutung mit Informationen durch die elektronische Kommunikationstechnik beruht diese Gesellschaft auf denselben patriarchalen Grundlagen wie vorher, und die zahllosen „Informationen" spiegeln noch immer den unreflektierten Hintergrund eben dieser patriarchalen Gesellschaft. Allerdings geht die Ausplünderung durch Computer-Vernetzung heute viel schneller als früher.

Unter solchen Bedingungen wird es immer schwieriger, größere theoretische Zusammenhänge herauszufinden, das heißt, Erkenntnisse zu gewinnen. Weisheit stellt schon gar keinen Wert mehr dar, sondern klingt hoffnungslos altmodisch. Wie sollen wir dabei überhaupt noch zum Denken kommen, in dem sich Information – Wissen – Erkenntnis – Weisheit erst zu einem Ganzen fügen?

### *Das Denken in patriarchalen und matriarchalen Gesellschaften*

Als Philosophin habe ich das Denken dennoch nicht gelassen und betrachte jetzt dieses Phänomen – nicht aus „allgemein menschlicher" Sicht wie so viele Philosophen, die damit lediglich die „allgemein männliche" Sicht meinten – sondern aus einer beide Geschlechter umfassenden Sicht. Um dahin zu gelangen, sind zwei vorgängige Kritiken nötig.

1. Kritik: Es gibt keinen Gegensatz zwischen „männlichem" und „weiblichem" Denken – was soll das heißen? So zu argumentieren würde bedeuten, dass man wüsste, was „das Männliche" und „das Weibliche" an und für sich ausmacht. Dabei verfängt man sich in der Regel in Wesensdefinitionen jenseits von Zeit und Raum, die leere, vorurteilshafte Zuschreibungen sind. Denn das jeweils „Männliche" oder „Weibliche" lässt sich ohne die prägenden Faktoren von Gesellschaft und Geschichte gar nicht bestimmen. Man landet dabei im Biologismus oder Essentialismus, beides Denkhaltungen, die in jedem Fall die Sache verkürzen. Es ist nicht möglich, den beiden Geschlechtern bestimmte Denkfähigkeiten jeweils zu- oder abzusprechen, beispielsweise die *ratio* oder logische Vernunft als männlich zu bezeichnen, die *emotio* oder Intuition dagegen als weiblich usw. Dieses Denken spaltet ab und wertet ab, denn regelmäßig wird das, was der männlichen Seite zugesprochen wird, als „höher" bewertet, und was auf die weibliche Seite geschoben wird, als „niedriger". Auf diese Weise wird eine sexistische Werte-Hierarchie auch im Denken gebildet, die das gesellschaftliche Machtgefälle zwischen den Geschlechtern spiegelt. Zudem wird die Ganzheit jeder Person und ihrer Denkprozesse, die immer Instinkt, Intuition, Logik und Vernunft umfassen, dabei ignoriert und zerstört. Sowohl Männer wie Frauen haben Denkprozesse von solcher Komplexität.

2. Kritik: Genauso problematisch ist es, bestimmten Kulturen oder geschichtlichen Epochen nur einzelne Denkfähigkeiten zuzusprechen und die anderen abzusprechen, beispielsweise der westlichen Zivilisation die *ratio* oder logische Vernunft und indigenen Kulturen in der Welt die *emotio* oder Intuition, die sich in ihren angeblich „irrationalen" oder „kindlichen" Formen von Magie ausdrückt (3). Es ist dasselbe abspaltende und abwertende Denken, und dabei gerät man ins Fahrwasser rassistischer Thesen, die Jahrhunderte lang ihr Unheil in diversen Formen des Kolonialismus über die Völker der Welt verbreitet haben.

Auch im geschichtlichen Kontext sind solche Zuschreibungen nicht möglich, wenn wir nicht auf die ausgedienten Stufentheorien der Geschichte aus dem 19. Jahrhundert zurückfallen wollen. Die frühesten Menschen haben wohl nicht nur aus Instinkt die ersten Kulturen der Menschheit geschaffen, sondern aus der Kombination all ihrer Fähigkeiten: aus Instinkt, Logik und Intuition. Sie waren ebenso genial wie wir. Der Unterschied besteht lediglich darin, dass wir heutigen Menschen auf dem Boden von Erfindungen und Errungenschaften stehen, die zahllose Generationen vor uns durch die Jahrtausende geschaffen haben.

Matriarchale Gesellschaften und heutige indigene Gesellschaften gehen nicht von einem derartigen Dualismus des Denkens aus, sondern Denken ist für sie immer eine vielschichtige Angelegenheit. Dagegen ist das abspaltende und abwertende Denken ein Instrument der Hierarchiebildung und typisch für Herrschaftsgesellschaften in allen ihren patriarchalen Formen. Die Basis dieser Denkfigur ist die Abspaltung und Abwertung des anderen Geschlechts, wobei es gleichgültig ist, was der konkrete Inhalt der Abspaltung und Abwertung ist. Um ein Beispiel zu geben: Im chinesich-patriarchalen Denken ist das Männliche mit dem Himmel und dem Beweglichen assoziiert, das Weibliche hingegen mit der Erde und dem Festen, wobei die weibliche Eigenschaft negativ besetzt wird. Im europäisch-patriarchalen Denken wird das Männliche eher mit dem Festen in Verbindung gebracht, wie ein „fester Charakter", ein „festes Wort" usw., während das Weibliche als das Bewegliche, Unstete, Unzuverlässige gilt. Gleichgültig, wie die inhaltliche Zuschreibung lautet – das Männliche ist stets das Positive und das Weibliche das Negative. Deshalb trifft die Fremd-Definition immer die Anderen, denen die Selbst-Definition verweigert wird: das andere Geschlecht oder die anderen Völker und Kulturen oder die anderen geschichtlichen Epochen.

Aus dieser patriarchalen Denkhaltung wurden die evolutionistischen Stufentheorien der Geschichte im 19. Jahrhunderts konstruiert, in denen die Linie stets vom Primitiven stufenweise zum immer Höheren aufsteigt, wobei das Höchste selbstverständlich die eigene Denkweise und Gesellschaftsform ist, nämlich die westliche, männlich geprägte Zivilisation. Solche Stufentheorien der Geschichte stellen das Muster von Abspaltung und Abwertung auf klassische Weise dar.

Mit diesen beiden Kritiken habe ich herausgearbeitet, dass es nicht um ein „männliches" oder „weibliches" Denken geht; dies führt in eine Sackgasse. Stattdessen geht es geht um das Denken in patriarchalen oder in matriarchalen Gesellschaften, das heißt, um das Denken im Kontext von Herrschaftsmustern oder um das Denken in einem herrschaftsfreien Kontext. Was heißt das genauer? Das Denken in Herrschaftsmustern folgt – wie gesagt – generell der Denkfigur von *Abspaltung und Abwertung*. Es ist dualistisch und funktioniert in solchen Gegensätzen wie „Mensch" (höher) gegenüber „Natur" (niedriger), „Geist" (höher) gegenüber „Natur" (niedriger), „Gesellschaft" (höher) gegenüber „Natur" (niedriger). Diese Denkfigur dient prinzipiell der Ausbeutung der Natur als bloßer „Ressource" und der Ausnutzung von allem, was willkürlich als „Natur" definiert wird. Das geschieht bei der patriarchalen Sicht auf die Frau mit ihrer angeblichen „Naturnähe" (niedriger) gegenüber dem Mann mit seiner angeblichen Nähe zu „Geist" und „Vernunft" (höher) und erzeugt den Sexismus (4). Ebenso geschieht es bei der westlichen Sicht auf indigene Völker, die als „Naturvölker" (niedriger) gegenüber den „zivilisierten Völkern" (höher) bezeichnet werden, was den Rassismus in seinen vielen Spielarten hervorgebracht hat.

Das Denken in matriarchalen Gesellschaften ist demgegenüber grundsätzlich integrierend, ausgleichend und nach Balance strebend. Es ist „herrschaftsfrei" in dem Sinne, dass es nicht-dualistisch ist. Es gibt darin keine „höheren" oder „niedrigeren" Wesen oder Sphären, stattdessen wird alles mit allem als verbunden betrachtet. Das Denken ist daher komplex und symbolisch, was die verschiedenen Denkfähigkeiten integriert und jeder Fähigkeit einen gleichwertigen Platz einräumt. Dieses Denken in Verbindungen wird am deutlichsten im *Makrokosmos-Mikrokosmos-Prinzip* ausgedrückt, dem gemäß sich alles ineinander spiegelt. In diesem Sinne gilt der Mikrokosmos der Erde als analog zum Makrokosmos des Universums, der Mikrokosmos der menschlichen Gesellschaft als analog zum Makrokosmos der Erde, der Mikrokosmos des einzelnen Menschen wiederum als analog zum Makrokosmos der menschlichen Gesellschaft. So folgen nach matriarchaler Auffassung Mensch, Gesellschaft und Erde denselben Gesetzmäßigkeiten wie der Makrokosmos des Alls, und die grundlegende Gesetzmäßigkeit ist das Balance-Prinzip. An diesem haben matriarchale Menschen aktiv teil, sei es dass sie nach Balance in der Gesellschaft streben, das heißt: zwischen den Geschlechtern und den Generationen, sei es nach Balance zwischen menschlicher Gesellschaft und der sie umfassenden kosmisch-irdischen Natur.

Deshalb unterscheide ich zwischen dem *Denken als Herrschaftsprinzip*, wie es in patriarchalen Gesellschaften üblich ist, und dem *Denken als Balance-Prinzip*, wie es in matriarchalen Gesellschaften gepflegt wird.

Diese verschiedenen Denkweisen umfassen stets beide Geschlechter. In matriarchalen Gesellschaften werden sowohl Frauen wie Männern selbstverständlich alle komplexen Denkfähigkeiten zugeschrieben, sozusagen als *conditio humana* oder menschliche Grundlage, um mitzuwirken, die Gesellschaft und die Welt im Gleichgewicht zu halten. In patriarchalen Gesellschaften hingegen, in denen durch die unaufhörlichen Abspaltungen das Denken deformiert wird, sind sowohl Männer wie Frauen von diesen Einseitigkeiten betroffen, die sie als ein Teil der jeweiligen Geschlechtsrolle akzeptieren, wobei sie die anderen Teile nicht selten verkümmern lassen. Das erzeugt dann eine *self-fulfilling prophecy*, das heißt: Etwas künstlich Herbeigeführtes wird schließlich als schon immer im Wesen gegeben hingestellt und auf diese Weise legitimiert.

In diesem Sinne wäre es nicht nur für das Verhältnis beider Geschlechter der glücklichste Weg, sondern auch für das Verhältnis von Menschen und Natur, wenn wir das matriarchale Denken als Balance-Prinzip möglichst bald wieder aufnehmen und einüben würden.

*Anmerkungen und Literaturhinweise*

1) Siehe zur Definition der matriarchalen Gesellschaftsform Heide Göttner-Abendroth: „Matriarchat – was ist das?“, Beitrag in diesem Buch.
2) Siehe meine Forschung bei den matriarchalen Mosuo, in: Heide Göttner-Abendroth: *Matriarchat in Südchina. Eine Forschungsreise zu den Mosuo*, Stuttgart 1998.
3) Siehe dazu Heide Göttner-Abendroth: „Magie in matriarchalen Kulturen“, Beitrag in diesem Buch.
4) Siehe zu dieser Thematik Claudia von Werlhof: *Männliche Natur und künstliches Geschlecht*, Wien 1991.

# 4 Gab es eine matriarchale Gesellschaftsordnung in Chatal Hüyük? Eine kritische Analyse der jüngsten Argumentation zu diesem Thema

In Bezug auf Chatal Hüyük in Anatolien wurde eine alte Fragestellung von Archäologen erneut diskutiert, nämlich: Hat es in Chatal Hüyük eine matriarchale Gesellschaftsordnung gegeben oder nicht? Was hat es in Chatal Hüyük wirklich bedeutet, als Mann oder als Frau geboren zu sein. Der Chef-Archäologe Ian Hodder, der mit fortführenden Untersuchungen in Chatal Hüyük beauftragt ist, legte jüngste Forschungsergebnisse zusammenfassend vor. Damit versuchte er zu belegen, dass das Matriarchat von Chatal Hüyük ein Märchen ist (1).

Die Argumente lauten folgendermaßen. Zitat:
„Mit neuen Methoden werden die Funde untersucht, so auch die Skelette aus den zahlreichen Gräbern. Die Menschen bestatteten ihre Toten unter dem Fußboden ihres Hauses, um den Vorfahren nahe zu sein. Liefern die Skelettreste von Männern und Frauen Hinweise auf unterschiedliche Lebensweisen? Um es vorwegzunehmen, die Antwort lautet: Nein! Hätte eines der Geschlechter eine dominierende Rolle innegehabt, so wäre damit eine hochwertige Ernährung einhergegangen – etwa mehr oder besseres Fleisch. [...] Das Ergebnis der Untersuchungen zeigt jedoch: Ein signifikanter Unterschied in der Ernährung lässt sich nicht nachweisen." (S. 39)

Mit großer Akribie haben Archäologen also nachgewiesen, dass in Chatal Hüyük Gleichberechtigung bei Tisch bestand. Denn hätte das eine oder andere Geschlecht dominiert, dann hätte es täglich mehr Fleisch gegessen – eine seltsame Argumentation! Dass dominierende Männer mehr Fleisch essen, ist bekannt. Aber seit wann müssen Frauen dominieren, damit es eine matriarchale Gesellschaft ist, und dafür täglich ein großes Steak essen? Wir stellen mit Ian Hodder fest: In Chatal Hüyük gab es Egalität beim Essen.

Aber waren die Männer von Chatal Hüyük vielleicht durch ihre Tätigkeiten dem feindlichen Draußen mehr ausgesetzt und saßen die Frauen eher zu Hause? Dazu präsentiert Ian Hodder folgenden Befund:

„Die Bewohner verrichteten offenbar auch sehr ähnliche Tätigkeiten, das ließ sich ebenfalls an den Abnutzungserscheinungen der Skelette feststellen. [...] Der Vergleich bestätigt: Männer und Frauen verbrachten in jener Phase Chatal Hüyüks gleichermaßen viel Zeit in den Räumen. [...] Die Untersuchung der Knochen ergab zudem, dass die Männer kaum größer waren." (S. 39/40)

Demnach gab es auch hier keine Bevorzugung oder Dominanz, sondern ein ausgewogenes Leben miteinander. Dies lässt den Schluss auch auf Egalität in der Ökonomie zu.

Doch wie steht es mit der Sozialordnung in Chatal Hüyük? Diese lässt sich bei einer jungsteinzeitlichen Siedlung einerseits aus der Aufteilung der Räume, in denen die Menschen lebten, erschließen und nach ihrem Tod aus den Bestattungsbräuchen. Ian Hodder schreibt hierzu:

„Vielleicht gab es ja zu Lebzeiten (der Menschen) verschiedene Raumaufteilungen? Die Skelette haben hier nicht weitergeholfen, doch mag es andere Spuren geben. Jede Behausung verfügte über einen Herd oder Ofen, [...] dieser war tatsächlich der Ort der Essenszubereitung. Ein Befund scheint zu bestätigen, dass hier eine Domäne der Frauen war: Begräbnisse von Neugeborenen, zu denen die Mütter naturgemäß eine engere Bindung hatten als die Männer, liegen oft in der Nähe des Herdes.

Doch auch dieses Bild ist so eindeutig nicht, denn in den Ascheresten findet man auch Obsidiansplitter in großer Zahl. [... ] Falls Werkzeugfertigung und Handel Männersache waren, erledigten sie ihre Aufgaben also nicht an einem besonderen Platz. Kurz und gut: Für eine geschlechtsspezifische Raumaufteilung findet sich kein archäologischer Beleg." (S. 41/42)

Wir halten mit Ian Hodder fest, dass es offenbar keinen Thronraum für einen König in Chatal Hüyük gab. Das spricht gegen eine patriarchale Ordnung von Hierarchie und Herrschaft. Stattdessen pflegten die Menschen offenbar gemeinsam um den Herd zu sitzen und dort ihre Aufgaben zu erledigen. Spricht das wirklich gegen eine matriarchale Gesellschaftsordnung?

Spricht es nicht eher dafür, dass sie sich als eine blutsverwandte Gemeinschaft von Gleichen betrachteten, als einen Clan, dessen Mitglieder sich am Herd miteinander berieten? Und weil sie sich ausgerechnet am Herd versammelten, soll es kein besonderer Platz sein? Der Ort, an dem frühverstorbene Kinder bestattet wurden, ist doch keineswegs eine profane Küche, sondern durchaus ein besonderer Platz. Der Herd als Treffpunkt und Ort für Gebete an die AhnInnen, kurz: der heilige Herd ist für matriarchale Gesellschaften – im Gegensatz zum Königsthron – allerdings typisch (2).

Aus der Raumaufteilung lässt sich Egalität auch in der Sozialordnung herauslesen, und das spricht sehr für eine matriarchale Gesellschaft in Chatal Hüyük, wenn man sie nicht als „Frauenherrschaft" falsch versteht. Denn matriarchale Gesellschaften sind grundsätzlich egalitär und ausgewogen, was das Verhältnis der Geschlechter und die ganze Lebensweise betrifft. Lediglich das patriarchale Vorurteil will sie zum Spiegelbild des Patriarchats machen mit Frauen, die angeblich auf Thronen sitzen und herrschen, die Männer gnadenlos unterdrücken und täglich ein riesiges Quantum an Fleisch verzehren. Dieses Zerrbild hat es in der Tat nirgends gegeben, aber matriarchale Gesellschaften oft und an vielen Orten der Erde, bis in die Gegenwart.

Aber wie steht es nun mit den Bestattungsbräuchen in Chatal Hüyük? Ian Hodder berichtet dazu:

„Eine weitere Quelle, die Machtverhältnisse zwischen den Geschlechtern zu klären, ist ein aus heutiger Sicht bizarrer Brauch: Bei manchen Bestattungen wurde das Grab etwa ein Jahr nach der Beisetzung wieder geöffnet und der Schädel mit einem Messer vom Hals getrennt. [...] Diese Köpfe dienten sicher rituellen Zwecken. An einigen Orten, wie etwa in Jericho, erhielten die Schädel der Verstorbenen sogar mit Gips modellierte Gesichtszüge.

Eine solche Sonderbehandlung wurde aber vermutlich nur besonders wichtigen Personen zuteil – vielleicht im Wortsinne den Oberhäuptern der Familie. Und auch hier zeigt sich wieder keinerlei Hinweis für eine unterschiedliche soziale Bedeutung der Geschlechter. Auch wenn es Spekulation ist: Vermutlich wurde die Familienzugehörigkeit sowohl durch die Mutter als auch durch den Vater definiert.“ (S.40)

Ja, das ist in der Tat reine Spekulation! Man kann nicht aus solch einem Befund auf die Vaterlinie schließen, weil diese erst wesentlich später durch patriarchale Herrschaftsverhältnisse mit Zwang etabliert wurde. Wie schwierig und langwierig dieser Prozess war, dafür sprechen zahlreiche Mythen eine beredte Sprache. Wenn es also höchstwahrscheinlich in Chatal Hüyük keine Vaterlinie gab, dann bleibt nur die Organisation der Clans in der Mutterlinie übrig. Diesen Schluss versucht Ian Hodder zu vermeiden, weshalb er schnell die Vaterlinie erfindet. Jedoch gibt es in Gesellschaften mit Vaterlinie keine weiblichen Clanoberhäupter mehr, denen Ehrungen bei der Bestattung erwiesen wurden – was aber in Chatal Hüyük archäologische Tatsache ist. Wir erkennen wieder die Gleichheit der Geschlechter auch bei den Bestattungsbräuchen, und das lässt viel mehr auf matriarchale Verhältnisse und die Mutterlinie schließen. Denn es ist typisch für matriarchale Gesellschaften, dass ein Bruder an der Seite der Matriarchin als gewählter Vertreter des Clans nach außen ebenfalls ein Würdenträger ist und hohe Ehre genießt. Insofern haben matriarchale Clans zwei Oberhäupter, ein weibliches und ein männliches, womit sich die Sphäre der wichtigsten Positionen als völlig gleich zwischen den Geschlechter geteilt erweist. Eine solche Gesellschaft ist in Balance, was der falschen Vorstellung von den allein herrschenden Frauen im Matriarchat widerspricht.

Eine weitere interessante Feststellung von unserem Archäologen lautet: „Obwohl Chatal Hüyük durch seine Anlage sehr leicht zu verteidigen war, scheint dieser Aspekt keine Rolle gespielt zu haben. Denn jegliche Spuren von Kampf und Krieg fehlen in den 1200 Jahren Siedlungsgeschichte, die bislang erforscht sind.“ (S. 41) Das ist bemerkenswert, denn es spiegelt eine friedfertige Gesellschaftsordnung, die den Krieg nicht kannte.

Nachdem Ian Hodder soviel Gleichheit der Geschlechter in Chatal Hüyük festgestellt hat – eine sehr bemerkenswerte Tatsache – kommt er im Bereich von Kultur und Glaubenswelt nun endlich zum Zuge, in seinem Sinne. Denn da heißt es:

„Erst im Bereich der symbolischen Darstellung und der Kunst brach die Gleichstellung offenbar auf. [...] Die reichlich vorhandenen Wandmalereien zeigen meist Männer bei der Jagd, in Leopardenfelle gekleidet, oder Tiere männlichen Geschlechts – etwa Stiere und Hirsche mit erigiertem Glied. Auch stammen die unzähligen Tierköpfe, die an den Innenwänden der Häuser hingen, großteils von wilden Stieren oder Widdern. Diese maskuline Fokussierung der Kunst hat in Anatolien eine lange Tradition. [...] Die künstlerischen Belege deuten also tatsächlich auf eine geteilte Welt hin, die eine dominiert von den Männern und ihren Aktivitäten rund um die Jagd und wilde Tiere, die andere, weniger oft dargestellte Welt um die Frauen und Pflanzen." (S. 42/43)

Diese Formulierung ist merkwürdig: Sobald Männer auftauchen, „dominieren" sie durch ihr Tun, während Frauen wie nebensächlich behandelt werden. Und das bei einer durchgängig egalitären Gesellschaft, wie vorher nachgewiesen wurde! Hier beginnt sich die archäologische Deutung in Projektionen zu verfangen. Außerdem bezieht sich die zahlenmäßige Dominanz des Männlichen nicht nur auf Männer, sondern auch auf Tiere mit erigiertem Phallus – als ob wir genau wüssten, dass diese Tiere nur Männlichkeit demonstrieren sollten und sonst nichts weiter bedeutet hätten. Das Symbol des Stiers hat in matriarchalen Gesellschaften jedoch kaum etwas mit Männlichkeit, sondern mit Lebenskraft und Fruchtbarkeit zu tun, und das Symbol des Widders ist seit sehr alter Zeit ein Sonnensymbol und kein Männlichkeitsemblem.

Außerdem wird hier unterschlagen, dass an den Innenwänden der Häuser in fast jedem dritten Raum übergroße weibliche Bildnisse in Gebärhaltung als Reliefs angebracht waren, und diese erscheinen weitaus machtvoller als die Stier- und Widderköpfe. Doch von archäologischer Seite wird neuerdings geleugnet, dass es sich hier um Bildnisse der Göttin als Ur-Mutter alles Lebendigen handeln könnte – was in einer matriarchalen Gesellschaft recht nahe liegt –, sondern es wird behauptet, dass es sich ebenfalls um Tierbildnisse handelt. Dafür gibt es nur ein einziges Indiz, nämlich ein kleines Siegel, dass eine Bärin in derselben Haltung zeigt. Deshalb sollen diese großen Bildnisse nun auch Tiermütter sein, und es werden ihnen in verfälschender Nachbildung Tieröhrchen aufgesetzt (3). Das ist in der Tat ein sonderbares „wissenschaftliches" Vorgehen! Statt zu behaupten, dass diese zahlreichen, großen Reliefs einem einzelnen winzigen Siegel nachgebildet sind, könnte man doch mit größerer Wahrscheinlichkeit annehmen, dass dieses Siegel den großen Göttinnen nachgebildet ist.

Aber schauen wir uns einmal die weiblichen Figurinen an, die erwähnt werden, und hören, was unser Archäologe dazu zu sagen hat:

„Und wie steht es mit der mächtigen Frauenfigur auf dem Leopardenthron? Dies zeugt jedenfalls von einem starken Frauenbild. Ein jüngerer Fund von Chatal Hüyük zeigt eine weibliche Figur, in deren Rücken ein wildes Saatkorn eingelassen ist. Auch die sogenannte Göttin mit den Leoparden hatte diese Verbindung zum Ackerbau, wurde sie doch in einem Getreidebehälter gefunden. [...] Es fällt auf, dass der Vielzahl ‚männlicher' Kunst und Symbolik kaum ‚weibliche' Beispiele gegenüber stehen." (S. 42)

Die Frau auf dem Leopardenthron wird so abgehandelt:

„Schon bei den ersten Ausgrabungen kam [...] diese Tonstatuette einer weiblichen Figur zum Vorschein. Ihre Gestalt und die sie stützenden Leoparden legten eine Deutung als Muttergottheit nahe. Vermutlich symbolisierte sie aber die Rolle der Frau in der damals noch jungen Kunst des Ackerbaus." (S. 38)

Die Frau in der Rolle als Ackerbäuerin – auf einem Thron sitzend dargestellt? Das wäre wohl kaum eine der Feldarbeit angemessene Haltung. Außerdem: auf einem Leopardenthron sitzend – welche Person hat die Fähigkeit dies zu tun, außer sie ist übermenschlich? Ferner wird auch hier mit Unterschlagung gearbeitet, denn die Gestalt auf dem Leopardenthron gebiert in dieser eindrucksvollen Position ein Kind, dessen Kopf zwischen ihren Schenkeln hervortritt. Also doch eine Muttergöttin? Wiegen diese angeblich wenigen Darstellungen von Göttinnen die angeblich so zahlreichen Bilder von jagenden Männern samt Stieren nicht auf, eben weil diese keine Götter sind? Und zu guter Letzt: Die Abbildungen der gebärenden Muttergöttin sind keineswegs wenige (siehe oben).

Hier kommen der aufmerksamen Leserin oder dem Leser erhebliche Zweifel an der Argumentation des Wissenschaftlers, denn diese klingt ideologieverdächtig. Das Verfahren der unvollständigen Angabe, der fortgesetzten Verkleinerung der Frau und Vergrößerung des Mannes, sowie der Verzerrung der Tatbestände hat nämlich Methode, die aus dem eigenen patriarchalen Hintergrund unseres Archäologen stammen – womit er sich allerdings in schöner Übereinstimmung mit anderen patriarchal geprägten Wissenschaftlern befindet. Wie sehr hier absichtlich verzerrt wird, zeigt ein letztes Zitat:

„Die Archäologin Marija Gimbutas konstatierte, dass eine frühe, matriarchal orientierte Phase mit dem Aufkommen des Ackerbaus in Europa, besonders aber in Chatal Hüyük nachweisbar sei. [...] Diese Idee wurde zum zentralen Grundsatz der New-Age-Bewegung in der zweiten Hälfte des 20. Jahrhunderts. Reisebusse karrten moderne Jünger der ‚Großen Mutter' nach Chatal Hüyük, um dort zu beten und sich der Göttin nahe zu wähnen." (S. 38)

An dieser Behauptung Ian Hodders ist alles falsch, denn die New-Age-Bewegung hatte nichts mit Marija Gimbutas zu tun, und umgekehrt (4). Damit werden Frauen wieder zum Verschwinden gebracht, denn sie sind es, die im Rahmen der feministischen Wissenschaft ihre verschüttete Geschichte wieder erforschen, und keineswegs handelt es sich dabei um Jünger (!) von New-Age-Gurus. Dieses letzte Zitat enthüllt die Gehässigkeit des ganzen Artikels und seine Schein-Objektivität, so dass man hier nicht mehr von ernst zu nehmenden Aussagen sprechen kann.

Der Witz an Ian Hodders Argumentation ist jedoch, dass er mit seinen sachlichen Befunden, mit denen er die These, dass Chatal Hüyük eine matriarchale Gesellschaftsordnung hatte, zu widerlegen glaubt, diese gerade beweist. Denn das, was er unter „Matriarchat" versteht, ist lediglich ein altes, überholtes Vorurteil und keine wissenschaftliche Definition. Ohne genau zu definieren, wovon man spricht, ist eine wissenschaftliche ernst zu nehmende Argumentation jedoch nicht möglich. Dafür ist sein Artikel ein warnendes Beispiel.

Auf dem Boden der Definition, mit der ich die Tiefenstruktur der matriarchalen Gesellschaftsform durch meine Forschung charakterisiert habe (5), überlasse ich es den LeserInnen nun selbst, anhand der von Ian Hodder angegebenen Belege zu den egalitären Mustern in Chatal Hüyük zu beurteilen, wie es sich mit dieser jungsteinzeitlichen Gesellschaft verhält.

*Anmerkungen und Literaturhinweise*


1) Ian Hodder: „Stable isotope evidence of diet at Neolithic Çatal Höyük", in: *Archaeological Science* 30, 2003, S. 67–76; ders.: „Women and Men at Çatal Höyük", in: *Scientific American* 290,1, 2004/January; ins Deutsche übersetzt: „Chatal Hüyük – Stadt der Frauen?", in: *Spektrum der Wissenschaft*, September 2004, S. 37–43. (Die im Text angegebene Seitenzählung bezieht sich auf die deutsche Ausgabe des Artikels.)
2) Dieser Brauch des heiligen Herdes in der Mitte des Hauses ist weit verbreitet bei matriarchalen Gesellschaften, siehe dazu als Beispiel die Mosuo in Südwest-China, in: Heide Göttner-Abendroth: *Matriarchat in Südchina. Eine Forschungsreise zu den Mosuo*, Stuttgart 1998, aufgrund eigner Forschung vor Ort.
3) Dies konnte ich bei meinem Besuch der archäologischen Ausstellung über Chatal Hüyük in Istanbul, Sommer 2006, selbst feststellen.
4) Marija Gimbutas: *Die Sprache der Göttin*, Frankfurt a. M. 1995; dies.: *Die Zivilisation der Göttin*, Frankfurt a. M. 1996.
5) Siehe Heide Göttner-Abendroth: „Matriarchat – was ist das?", Beitrag in diesem Buch.

# 5 Matriarchale Altsteinzeit – patriarchale Jungsteinzeit? Kritische Bemerkungen zur neuesten Ideologie

## *Ewiges Patriarchat?*

Es ist klar, dass die moderne Matriarchatsforschung mit dem *Mythos vom ewigen Patriarchat* aufgeräumt hat, der universelle männliche Dominanz weltweit und zu allen Zeiten annimmt und der häufig gekoppelt ist mit der Idee von der Oberherrschaft eines transzendenten, männlich-monotheistischen Gottes seit der Urgeschichte. Die Vertreter der ersteren Vorstellung sind im konventionellen Wissenschaftsbetrieb versammelt, wo sie diesen Mythos in allen relevanten Disziplinen bis zum Äußersten verteidigen – was zur weiteren Sinnentleerung und Erstarrung dieses Betriebs beiträgt. Die Vertreter der letzteren Idee findet man besonders unter Theologen und den von ihnen beeinflussten „christlichen" Wissenschaftlern, wobei der sachliche Gehalt von deren Aussagen durch diesen religiös-ideologischen Hintergrund erheblich beeinträchtigt wird.

Bei den im vergangenen Jahrzehnt vehement und unfair vorgetragenen Angriffen auf das Werk der international renommierten Archäologin Marija Gimbutas wurde dieser Mythos vom ewigen Patriarchat wieder hervorgeholt, diesmal insbesondere von aufstrebenden Archäologinnen, die meinten Karriere machen zu können – und diese manchmal auch machten –, indem sie der vorherrschenden Meinung des männlichen Mainstream im besagten Wissenschaftsbetrieb nach dem Munde redeten (1).

Typisch für diese Art von Publikationen ist, dass von den AnhängerInnen dieses Mythos nicht durchschaut wird, wie sehr es sich hier um ein ideologisches Denkmuster der westlichen Zivilisation handelt, das in kolonialistischer Überheblichkeit auf alle vergangenen Kulturen und gegenwärtigen nicht-westlichen Kulturen projiziert wird. Regelmäßig wird dabei die ganze Bandbreite von Forschungsergebnissen, die diesem Mythos widersprechen, ignoriert (2). Darüber hinaus wird die feministische Kritik an der herkömmlichen, ideologisch gefärbten, westlichen Wissenschaftspraxis verschwiegen, bei der in frühe und gegenwärtige nicht-westliche Gesellschaften, die egalitär geprägt sind, eine Geschlechterhierarchie mit männlicher Dominanz hinein interpretiert wird – selbst dann, wenn die Aussagen der Gewährsleute auf Egalität hinweisen (3). Abgesehen davon ist der dabei stereotyp wiederholte Begriff von Matriarchat als „Frauen/Mütterherrschaft" durch die neue Definition in der modernen Matriarchatsforschung überholt, die sich für indigene, mutterzentrierte Gesellschaften der Gegenwart als adäquat erwiesen hat. Die Deutung von „Matriarchat" als „Frauenherrschaft" (Gynaikokratie) ist ein patriarchales Konstrukt (seit Bachofen 1861) und wird als Kampfbegriff benutzt, um jegliche Forschung zu nicht-patriarchalen Gesellschaften zu diffamieren und zu unterbinden. Diese gravierenden Mängel – ganz abgesehen von dem hier stets auftretenden, herabsetzenden Jargon gegenüber andersdenkenden Wissenschaftlerinnen – disqualifizieren diese Art von Publikationen als wissenschaftlich fundierte Argumentation und entlarven sie als Pamphlete aus vorurteilshaft geprägter Sicht. Im Gegensatz zu der darin vertretenen Auffassung, dass eine matriarchal verstandene, „erfundene" Frühgeschichte Frauen keine Zukunft gäbe, ist es der Glaube an die Unabänderlichkeit von Männerherrschaft, der diese in der Gegenwart fortsetzt, sie in die Zukunft projiziert und ebenso in die Vergangenheit – das gibt Frauen keine Zukunft!

### *Matriarchale Altsteinzeit?*

Zu dieser althergebrachten Ideologie vom ewigen Patriarchat tritt nun eine neue hinzu, die differenzierter vorzugehen meint. Sie behauptet, dass sich die moderne Matriarchatsforschung irrt, wenn darin die Auffassung vertreten wird, dass die Jungsteinzeit voll entwickeltes Matriarchat besaß und dass dies von der Altsteinzeit noch nicht gesagt werden kann. Denn es verhalte sich genau umgekehrt: Die Altsteinzeit könnte als „matriarchal" bezeichnet werden, während in der Jungsteinzeit schon volles Patriarchat im Gange war. Diese Behauptungen machten mich neugierig, also wollte ich wissen, welches die sachlichen Argumente dafür sind.

Mit Erstaunen las ich nun, dass man in der Altsteinzeit ein Zusammenleben der Menschen in Blutsfamilien herausgefunden habe, die in Matrilinearität organisiert waren und Matrilokalität besaßen, also die klassischen Kriterien einer matriarchalen Lebensweise hatten (4). Ich war sehr erfreut, Neues zu erfahren, doch dann fragte ich mich: Woher wissen die AutorInnen das eigentlich? Je weiter wir in der menschlichen Kulturgeschichte zurückgehen, bis hin zu der sehr fernen Zeit von 100 000 vor u. Z., desto dünner werden die Belege, sie werden geradezu äußerst dürftig. Die schönsten Funde sind noch die Felsritzungen und Höhlenmalereien und die kleinen Göttinnen-Statuen, die in großer Zahl gefunden worden sind – erst neulich die Urmutter vom Hohle Fels in Deutschland (ca. 40 000 vor u. Z.). Diese sagen durchaus etwas über die Glaubensform in der Altsteinzeit aus, wie die Wissenschaftlerinnen Marie König und Marija Gimbutas analysiert und dokumentiert haben (5), aber gar nichts über die Verwandtschaftsform und die Wohnform. Deshalb begann ich, nach den Belegen für diese weitreichenden Behauptungen bei den AutorInnen zu suchen und fand nur den Rückgriff auf die Soziobiologie: auf die Bonobos (Paniden) als den Menschen genetisch am nächsten verwandte Wesen.

Leider gibt es ein großes Problem mit soziobiologischen Vergleichen. Sie sind aus der, wenn auch hochstehenden, Tierwelt gegriffen; Menschen hingegen sind von Anfang an kulturschaffende Wesen. So werden hier stets „Äpfel mit Birnen", das heißt Unvergleichbares, verglichen, was regelmäßig zu Willkür führt: Einst waren es die Hirsche und Stiere mit ihren weiblichen Herden („Harem"), ein andermal die dominanten Gorilla- und Pavian-Männchen, die zur Erklärung der menschlichen Urgesellschaft herangezogen wurden; dies war die patriarchale Version aus der Soziobiologie. Jetzt sind es die Bonobo mit ihren Weibchen im Zentrum, welche die matriarchale Version der menschlichen Urgesellschaft belegen sollen. Hierbei wird regelmäßig ausgeblendet, dass Menschen die Gabe haben, sich bewusst auch anders zu organisieren (6).

Doch wir wollen einmal gutwillig der Bonobo-These folgen und versuchsweise an die Soziobiologie glauben, um zu sehen, wie damit argumentiert wird: So heißt es, dass die Bonobo sich um die Weibchen in der Mitte organisieren, und zwar bis zum ersten Grad der Verwandtschaft. Das besagt, dass nur die Mütter und Kinder zusammen bleiben; diese kennen sich und ebenso die Geschwister. Die erwachsenen Töchter gehen zu einer anderen Gruppe über. Diese schlichte Tatsache wird plötzlich ein „matrilineares Verwandtschafts-System" genannt (7). Ich war erstaunt: Eine Mütter-Kinder-Gruppe (mit ein paar erwachsenen Söhnen, die selten da sind) ist schon ein ganzes Verwandtschafts-System? Eigentlich sollten noch etliche weitere Personen dazugehören, um ein Verwandtschafts-System zu bilden. Außerdem bezeichnet „Matrilinearität" eine gesamte Genealogie und nicht nur einen einzigen Schritt von Verwandtschaftsgrad: gerade von Müttern auf ihre Kinder. Eine Genealogie zu entwickeln ist jedoch eine Kulturleistung, sie muss als solche über mehrere Generationen hinweg erkannt und formuliert werden. Ob dies die Bonobo schon taten? Eine andere Frage tauchte bei mir auf: Wenn die erwachsenen Töchter die Gruppe verlassen – ist das etwa matriarchal? Bei allen lebenden matriarchalen Gesellschaften, die mir bekannt sind, bleiben die Töchter bei der Mutter und die Söhne ziehen weg, sie verlassen das Mutterhaus über Nacht oder für eine etwas längere Zeit.

Offenbar bemerkte der hier zitierte Autor später die Unlogik seines Gedankengangs, und es fiel ihm auf, dass diese Bonobo-Fakten keine „Matrilinearität" und kein „Verwandtschafts-System" ausmachen – worauf er doch seine Altsteinzeit-These gründen wollte! Da machte er ein paar Kapitel später einen Salto Mortale, verließ seine soziobiologistische These (was den willkürlichen Umgang mit soziobiologischen Argumenten wiederum belegt) und behauptete für die Altsteinzeit nun, dass dort die Töchter nicht die Gruppe verließen, sondern die Söhne: Damit war die matrilineare Verwandtschafts-Gesellschaft für ihn gegeben. Ich fragte mich, woher er dies jetzt wusste – sicherlich nicht aus der Altsteinzeit, sondern aus der Ethnologie, der Forschung über existierende matriarchale Gesellschaften. Nun, von daher wissen wir es auch, wie diese Verwandtschafts-Gefüge aussehen – aber was ist mit der „matriarchalen" Altsteinzeit? Statt jetzt die archäologischen Belege zu bringen (die es dafür leider nicht gibt), wartete dieser Autor mit Konstruktionen über Familienformen auf, die jedem ethnologischen Lehrbuch entnommen werden können (8). Die Belegpflicht für seine Altsteinzeit-These ging dabei völlig unter, und der schöne Traum von der „matriarchalen" („matrifokalen", „matrivivialen" usw.) Altsteinzeit zerplatzte.

Das Ergebnis ist, dass sich auf diese Weise keine matriarchale Sozialordnung für die Altsteinzeit herbeibringen lässt: weder durch die Soziobiologie, noch durch

Spekulation. Denn matriarchale Sozialordnung beruht nun einmal auf den großen Sippenverbänden mit einer weiblichen Genealogie über mehrere Generationen hinweg, wobei die Generationen zumindest der Frauen zusammen wohnen bleiben. Sie beruht nicht auf Mütter-Kinder-Gruppen mit Anhang, bei denen obendrein die erwachsenen Individuen sehr leicht von einer Gruppe zur anderen wechseln. Das aber ist nach allen bisherigen Erkenntnissen die soziale Situation für die Altsteinzeit gewesen.

Was jedoch größte Bedeutung hat, ist die altsteinzeitliche Verehrung der Frau als Urmutter, als die Schöpferin von Leben, insbesondere als Schöpferin von Wiedergeburt, das heißt, der Umwandlung von Tod wieder in Leben. Als solche wurde die Frau verehrt – das belegen Felszeichnungen und Tausende von Frauenstatuetten, die gefunden wurden. Den Wiedergeburtsglauben belegen die Begräbnissitten seit 100 000 vor u. Z. Hier sind wir auf sicherem Boden, dazu sind keine Spekulationen nötig. Wenn daher aus der Perspektive der modernen Matriarchatsforschung die altsteinzeitliche Kultur benannt werden soll, dann ist der Begriff „mutterzentriert" am passendsten. Früher habe ich in Vorträgen den Begriff „frauenzentriert" für die Altsteinzeit gebraucht, doch „mutterzentriert" scheint mir wesentlich besser zu sein, denn die Verehrung rankt um das Mysterium des Lebens, für das die Mutter durch Gebären symbolisch steht. Der Begriff „mutterzentriert" ist dabei gegenüber dem Begriff „matriarchal" nicht schwächer oder weniger wertvoll, sondern beide Begriffe benennen zwei verschiedene Ausprägungen von Kultur, bei denen die Frauen im Zentrum standen.

### *Patriarchale Jungsteinzeit?*

Was hat es nun mit der „patriarchalen" Jungsteinzeit auf sich – vor allem mit dem Pflug und der Pflugwirtschaft, die so rasch das Patriarchat herbeigebracht haben sollen? Bekanntlich ging eine lange Zeit der Pflanzerinnenwirtschaft als Gartenbau der Pflugwirtschaft voraus; diese ist allgemein später. Der bewusste Umgang mit Pflanzen und mit jenen Tieren, die von den Pflanzerinnen gezähmt wurden, begann teilweise sehr früh. Diese Epoche wird „Jungsteinzeit" genannt, weil die Menschen von der aneignenden Wirtschaft des Sammelns und Jagens zur produzierenden Wirtschaft übergingen. Doch wann und wo war dies genau? Hier werden die Grenzen fließend, denn es geschah nicht überall zur selben Zeit, und nicht für jede Region haben wir genügend Belege. Es zählen nur die archäologischen Datierungen, sie reichen zum Teil bis 15 000 vor u. Z. zurück, in den Raum von Kleinasien.

Weil die Menschen, vermutlich zuerst die Frauen, nun Gärten und Felder angelegten, ergaben sich daraus erhöhte Sesshaftigkeit und das Zusammenbleiben von größeren Gruppen, geschart um die Mütter, eine Situation, die erst jetzt zu den großen matrilinearen Sippenverbänden führte. Dies ist die Zeit – und nicht früher –, als die matriarchale Verwandtschaftsgesellschaft entstand. Belegt wird dies durch archäologischen Daten, die Marija Gimbutas für Europa zusammengestellt hat (9). Ferner belegen es die heutigen matriarchalen Gesellschaften, deren Wirtschaftsweise meistens auf Garten- und Feldbau und Sesshaftigkeit in Dörfern und Städten beruht. (Es gibt vereinzelt auch nomadische matriarchale Gesellschaften, wie z. B. die Tuareg in der Sahara.)

An dieser Stelle begann ich mich zu fragen, weshalb es nach der Meinung etlicher Autoren der Pflug und die Pflugwirtschaft gewesen sein sollen, die angeblich (um 4000 vor u. Z.) zum Patriarchat geführt haben? Hier kommen bei nicht wenigen Autoren patriarchale Klischees von den „starken" Männern ins Spiel, die ihre „starken" Ochsen vor dem Pflug spannten und damit die Frauen von der Feldarbeit verdrängt haben sollen (10). Angeblich haben nun die Männer den Ackerbau im großen Stil übernommen und die Frauen daheim zu Nur-Hausfrauen werden lassen – und das mitten im Matriarchat! Das kam mir seltsam vor, denn bei allen heutigen matriarchalen Völkern mit Agrarwirtschaft, wie z. B. bei den Mosuo in Südchina oder den Zapoteken von Juchitàn in Mexiko, machen die Männer den Ackerbau mit dem Pflug. Doch weder sind die Frauen dort zu puren Hausfrauen geworden, noch kam durch diese Wirtschaftsform das Patriarchat herbei (11). Ein kulturgeschichtliches Beispiel ist die Verehrung der Getreidegöttin Demeter: Gemäß ihrer Mythologie lehrte sie ihre Heroen den Ackerbau mit dem Pflug, den diese dann ausübten (12). Dennoch spiegelt die sehr alte und lang andauernde Verehrung dieser Göttin klassisch matriarchale Kultur.

Hinter der Argumentation mit dem Pflug und der Pflugwirtschaft, die angeblich das Patriarchat brachten, steht die alt-marxistische These von den Produktionsmitteln, die, wenn sie sich ändern, sogleich die ganze Gesellschaft verändern (13). So leicht kommt also patriarchale Herrschaft herbei, nur durchs Pflügen und die flächendeckende Feldarbeit, und die Frauen lassen alles bereitwillig geschehen? Hier wird das, was patriarchale Herrschaft bedeutet, allzu simpel aufgefasst (14). Man kann einen Vergleich zu heute ziehen. Denn heute haben wir ein neues Produktionsmittel, die Computer und elektronischen Medien. Es gibt deshalb den hübschen Slogan, wir wären heute in der „Informationsgesellschaft" angekommen, und diese sei – wegen des neuen Produktionsmittels – auch neu. Leider konnte ich das trotz großen Bemühens nicht feststellen, denn die eingefleischten patriarchalen Muster und Probleme sind trotz Computer in keiner Hinsicht gewichen.

Oft wird dann noch die aufkommende Herdenwirtschaft in der Steppe oder die höhere Arbeitsteilung zitiert, die bei den frühen Städten gegeben war, um zur Hierarchie und endlich zum Patriarchat zu gelangen. Auch diese Ideen sind altmarxistische Thesen zur Patriarchatsentstehung und heute völlig überholt (15). Denn mitten in einem wohlgeordneten Matriarchat lässt sich nicht Privateigentum, weder an Land noch an Vieh, vom Gemeinschaftseigentum wegnehmen; matriarchale Gesellschaften kennen genügend Regeln und Mittel, dies zu verhindern. Und was die höhere Arbeitsteilung betrifft, so war sie in den frühen jungsteinzeitlichen Städten, wie z. B. Chatal Hüyük, vorhanden – aber von einer patriarchalen

Gesellschaft finden wir dort keine Spur. Solche Ideen haben sich durch die weiterführende Forschung als nicht belegte Geschichts-Konstruktionen erwiesen.

Spannend wird es hingegen bei der Frage nach dem Aufkommen von „Gewalt“ von 5600–5400 vor u. Z. an bei den von Südosten her eindringenden Bandkeramikern, den Rinderbauern, die höchstwahrscheinlich matriarchal organisiert waren. Darauf weisen ihre Langhäuser für Sippenverbände hin. Sie brachten die jungsteinzeitliche Entwicklung aus Westasien nach Europa und übten angeblich notorisch Gewalt aus. Wie sehen dafür die archäologischen Belege aus?

Wir haben aus Deutschland bisher zwei Beispiele (Ofnet-Höhle und Thalheim), in anderen europäischen Ländern gibt es auch ein paar davon. Dabei wurden einige Menschen mit Äxten erschlagen, wobei nicht klar ist, wer wen tötete: Erschlugen die neu angekommenen, matriarchalen Rinderbauern die mutterzentrierten, einheimischen WildbeuterInnen, oder war es umgekehrt? Denn es drang hier eine neue Lebensweise ein, die vielleicht bei den Alteingesessenen nicht gleich erwünscht war. Es liegt also nur eine Handvoll Beispiele dieser Art für einen Zeitraum von zwei Jahrhunderten Einwanderung und einem Jahrtausend Zusammenleben vor. War dieses Jahrtausend damit friedlich oder unfriedlich? Man muss das einmal mit heutigen Zuständen vergleichen! Ich frage mich, mit welcher Berechtigung etliche Archäologen hier von flächendeckender Gewalt reden, sozusagen von einer brutal gewalttätigen Epoche, welche die Jungsteinzeit angeblich gewesen war? Was soll denn mit solchen Behauptungen verdunkelt werden?

Außerdem sollten wir bedenken, dass vereinzelte Gewalt als mensch-männliche Schwäche vielleicht eine Fehde ausmacht, aber noch keinen organisierten Krieg und noch keine auf organisiertem Krieg beruhende Herrschaft, das heißt, noch kein Patriarchat. Kurz gesagt: So unscharf der Matriarchatsbegriff ist, den man hier gebraucht bzw. gegen den man polemisiert, so unscharf ist hier auch der Patriarchatsbegriff (16). Doch auf diese Weise lassen sich keine wissenschaftlich gesicherten Aussagen gewinnen.

Grotesk wird es schließlich, wenn Autoren behaupten, dass in der Zeremonie der Heiligen Hochzeit (*hieros gamos*), die mythologisch weithin für die Epoche der matriarchalen Stadtkulturen belegt ist, der Mann alsbald seine „Vaterschaft zelebriert“ und „Patrilinearität aufkeimt“ (17). Als Beleg wird angeführt, dass der Stierkult in der Jungsteinzeit als Symbol für die Fruchtbarkeit des Mannes nun sehr wichtig geworden sei. Diese einseitige Betrachtungsweise ist zugleich typisch und absurd, denn es wird übersehen, dass der Stierkult keineswegs für sich steht, sondern stets eingebunden ist in die Verehrung der Göttin als der Großen Himmelskuh, wie es z. B. anhand der ägyptischen Göttinnen Nut und Hathor deutlich wird. In diesen archaischen Religionen steht der Stier symbolisch für den Sohn-Geliebten der Göttin und wäre ohne sie gar nicht auf der Welt.

Zum anderen gibt es hier ein tiefes Missverständnis der Heiligen Hochzeit, das weit verbreitet zu sein scheint und eine Projektion aus unserem eigenen patriarchalen Hochzeits-Kult darstellt. Demgegenüber bedeutet die Zeremonie der Heiligen Hochzeit im matriarchalen Kontext nicht die Verbindung von Mann und Frau, sondern die symbolische Verbindung der Göttin als der umfassenden irdisch-kosmischen Natur mit den Menschen, ihrem Volk, für das der matriarchale Heroskönig als Stellvertreter steht. Dafür gibt es reiche mythologische Belege (18). Hier liegt auch keine Hierarchisierung der Frau über den Mann vor, wie fälschlich angenommen wird. Dies verkennt, was matriarchale Menschen mit „Göttin" meinen: auf keinen Fall dasselbe, was „Gott" im Patriarchat bedeutet, sondern die gesamte schöpferische Welt, von welcher der Mensch ein Teil ist. Die Heilige Hochzeit nur als Mann-Frau-Begegnung zu sehen oder gar als „Heiligung der Sexualität" zu deuten, ist eine unzulässige Sexualisierung aus heutiger Sicht und hat nichts mit matriarchaler Kultur zu tun. Denn der männliche Partner verstand sich dabei nicht als „Mann" und künftiger „Papa", sondern als Repräsentant seines Volks. Und da für ihn die Heilige Hochzeit ein einmaliges Ereignis blieb – im nächsten Jahr feierte sein Nachfolger diese Zeremonie mit der Sakralkönigin, welche die Göttin repräsentierte –, frage ich mich, wie er daraus seine Vaterschaft oder gar die Vaterlinie ableiten können sollte? Erst unter patriarchaler Herrschaft konnte diese Zeremonie, wie vieles andere aus der matriarchalen Kultur, zu solchen Zwecken missbraucht werden. Doch statt einer schönen Zeremonie fanden im Frühpatriarchat ohnehin eher Vergewaltigungen der matriarchalen Sakralköniginnen statt, direkt und brutal – dazu brauchte es keine „Heilige Hochzeit" mehr.

### *Vorläufige Klärung*

Wieder stehen wir vor der Frage, wie dieses Durcheinander von Missverständnissen und Rückprojektionen aus unserer patriarchalen Spätzeit geklärt werden kann. Aus der Perspektive der modernen Matriarchatsforschung bleibt es bei der *matriarchalen* Jungsteinzeit, die gemäß archäologischen Daten noch bis 5000 friedlich währt. Dabei ist es von den ersten Anfängen der Pflanzerinnenkultur um 15 000 bis zu den voll entwickelten Matriarchaten um 5000 vor u. Z. ein beträchtlicher Zeitraum! Sogar nach dieser Zeit bleibt die Bedeutung der Frauen erheblich, obwohl die kulturellen Formen sich wandeln. Ich möchte dies differenzieren, denn die Jungsteinzeit hatte unterschiedliche Phasen: Sie geht gegen Ende in die „Kupferzeit", dann in die „Bronzezeit" über (von 4500 vor u. Z. an). In der Kupfer- und Bronzezeit gab es spürbare Veränderungen, wie erhöhte Arbeitsteilung, Rinderbauern auch in Europa und eine größere Bedeutung des Mannes innerhalb der Gesellschaft, aber noch kein Patriarchat.

Die Archäologin Marija Gimbutas hat allerdings gezeigt, dass es in manchen Regionen durch die Domestikation des Pferdes – und die Entwicklung des Streitwagens, was sie übersah – von 4500 vor u. Z. an schon kriegerische Überlagerungen gegeben hat (Kurgan-Kultur). Es muss jedoch berücksichtigt werden, *wo* dies war, denn nicht alles geschah zur selben Zeit. So begannen diese Tendenzen in

Südrussland und der Schwarzmeerregion von 4500 an, wie sie belegt hat (19). Später setzen sie sich in Kleinasien fort, noch später in Sumer, doch in Mittel- und Westeuropa waren solche Ereignisse noch gar nicht angekommen. Die Ausbreitung dieser Tendenzen ging sehr langsam vor sich, denn noch war die Kriegstechnologie nicht weit entwickelt. Deshalb blieb der größte Teil der Kulturen während der Bronzezeit noch matriarchal mit Mittelpunktstellung der Frau, ebenso mit der sozialen Ordnung in großen matrilinearen Clans. Die meisten Veränderungen konnten von diesen matriarchalen Gesellschaften aufgefangen und integriert werden; im bronzezeitlichen Minoischen Kreta währte dies sogar bis 1400 vor unserer Zeitrechnung. Deshalb gibt es in Kupfer- und Bronzezeit kein verbindliches Datum für alle Kulturzonen, das Bild ist eher buntscheckig. Ich bezeichne diese Epoche für die meisten Regionen aus diesem Grund als „spät-matriarchal".

Zum flächendeckenden Einbruch des Patriarchats mit Krieg und Eroberung und als Folge davon der Hierarchisierung der Gesellschaft in Herrenschicht und Unterworfene kam es erst in der Eisenzeit, als zum Streitwagenkrieger der Reiterkrieger hinzu kam (von 2000 vor u. Z. an). So lange hat es noch gedauert, bis die damalige Kriegstechnologie weit genug entwickelt war, dass jetzt Europa und andere Kontinente überrannt werden konnten. Diese Epoche nenne ich „frühpatriarchal".

Möge es mit dieser vorläufigen Einteilung genug sein, denn hier ist nicht der Ort, die Gliederung der Epochen vollständig durchzuführen. Wir sehen jedoch daran, dass die Kulturgeschichte der matriarchalen Gesellschaftsform noch darauf wartet, geschrieben zu werden, und das geschieht nicht im Schnelldurchgang. Dafür muss noch vieles Wichtige erforscht, durchdacht und einbezogen werden. Denn es braucht Zeit, mit wissenschaftlicher Redlichkeit und Lust an gesicherten Erkenntnissen zu arbeiten – manchmal braucht es dazu Jahrzehnte.

*Anmerkungen und Literaturhinweise*

1) Typisch dafür – um ein Beispiel zu nennen – ist das Buch der Amerikanerin Cynthia Eller: *The Myth of Matriarchal Prehistory: Why an Invented Past Won't Give Women a Future*, Boston 2000. Das Buch wurde treffend kritisiert von Joan Marler: „Der Mythos vom ewigen Patriarchat. Eine kritische Antwort auf Cynthia Eller", in: Werlhof/Meier-Seethaler/Mulack/Göttner-Abendroth/Spretnak/Marler/Derungs (Hg.): *Die Diskriminierung der Matriarchatsforschung*, Bern 2003.
2) Um hier nur einige Beispiele zu nennen:
Peggy R. Sanday: *Female Power and Male Dominance. On the origins of sexual inequality*, Cambridge 1981–1996, digital printing 2000; dies.: *Women at the Center. Life in a Modern Matriarchy*, Ithaca-New York 2002; Veronika Bennholdt-Thomsen: *Juchitàn Stadt der Frauen. Vom Leben im Matriarchat*, Reinbek bei Hamburg 1994; Ferner meine eigene Sachforschung in: Heide Göttner-Abendroth: *Matriarchat in Südchina. Eine Forschungsreise zu den Mosuo*, Stuttgart 1998; dies.: *Das Matriarchat II,1. Stammesgesell-*

*schaften in Ostasien, Indonesien, Ozeanien*, Stuttgart 1991; dies.: *Das Matriarchat II,2. Stammesgesellschaften in Amerika, Indien, Afrika*, Stuttgart 2000.

3) Siehe als ein Beispiel für diese feministische Kritik Annette Weiner: *Women of Value. Men of Renown: New Perspectives in Trobriand Exchange*, Austin 1976.

4) Ein Beispiel für diese Art der Argumentation findet man u. a. in: Gerhard Bott: *Die Erfindung der Götter*, 2009, Selbstverlag. Hier wird der Begriff „Matriarchat" durch „Matrifokalität" ersetzt. Dazu werden alle Kriterien benutzt, die für den Begriff „Matriarchat" von mir erarbeitet worden sind. „Matriarchat" wird absichtlich wieder als „Mutterherrschaft" missdeutet, was den Eindruck erweckt, dass es hier um Konkurrenz statt um Sachforschung geht.

5) Marie König: *Am Anfang der Kultur. Die Zeichensprache des frühen Menschen*, Berlin 1973; Marija Gimbutas: *Die Sprache der Göttin*, Frankfurt a. M. 1995.

6) Dieses Vergleichs-Problem besteht auch bei der wissenschaftlich ernst zu nehmenden soziobiologischen Arbeit des Ehepaares Jonas/Jonas, in: Richard Fester/Marie König/Jonas/Jonas: *Weib und Macht. Fünf Millionen Jahre Urgeschichte der Frau*, Frankfurt a. M. 1979.

7) G. Bott, a. a. O., S. 18.

8) G. Bott, a. a. O., S. 28–132.

9) Marija Gimbutas: *Die Zivilisation der Göttin*, Frankfurt a. M. 1996, S. 324–349.

10) Ein Beispiel von vielen dieser Art sind die Thesen zur Patriarchats-Entstehung von Ernest Bornemann: *Das Patriarchat*, Frankfurt a. M. 1975.

11) Vgl. Veronika Bennholdt-Thomsen: *Juchitàn Stadt der Frauen*, a. a. O.; Heide Göttner-Abendroth: *Matriarchat in Südchina*, a. a. O.

12) Vgl. Robert von Ranke-Graves: *Griechische Mythologie. Quellen und Deutung*, Reinbek bei Hamburg 1984.

13) Friedrich Engels: *Der Ursprung der Familie, des Privateigentums und des Staates*, zuerst erschienen Zürich 1884.

14) Siehe zur Entstehung von Herrschaft Heide Göttner-Abendroth: „Die Entstehung des Patriarchats als Herrschaftsgesellschaft", Beitrag in diesem Buch.

15) Siehe meine Kritik an diesen marxistischen Thesen in Heide Göttner-Abendroth: *Das Matriarchat I. Geschichte seiner Erforschung*, Stuttgart 1989, Kapitel 4.

16) Zum Begriff des Patriarchats siehe die Definition von Claudia von Werlhof: „Das Patriarchat als Negation des Matriarchats", in: Heide Göttner-Abendroth (Hg.): *Gesellschaft in Balance*, Stuttgart 2006.

17) G. Bott, a. a. O., S. 138.

18) Vgl. Heide Göttner-Abendroth: *Die Göttin und ihr Heros. Die matriarchalen Religionen in Mythos, Märchen, Dichtung*, Stuttgart 2011 (zuerst München 1980).

19) Vgl. Marija Gimbutas: *Die Zivilisation der Göttin*, a. a. O.

# 6 Zur Entstehung des Patriarchats als Herrschaftsgesellschaft

*Kritik an Thesen zur Entstehung des Patriarchats*

Es ist eine oft gestellte Frage, wie es denn zum Wechsel von der matriarchalen zur patriarchalen Gesellschaftsform gekommen sei. Genauso oft wie sie gestellt wird, versucht man diese Frage zu beantworten – in der Regel ohne vorherige gründliche Forschung, einfach mit einer bloßen Vermutung, die sich auf eine einzige Ursache stützt. Ein einziger Grund soll dann dafür verantwortlich sein, dass eine über Jahrtausende stabile und dauerhafte Gesellschafsform urplötzlich und in allen Kontinenten auf der Erde in eine andere „umkippte". Hinzu kommt, dass solche Behauptungen ohne genaue Kenntnis des Matriarchats aufgestellt werden. Dabei übersieht man, dass der Übergang von der einen zur anderen Gesellschafsform nicht erklärt werden kann, wenn man den Ausgangspunkt für diesen Übergang nicht sehr gut kennt. Die genaue Erforschung der matriarchalen Gesellschafsform ist daher die logische *Voraussetzung* dafür, die Entstehung von Patriarchat überhaupt erklären zu können. Die Entwicklung der wissenschaftlichen Matriarchatsforschung ist daher der erste Schritt, um zu diesem Ziel zu gelangen. Macht man dagegen den zweiten Schritt vor dem ersten – wie allgemein üblich –, bleibt man in Pseudo-Erklärungen stecken, die nichts anderes sind als Rückprojektionen aus dem eigenen patriarchalen Hintergrund in die frühe Geschichte.

Das wird deutlich bei diesen Erklärungsversuchen mit der Angabe einer einzigen Ursache – sie sind Legion, aber dennoch zum Scheitern verurteilt. Hier wird Geschichtsforschung durch Spekulation ersetzt. Konkret kann die Frage nach der Entstehung des Patriarchats nur beantwortet werden, wenn das ganze *Bündel von Ursachen* berücksichtigt wird, das zu einem derart komplizierten und lang andauernden Umformungsprozess geführt hat. Ferner muss angeführt werden, in *welchem* Kontinent, in *welcher* Region, bei *welchem* Volk und zu *welcher* Zeit diese Verschiebung von Gesellschaftsformen stattfand – denn das ist höchst verschieden. Die Vielfalt dieses Umwandlungsprozesses geht schon allein daraus hervor, dass er sich weltweit ereignete und einen ungeheuer langen Zeitraum umfasste, der in jedem Kontinent in verschiedenen Epochen stattfand. In einigen Gegenden der Erde ist er bis heute nicht abgeschlossen, denn er findet heute vor unseren Augen mit der Zerstörung der letzten matriarchalen Gesellschaften statt. Bei diesem enorm langen geschichtlichen Umformungsprozess werden Schritt für Schritt immer andere Bündel von Ursachen wirksam, die in den verschiedenen Phasen jeweils gesondert erforscht und beschrieben werden müssen. Außerdem gibt es bei kulturellen Phänomenen keinen Automatismus, der von selbst und unaufhaltsam abläuft, kaum dass die ersten Schritte der Verschiebung von einer Gesellschaftsform zur anderen aufgetreten waren. Dies ist ein seltsames Bild von geschichtlichen Prozessen, bei dem nicht beachtet wird, dass Menschen mit Herausforderungen kreativ umgehen können. So müssen wir berücksichtigen, dass es kaum mechanisch-lineare Vorgänge gegeben hat, sondern dass genauso oft patriarchale Herausforderungen abgewehrt oder kulturell aufgefangen werden konnten.

Wenden wir uns nun kurz den am häufigsten vorgetragenen Erklärungsversuchen zu, um das oben Gesagte zu erläutern.

Die These vom Ewigkeitswert von Herrschaft und Patriarchat ist von vornherein hinfällig. Es ist der „Mythos vom ewigen Patriarchat", die Basis patriarchaler Ideologie (1). Die geschichtlich relativ späte Entstehung von Herrschaft ist identisch mit der Entstehung des Patriarchats, denn Patriarchate sind grundsätzlich Herrschaftsgesellschaften. Dabei ist es gleichgültig, ob die Strukturen von Herrschaft im Gewand von frühpatriarchalen Kriegergesellschaften und Eroberungsreichen oder von mittelalterlichen Feudalgesellschaften auftreten oder ob sie die Form der bürgerlich-kapitalistischen Gesellschaften und der industriellen Massengesellschaften der Neuzeit mit ihrer rein formalen Demokratie annehmen. Egal in welcher Form Herrschaft auftritt, es liegt darin nichts Ewiges oder Naturgegebenes.

Im Gegenteil: Wenn man die Strukturen von Herrschaft analysiert, sieht man, wie viele und komplizierte Vorkehrungen sie voraussetzen, um zu entstehen und um perfektioniert zu werden. Dazu brauchte es lange geschichtliche Zeiträume, in denen die Konturen der Entstehung von Herrschaft in den verschiedenen Weltgegenden nachvollzogen werden können. So gehört zur Errichtung von Herrschaft der Aufbau eines Erzwingungsstabs (Krieger, Polizei, Justiz, Verwaltung als Kontrolle, usw.), der zunehmend stabilisiert werden muss, damit er sich zur Unterwerfung und dauerhaften Unterdrückung der Mehrheit des Volks eignet (2). Hinzu kommen alle Vereinnahmungen und Re-Interpretationen der unterworfenen Kultur, was zur religiösen Ideologiebildung führt, die mit Herrschaft einhergeht und der Mehrheit der Menschen eine andere als die hässliche Realität vorgaukelt. Das sind schwierig durchzusetzende Maßnahmen, weil sie gegen die menschliche Natur gerichtet sind und über die längsten Zeiträume der Menschheitsgeschichte unbekannt waren. Denn bis zum ersten Beginn von Herrschaftsstrukturen und damit Patriarchat um ca. 4000 vor u. Z. in Westasien bis zu ihrer flächendeckenden Ausbreitung um ca. 2000 vor u. Z. in Europa – in anderen Kontinenten viel später – galten die natürlichen Prinzipien der Gleichwertigkeit aller Menschen und Egalität beider Geschlechter, der „basisdemokratischen" Politik per Konsens, gegenseitigen Hilfeleistung und Friedenssicherung sowie der Verehrung der mütterlichen Erde (3). In einer solchen Gesellschaftsform kann niemand ohne Weiteres seinen Erzwingungsstab zum persönlichen Herrschaftsgewinn aufbauen, dafür gibt es keine Vorbedingungen. Denn die Menschen in den egalitären matriarchalen Gesellschaften haben ihre sozialen Spielregeln nicht dumpf und unbewusst gelebt, sondern sie selbstbewusst und aktiv gewahrt und jede Übertretung unverzüglich rückgängig gemacht. Da bedurfte es schon ganz besonderer Umstände, um diese stabile Gesellschaftsform so zu schwächen und zu zerrütten, dass solche unnatürlichen Formen wie Herrschaft überhaupt aufkommen konnten.

Sehr verbreitet ist auch die These, dass mit dem Erkennen der biologischen Vaterschaft der Wechsel vom Matriarchat zum Patriarchat eingesetzt habe. Dahinter steht eine patriarchale Projektion, denn sie spricht der biologischen Vaterschaft einen ungeheuer hohen Stellenwert zu, eine Haltung sehr jungen Datums in der Menschheitsgeschichte. Denn in den verschiedenen kulturellen Epochen selbst des Patriarchats wurde „Vaterschaft" sehr unterschiedlich aufgefasst.

In matriarchalen Gesellschaften war die biologische Vaterschaft irrelevant, ob sie nun bekannt war oder nicht. Beide Geschlechter lebten in Gemeinschaftsehe als Wechselheirat zwischen zwei Sippen und genossen außerdem sexuelle Freiheit in spontanen Begegnungen außerhalb des Arrangements der Sippen (4). Diese Jahrtausende alte Lebens- und Liebesweise ließ kein Erkennen von biologischer Vaterschaft zu; die biologische Mutterschaft war hingegen durch die Tatsache der Geburt immer sicher. Dies ist der pragmatische Grund für die Entstehung der Genealogie in weiblicher Linie.

Dennoch mussten die Männer im Matriarchat „Vaterschaft" nicht entbehren, denn es gab die *soziale Vaterschaft* des Mutterbruders (in unserer Terminologie der Onkel mütterlicherseits) gegenüber den Schwesterkindern (in unserer Terminologie gegenüber seinen Nichten und Neffen). Da gemäß der Matrilinearität, d. h. Verwandtschaft in der Mutterlinie, die Kinder seiner Schwestern denselben Clannamen trugen wie er selbst, betrachtete er sie auch als „seine" Kinder, nicht aber diejenigen seiner Geliebten oder Gattin, die den Clannamen ihrer Mutter trugen. Den Schwesterkindern wandte er seine väterliche Fürsorge und Liebe zu und übernahm Mitverantwortung bei der Erziehung, insbesondere der Knaben.

Außerdem kommt hinzu, dass in manchen matriarchalen Gesellschaften die biologische Vaterschaft bekannt war, aber es wurde ihr keine Bedeutung beigemessen. Denn auch diese Kenntnis änderte an der „sozialen Vaterschaft" des Mutterbruders nichts. Der biologische Vater konnte mit den Kindern seiner Geliebten spielen und sie verwöhnen, besaß aber – nur als Gast in ihrem Clan – keine Pflichten und auch keine Rechte ihnen gegenüber. Bei manchen Festen wurde er geehrt, was jedoch bei einmaliger Achtungsbezeugung blieb. Zweitens macht die Kenntnis individueller biologischer Vaterschaften noch keine Patrilinearität, d. h. Verwandtschaft in der Vaterlinie, aus und damit keine Genealogie in der männlichen Linie, geschweige denn ein Patriarchat.

Die allmähliche Herausbildung der biologischen Vaterschaft und männlichen Genealogie in den frühen Patriarchaten war eine äußerst schwierige Angelegenheit. Denn dazu gehörten derart repressive soziale Anordnungen wie das Herauslösen der Frau aus der mütterlichen Sippe und ihre Vereinzelung, der Zwang zu lebenslanger Monogamie für die Frau, ihre Einsperrung und Überwachung im Haus, um Begegnungsmöglichkeiten mit anderen Männern zu unterbinden. Nur so hatte ein Mann die Chance, seine „echten", d. h. leiblichen oder biologischen Kinder zu erkennen. Diese Maßnahmen sind jedoch so einschneidend, dass sie in keiner funktionierenden matriarchalen Gesellschaft durchgesetzt werden können. Das heißt, sie setzen patriarchale Herrschaft mit ihrem Erzwingungsstab voraus, statt diese herbeizuführen.

Bei dieser Art der Vaterschaft ging es auch keineswegs um die biologische Vaterschaft als solche, sondern darum, dass der Herrscher seine legitimen Erben für die Weitergabe des eroberten Reichs identifizieren konnte. Daher blieb sie auf die oberste Schicht beschränkt und war von Anfang an geprägt von Macht- und Besitzdenken. Im Römischen Reich wurde diese Art von „Vaterschaft" dann auf jeden wohlhabenden Mann ausgeweitet: Nun war der *pater familias*, der Familienvater, gemäß römischem Recht legitimer Herr über Leben und Tod seiner Kinder und Gemahlinnen, ebenso seines Gesindes und Viehs. Denn sie waren nichts weiter als sein Eigentum. Diese Auffassungen von Vaterschaft sind weit von dem entfernt, was wir uns heute unter biologischer Vaterschaft und den Gefühlen von Väterlichkeit vorstellen. So waren es keineswegs sentimentale Sehnsüchte von Männern nach „Väterlichkeit", die irgendwie das Patriarchat herbeiführten, sondern die brutalen Tatsachen von Eroberung, Herrschaft und Unterwerfung der Frau.

Nicht besser steht es um die These, dass die Einführung der Pflugwirtschaft mit Agrarwirtschaft zur Entstehung des Patriarchats geführt habe, weil dazu die physische Kraft des Mannes vonnöten sei. Angeblich haben nun die Männer den Ackerbau im großen Stil übernommen und die Frauen daheim zu Nur-Hausfrauen werden lassen – und das mitten im Matriarchat! Im krassen Gegensatz dazu stehen ethnologische Tatsachen, dass in matriarchalen Gesellschaften Frauen keineswegs das herangezüchtete „schwächere Geschlecht" sind. Das kann man bei noch lebenden matriarchalen Gesellschaften von heute – wie z. B. den Mosuo in den Bergen nahe Tibets – beobachten, wo Frauen und Männer gleich groß sind und die Frauen, genauso wie die Männer, in der Höhenlage von 3000 m und in extremem Klima schwere Feldarbeit verrichten (5).

Ferner machen bei heutigen matriarchalen Völkern mit Agrarwirtschaft, wie z. B. bei den Mosuo in Südwestchina oder den Zapoteken von Juchitàn in Mexiko, die Männer den Ackerbau mit dem Pflug. Doch weder sind die Frauen dort zu puren Hausfrauen geworden, noch kam durch diese Wirtschaftsform das Patriarchat herbei (6). Ein kulturgeschichtliches Beispiel ist die Verehrung der Getreidegöttin Demeter: Gemäß ihrer Mythologie lehrte sie ihre Heroen den Ackerbau mit dem Pflug, den diese dann ausübten (7). Dennoch spiegelt die sehr alte und lang andauernde Verehrung dieser Göttin klassisch matriarchale Kultur. Abgesehen von diesen Beispielen ist in keiner Weise einsichtig, wie eine komplexe Gesellschaftsform wie das Matriarchat lediglich durch Einführung einer neuen Arbeitstechnik zu einer anderen komplexen Gesellschaftsform wie der des Patriarchats übergegangen sein soll. Hier wird das, was patriarchale Herrschaft bedeutet, allzu simpel aufgefasst (8).

Eine weitere These beschreibt die Entstehung des Privateigentums besonders bei Hirtenkulturen, bei denen durch den Großbesitz an Vieh das Patriarchat aufgekommen sein soll (9). Auch dem widersprechen kulturhistorische und ethnologische Tatsachen, denn die Hirtennomaden waren keineswegs eine originäre und unabhängige Kultur – wie weithin geglaubt wird –, sondern Ableger der matriarchalen Ackerbaukulturen mit Haustierzucht. Zum Nomadentum kam es überall dort, wo karge Böden keinen Ackerbau mehr zuließen: in Gebirgen, Steppen, Wüsten, doch blieben diese Hirtennomaden von den pflanzlichen Erzeugnissen der Ackerbaukulturen abhängig (10). Geschichtlich gesehen durchliefen sie selbst ein matriarchales Stadium und haben es vereinzelt bis in die Gegenwart bewahrt (11).

Außerdem ist bei egalitären Gesellschaften, wie Matriarchate es sind, die Ansammlung von großem Besitz in den Händen weniger gar nicht möglich. Dagegen wissen sich die anderen Mitglieder der Gemeinschaft oder des Stamms sehr wohl zu wehren, wobei sie zu verschiedenen Formen der Intervention greifen. Eine Methode ist, einen solchen Menschen zu ermahnen und, wenn das nichts nützt, ihn gar zu verprügeln, ferner seinen ungerecht festgehaltenen Besitz wegzunehmen und an alle zu verteilen. Eine andere, feinere Methode ist, ihn zum Häuptling zu wählen, eine Rolle, die ihn dazu verpflichtet, bei den zahlreichen Festen die ganzen Dorfgemeinschaft aus seinem Besitz zu verköstigen (12). Unter diesen Umständen der *bewusst* durchgeführten Gleichheitsprinzipien in matriarchalen Gesellschaften kann niemand durch Ansammlung von privatem Reichtum patriarchale Herrschaft erwerben. Es ist umgekehrt: Erst müssen Herrschaftsstrukturen mit einem Erzwingungsstab eingeführt worden sein, bevor jemand gegen die alten Gleichheitsprinzipien verstoßen und Privatbesitz in großem Ausmaß bei sich anhäufen kann – wogegen die anderen sich dann nicht wehren können, vor allem, wenn sie die Ausgebeuteten sind.

Genauso schwach ist die These, dass höhere Arbeitsteilung und damit verbundene gesellschaftliche Differenzierung zur patriarchalen Herrschaftsgesellschaft geführt habe (13). Diese These setzt stillschweigend voraus, dass matriarchale Gesellschaften, nur weil sie geschichtlich früher waren, „primitiver" gewesen sein müssen als patriarchale Gesellschaften. Diese Stufentheorie der Geschichte, die eine geradlinige Höherentwicklung des gesellschaftlichen Lebens in der Menschheitsgeschichte annimmt, ist pure Fiktion. Wenn sie richtig wäre, dann hätten wir jetzt die beste, schönste, vollkommenste Gesellschaft überhaupt! Diese rigoros verkürzende Perspektive auf die Geschichte übersieht, dass es viele verschiedene Gesellschaftsformen mit verschiedenen besonderen Fähigkeiten gegeben hat, die ohne Erben untergegangen sind. Abgesehen von dieser Geschichts-Konstruktion ist mittlerweile bekannt, dass matriarchale Kulturen als die frühesten Stadtkulturen in Anatolien und Palästina (Cayönü, Muraibit, Jericho von 9000 vor u. Z. an, später Chatal Hüyük von 7000 vor u. Z. an) eine hohe Arbeitsteilung und Differenziertheit besessen haben, die bei den späteren patriarchalen Eroberern keineswegs vorzufinden waren (14). In jeglicher Hinsicht, sowohl im sozialen Leben wie in der geistiger Kulturentwicklung, waren sie den frühpatriarchalen Krieger-Königtümern überlegen, nur in einer Hinsicht nicht: im militärisch-strategischen Denken und in nackter Waffengewalt. Was ist von beiden das „Primitivere"?

Wenn schließlich noch die These auftaucht, dass die Männer sich im Matriarchat nicht wohl gefühlt hätten, weil sie dort unterdrückt worden wären, bis sie es schließlich in einem Akt der Rebellion umgestürzt und das Patriarchat eingeführt hätten (15) – dann wird hier der Boden des wissenschaftlichen Vorgehens definitiv verlassen. Es wird von der männlichen Psyche in unserer eigenen Gesellschaft, gemäß der sich Männer bereits „unterdrückt" fühlen, wenn sie nicht ständig im Mittelpunkt stehen, auf die Psyche von Männern in geschichtlichen matriarchalen Gesellschaften vor Jahrtausenden geschlossen. Solche psychologistischen Thesen haben den Nachteil, dass sie sich in Bezug auf die Geschichte niemals belegen lassen; deshalb sind sie wertlos. Heute noch existierende matriarchale Gesellschaften widerlegen sie sogar. Die moderne Matriarchatsforschung hat bei ihrer ethnologischen Forschung ans Licht gebracht, dass matriarchale Männer in der Regel die intensivsten Verteidiger ihrer angestammten Kultur sind, denn für sie steht mit deren Zerstörung der Verlust ihrer ethnischen Identität und Heimat auf dem Spiel (16). Sie verteidigten sie gegen die Eroberer mit Waffen und Worten, wofür ebenfalls zahlreiche kulturhistorische Beispiele sprechen (17). Es ist außerdem ein natürliches Verhalten, dass Menschen – ob Frau oder Mann – lieber in Gesellschaften leben, in denen sie in einem sozialen Gefüge als Gleiche mit anderen Menschen in allen Bereichen zusammenwirken können, als in Gesellschaften, in denen sie Gewalt und Unterdrückung ausgesetzt sind oder diese selber ausüben, was sie schließlich isoliert und neurotisiert.

Wir können aus diesen Forschungsergebnissen nur den Schluss ziehen, dass blühende matriarchale Gesellschaften niemals von innen her zum Patriarchat „umkippen" können. Denn ihre sozialen Formen, die frei von Herrschaft jeglicher Art sind und bei denen die Bedürfnissen *aller* ihrer Mitglieder befriedigt werden, lassen patriarchale Tendenzen von innen nicht aufkommen.

### *Skizze zur Entstehung des Patriarchats*

Wir kehren nach diesen kritischen Überlegungen zur Ausgangsfrage zurück: Wie kam es zu diesem geschichtlich so weittragenden Patriarchalisierungsprozess, der die lange matriarchale Epoche in der menschlichen Kulturgeschichte abgelöst hat und in einzelnen Regionen auf der Erde heute noch abzulösen im Begriff ist? Es ist gleichzeitig die Frage nach der Entstehung und Ausweitung von Herrschaft. Schon aus dieser Fragestellung wird klar, dass sich die Antwort darauf nicht in einem Satz und nicht mit einer einzigen Ursache geben lässt.

Im hier gegebenen, knappen Raum kann ich nicht die volle Argumentation dieser Erklärung geben – dies ist eine umfangreiche Forschungsaufgabe, deren Ergebnisse ich in einem eigenen Werk niederlegen werde. Was hier gegeben werden kann, ist lediglich eine Erklärungsskizze, das heißt, es können nur die groben Konturen gezeichnet werden, nach denen eine vollgültige, wissenschaftlich fundierte Erklärung dieser Zusammenhänge entwickelt werden wird. Ferner gilt diese *Erklä-*

*rungsskizze* nur für einen bestimmten Raum und eine bestimmte Zeit. Denn Umformungsprozesse von matriarchalen zu patriarchalen Gesellschaften sind in den verschiedenen Kontinenten höchst unterschiedlich verlaufen.

Außerdem haben sie zeitlich zu völlig verschiedenen Epochen stattgefunden: So wissen wir sehr genau, welches Bündel von Ursachen zur Zerstörung der matriarchalen Gesellschaften der Irokesen und anderer indigener Völker Nordamerikas in der jüngeren Neuzeit geführt hat – nämlich das aggressive, gewaltsame Eindringen der Weißen in den nordamerikanischen Kontinent und ihre Eroberungen durch waffentechnische Überlegenheit. Ebenso wissen wir, welches Bündel von Ursachen heute die restlichen matriarchalen Kulturen auf der Erde zerstört – nämlich Kolonialisierung durch verschiedene Großmächte (Europa, USA, China), Missionierung durch verschiedene Großreligionen oder weltumspannende Ideologien (Christentum, Islam, Kommunismus, Materialismus), sowie die neue, weltweite Industrialisierung und Kapitalisierung (Abhängigmachen von der Geld-Ökonomie), nicht zuletzt auch der Massentourismus in den Ländern der sogenannten „Dritten Welt". An solchen Beispielen brauchen wir nicht zu rätseln, denn sie sind ethnologisch beschriebene Geschichte oder sogar Gegenwart. Sie verdeutlichen, wie komplex diese Ursachenbündel sind, die zur Zerstörung von matriarchalen Kulturen führten und noch führen, und wie unterschiedlich sich auch der zeitliche Hintergrund zeigt.

Der Kern der hier interessierenden Frage kreist allerdings nicht um diese späten Umbruchsereignisse, sondern um die erste Entstehung von patriarchalen Herrschaftsstrukturen. Darauf wird sich auch meine Erklärungsskizze beziehen, in der ich mich auf den westasiatisch-europäischen Raum zur Zeit der großen Völkerbewegungen um etwa 4000 bis 2000 vor u. Z. beziehe. Diese zwei Jahrtausende umspannende Zeitphase ist gekennzeichnet von den wiederholten Wanderungswellen indoeuropäischer Völker, die – von Osten kommend – das Gebiet der großen matriarchalen Stadtkulturen im Vorderen Orient und im östlichen Mittelmeerraum erreichten und sich allmählich bis in die westlichen Gebiete Europas ausbreiteten. Andere Teile dieser indoeuropäischen Wanderungswellen erreichten im Süden den indischen Subkontinent und verursachten auch dort die Zerstörung der alten matriarchalen Stadtkulturen, die am Indus lagen.

Was hat so große Völkerschaften zu diesen offenbar katastrophischen Wanderungen bewegt? Hierbei unterscheide ich „geordnete Wanderung" von „katastrophischer Wanderung", denn Wanderungsbewegungen hat es in der Geschichte der Menschheit immer gegeben, wenn auch auf sehr verschiedene Art. „Geordnete Wanderungen" sind zum Beispiel die der altsteinzeitlichen Jäger, die den jahreszeitlichen Zügen des Wildes folgten und regelmäßig zu den alten Weidegründen zurückkehrten, wo die altsteinzeitlichen Frauen als relativ feste Siedlungsorte Höhlen als Wohnung und Kultstätte gebrauchten. Ein anderes Beispiel für „geordnete Wanderungen" sind die Siedlungsbewegungen der jungsteinzeitlichen Ackerbaukulturen, zu denen es immer dann kam, wenn ein Dorf oder eine Stadt für das umliegende Ackerland zu groß geworden war. Eine Tochtersippe trennte sich von der Muttersippe und zog ein Stück weg, erschloss neues Areal als Ackerland und legte eine neue Siedlung, eine Tochterstadt an, die freundschaftliche Beziehungen zur Mutterstadt pflegte. Diese Wanderungsbewegungen erschlossen, meist entlang der Flussläufe und der Meeresküsten, bisher ungenutztes Land für die Kultivierung durch die Menschen. Beiden Arten von Wanderungen ist eigentümlich, dass sie beabsichtigt und ruhig verliefen und nicht durch Katastrophen ausgelöst wurden. Und es ist ihnen eigentümlich, dass sie – bei der dünnen Besiedlung der Erde durch Menschen in der Frühgeschichte – sich im sozusagen „leeren Land" abspielten.

Bei „katastrophischen Wanderungen" ist die Situation anders: Ausgelöst werden sie durch großräumige Naturkatastrophen, die nicht plötzlich kommen müssen, sondern sich schleichend, aber mit verheerenden Auswirkungen ereignen. Solche Naturkatastrophen sind, bedingt durch eine allmähliche Verschiebung der Erdachse, Austrocknung oder Überflutung riesiger Landgebiete, Wechsel von Eiszeiten und Warmzeiten, natürliche Klimaveränderungen größten Ausmaßes. Solche großflächigen Katastrophen durch Klimawechsel hat es in der langen Menschheitsgeschichte (etwa 6 Millionen Jahre) immer wieder gegeben. Jedes Mal mussten ganze Völker und Kulturen solchen Katastrophen ausweichen, oder sie gingen daran zugrunde. Solange in der Frühgeschichte aber noch genügend leeres Land zum Ausweichen auch bei katastrophischen Wanderungen vorhanden war, hat diese Situation nicht zu einer dramatischen Veränderung der menschlichen Sozialform geführt – wie zum Beispiel in der Altsteinzeit, als die Menschen in Europa dem vorrückenden Eis während der verschiedenen Eiszeiten mehrfach durch Südwanderungen ausweichen mussten. Im neuen Siedlungsgebiet wurde der alte Kulturtypus dann regelmäßig wieder aufgenommen.

Anders waren jedoch die Ereignisse in der oben genannten Zeitspanne von 4000 bis 2000 vor u. Z.: Zentralasien muss noch davor eine einschneidende Klimaveränderung erfahren haben, die zur Versteppung und Verwüstung riesiger Gebiete führte. Die zentralasiatischen Gebirgsgürtel besaßen einst viel mehr Wasser als heute und boten fruchtbares Ackerland; die heutigen Steppen waren damals sattgrüne Gründe, geeignet für großräumigen Anbau; sogar in der heute extrem trockenen Wüste Gobi gab es einst blühende Städte, was durch archäologische Funde belegt ist. Den großen Völkerschaften, die in dem weiträumigen Gebiet von Zentralasien lebten und aller Wahrscheinlichkeit nach matriarchal organisiert waren, verdorrte durch die Klimaveränderung buchstäblich der Boden unter den Füßen, und ihre Nahrungsquellen versiegten. Sie waren, um zu überleben, zur Auswanderung gezwungen, und es begann eine lang anhaltende, katastrophische Wanderung.

Denn solche Wanderungsbewegungen gingen nicht so rasch vor sich wie beim modernen Tourismus, sondern äußerst langsam. Schritt für Schritt versuchten wohl die Menschen während ihrer lokalen Verschiebung den Boden wieder zu bearbeiten und neue Siedlungen anzulegen. Denn sie selbst und ihre Tiere waren darauf angewiesen, Nahrung und Futter von der Erde zu gewinnen; so mussten sie im Sommer bleiben, um zu säen und zu ernten, und zogen im Winter weiter. Aber die um sich greifende Versteppung mit dem immer knapper werdenden Wasser holte sie wieder ein. Dieser Kampf ums Überleben in einem zunehmend unwirtlicher werdenden Land dürfte über Generationen gedauert haben. Er führte schließlich wegen seiner Aussichtslosigkeit zum allmählichen Niedergang und Zusammenbruch der bestehenden Gesellschaftsordnung, eben der matriarchalen Ackerbaukultur, die auf die Früchte von der Erde angewiesen ist. In der Not tendieren menschliche Gesellschaften dazu, von entwickelteren Gesellschaftsformen auf ältere und einfachere zurückzugreifen – so geschah es auch hier. Da kein Boden mehr zu bearbeiten war, griffen Menschen aus der zusammenbrechenden Kultur aus Not auf altsteinzeitlichen Techniken zurück und wurden Steppenjäger. Dies waren hauptsächlich die Männer, sie wurden zu „Sekundärjägern", was besagt, dass dies nicht ihre angestammte Kultur war – wie in der Altsteinzeit –, sondern eine spätere Notlösung, die nicht mehr vom altsteinzeitlichen Gesellschaftsgefüge getragen war.

Immer mehr dominierte nun die Tätigkeit der Männer, mit ihren Waffen Nahrung herbeizuschaffen, während die Frauen vielleicht noch eine kümmerliche Pflanzerinnentätigkeit aufrecht zu erhalten versuchten. Es ist zu vermuten, dass auf diese Weise ganze Völkerschaften immer weiter westwärts und südwärts getrieben wurden, wobei ihr Gesellschaftsgefüge sich aufzulösen begann. Denn die großen Sippengefüge, die so charakteristisch für die matriarchalen Ackerbaukulturen der Jungsteinzeit sind, konnten bei diesen katastrophischen Wanderungen nicht aufrecht erhalten werden. Die Gesellschaft zerbrach in kleinere Gruppierungen, wobei Männer als Sekundärjäger sich auch von den zurückbleibenden Clans der Frauen und Kinder gelöst haben könnten – eine matriarchale Überlebenstechnik, welche die Tuareg in der Sahara bei extremer Dürre anwenden (18). Sie besagt, dass die Männer alle vorhandenen Vorräte und das Vieh bei den Frauen und Kindern lassen und wegziehen, um durch weniger Esser deren Überleben zu sichern, während sie sich selbst auf Gedeih und Verderb dem Zufall ihres Weges durch die Wüste ausliefern. Denn Frauen und Kinder sind wichtiger, ohne sie gibt es keine Zukunft für die Gesellschaft. Eine solche matriarchale Überlebenstechnik könnte auch eine Rolle bei den Sekundärjägern in der Steppe gespielt haben, denn diese waren – trotz des Niedergangs ihrer Gesellschaftsform – ja noch keineswegs patriarchal.

Die Frauengruppen versuchten vielleicht noch eine Weile, mit der angestammten Anbautechnik zu überleben, doch viele werden zugrunde gegangen sein. Als isolierte Jägerhorden, ohne ihre angestammte matriarchale Kultur, jetzt aus Not geschart um einen charismatischen Anführer, erreichten etliche dieser Männergruppen die Gebiete der alten, hochstehenden Stadtkulturen Westasiens und Europas. Bei einigen wurden vielleicht noch Frauen und Kinder mitgeschleppt, wobei die Frauen ihren früheren Status als handelnde Subjekte verloren hatten, bei anderen geschah dies nicht. Nun erblickten die Männer die Fülle und den Reichtum dieser Städte und ihrer Umgebung, und das erschien ihnen wohl wie das „Gelobte Land", nach dem sie sich sehnten. Sollten sie nun zurückkehren in die Steppen und

Wüsten, ständig dem Hunger ausgeliefert, zumal es nirgends mehr „leeres", d. h. unbewohntes Land gab, das fruchtbar war? Oder sollten sie ihre Waffen statt gegen Tiere diesmal gegen Menschen richten, um in den Besitz dieser Reichtümer zu kommen, die ihnen das Überleben garantierten? Es ist klar, dass im Existenzkampf die zweite Wahl vorgezogen wurde und dass es aus Not zu einer gewissen Brutalisierung kam. Nun kam es zu der geschichtlichen Wende, dass Menschen fortgesetzt mit organisierten Überfällen, aus denen bald organisierter Krieg wurde, gegen andere Menschen um ihr Überleben kämpften.

Die friedlichen Stadtkulturen waren auf solche Überfälle nicht gefasst und fanden sich ihnen zuerst hilflos ausgeliefert. Sie wurden eine leichte Beute für die kriegerischen Horden, die sich ihrer neuen strategischen Technik immer gewisser wurden. Mit Sicherheit haben auch friedliche Ansiedlungen und Koexistenz mit den Ansässigen stattgefunden, doch deren Dauer war prekär. Denn Welle auf Welle von entwurzelten Völkergruppen kamen an und drängten sich ins fruchtbare Gebiet hinein, und unter solchen Bedingungen stieg der Druck, und die Chancen für friedlichen Lösung schmolzen dahin.

Als Folge von solchen Eroberungen und Überlagerungen entstand nun in den einzelnen eroberten Städten erstmals eine einfache Form von Stadt-Staat. Ich nenne ihn „Zweischichten-Staat", denn er besteht nur aus zwei Schichten, nämlich einer Oberschicht: einer kleinen Gruppe von bewaffneten Herrschern, die einem fremden Volk angehören, und einer Unterschicht: einer großen Gruppe von Unterworfenen, die das einheimische Volk sind. Nun würde das einheimische Volk, zahlenmäßig überlegen und untereinander durch Blutsbande versippt und verschwägert, eine solche Fremdherrschaft nicht lange geduldet haben, wenn die durch pure Waffengewalt herrschende Oberschicht der Kriegerkönige und ihres Gefolges nicht bald weitere Methoden von Herrschaftstechnologie entwickelt hätte. Dazu gehören klassisch patriarchale Prinzipien wie *divide et impera*, d. h. „teile und herrsche!" Inhaltlich besagt dies: Teile oder spalte das Volk, indem du durch Ungleichbehandlung Zwietracht säst, und herrsche dann als der überlegene Dritte über die untereinander zerstrittenen Parteien! Ferner gehört dazu die Vereinnahmung der gesamten Kultur der Unterworfenen, deren Erfindungen sich die Herrschenden nun selber zuschrieben und behaupteten, erst sie hätten das vor ihrer Ankunft kulturlose Volk aus seiner tierischen Dumpfheit befreit und zur Kultur geführt. Es wurde gängige Methode, dass sich die Herrschenden als die Bringer des Geistes hinstellten, womit sie nur in einer Hinsicht recht hatten: Neu war die Re-Interpretation und Verdrehung der alten, von ihnen nicht geschaffenen Kultur und damit die Entwicklung des patriarchalen Geistes!

Es ist klar, dass nur Kriegerkönige, die solche Herrschaftstechnologien entwickelten, sich mit einem System der Herrschaft der Wenigen über die Vielen halten konnten. Die anderen wurden vom rebellierenden Volk getötet oder vertrieben oder von der alten Kultur, die sie übernahmen, absorbiert. So fielen die frühen Systeme von Herrschaftstechnologie keineswegs vom Himmel, sondern wurden mühsam und unter zahllosen Fehlschlägen über längere Zeiträume hinweg erfunden. Ein zentrales Thema bei der Erfindung von Herrschaft war immer die Speerspitze gegen die Frau, denn sie war die Trägerin der matriarchalen Kultur gewesen. Die Frau wurde gesellschaftlich zunehmend unterjocht: Zuerst wurden ihre matriarchalen Clans zerschlagen, sie wurde vergewaltigt und in die patriarchalen Sippen gezerrt, lebte dort als Fremde und vom gesellschaftlichen Leben abgetrennt; später wurde sie ihrer erwachsenen Kinder beraubt, bis sie nur noch eingesperrtes „Gebärvieh“ für des Mannes Söhne und Erben war. Diese Domestikation der Frau war auch kein schneller Prozess, sondern einer, der allein in der europäischen Geschichte Jahrtausende gedauert hat. Denn über lange Zeiträume hinweg haben sich matriarchale Völker insgesamt und Frauen insbesondere gegen diesen Unterjochungsprozess gewehrt.

Grundsätzlich kann man sagen, dass diese indoeuropäischen Horden von Sekundärjägern, die ihre Kultur verloren hatten und aus Not zu Kriegern geworden waren, nicht schon als patriarchale Männer in diesen alten Kulturgebieten ankamen. Aber im Laufe der Jahrhunderte während dieser Umbruchzeit wurden sie zu ihrer eigenen Rettung zu solchen. Allmählich nämlich wandelte sich in diesem Prozess, der sie von de-kulturierten Gruppen zu patriarchalen Herren werden ließ, ihr Bewusstsein: Sie wurden stolz auf ihre neue Lebensart, die Herrschaft. Im Verlauf der Jahrtausende, in denen sich die Entwicklung der patriarchalen Gesellschaft bis heute vollzogen hat, wurde die Herrschaftstechnologie immer mehr verbessert, immer rigider und raffinierter zugleich, immer weiter in allen Kontinenten der Erde verbreitet. Denn wer einmal Herrschaft erworben und deren Vorteile schätzen gelernt hat, was hätte der für einen Grund, sie freiwillig wieder abzugeben?

### *Gründe für die Ausbreitung des Patriarchats*

Damit ist angedeutet, dass die weltweite Ausbreitung des Patriarchats in den letzten Jahrtausenden der menschlichen Geschichte nichts damit zu tun hat, dass diese Gesellschaftsform besonders hervorragend wäre. Was das soziale Zusammenleben betrifft, so hat sie fortwährend Chaos hervorgebracht wie Kriege, Eroberungen, Unterdrückung, Revolutionen und Bürgerkriege, die mühsam von den jeweils Herrschenden wieder niedergeschlagen wurden. Sie erwies sich in ihrer – relativ kurzen – geschichtlichen Phase als äußerst unruhig und instabil, was die rasch wechselnden „Weltreiche“ mit ihrem hohen Zoll an Menschenleben zeigen. In der Gegenwart hat die ihr von Anfang an innewohnende lebensverachtende, zerstörerische Tendenz mit atomarem „Overkill“, selbstverursachter Übervölkerung der Erde und fortschreitenden, menschengemachten Klimakatastrophen unterdessen gigantische Ausmaße angenommen.

Was sind die Gründe, dass eine derart unfriedliche und zerstörerische Gesellschaftsform sich weltweit durchsetzen konnte? Es ist sicher nicht ihr „höherer Geist“, wie die Herrschenden in ideologischer Verdrehung der Tatbestände behaupten. Vielmehr ist es die Tatsache, dass Völker, die nicht nach den Prinzipien von Herrschaft, sondern nach denen von Egalität und Konsens und der natürlichen Autorität von Frauen organisiert sind, keine Mittel haben, um sich gegen die Übermacht von Herrschaftstechnologie zu wehren (19). Nur am Anfang dieses unheilvollen Prozesses war es ja der ökologische Druck vonseiten einer sich verändernden Umwelt gewesen, der in einzelnen Weltgegenden zum Zusammenbruch dieser alten, natürlichen Gesellschaftsordnung geführt hatte. Das gilt lediglich für den Keim der patriarchalen Entwicklung, als die relative Dichte der menschlichen Besiedlung einen kritischen Grad erreicht hatte, als nicht überall mehr unbewohntes, „leeres" Land zur Besiedlung für auswandernde Völker zur Verfügung stand. So kam es an verschiedenen Orten zum *Erstauslöser* für patriarchale Eroberung, Überlagerung und frühe Herrschaftsformen. Hier war der Druck von der natürlichen Umwelt ausgegangen und konnte nicht mehr durch das Vorhandensein eines anderen natürlichen Lebensraums aufgefangen werden.

Danach waren es gesellschaftliche Gründe, welche die Ausbreitung des Patriarchats über Jahrtausende hinweg in der ganzen Welt vorwärts trieben. Denn nachdem sich patriarchale Herrschaftsstrukturen an wenigen Orten fest etabliert hatten, übten diese militärisch straff organisierten Völker Druck auf ihre matriarchalen Nachbarvölker aus, die eine solche Organisation nicht besaßen. Der anfängliche zufällige Druck vonseiten der natürlichen Umwelt wurde nun abgelöst durch einen ständigen Druck, der von der menschlichen Umwelt ausging. Die uns bekannte Geschichte zeigt es deutlich: Patriarchale Gesellschaften mit militärischer Organisation und strategischem Denken haben permanent ihre Nachbarvölker mit Eroberung bedroht, sie tatsächlich auch erobert und damit deren Gesellschaftsordnung zum Zusammenbruch gebracht. Denn nun wurden die Eroberten den neuen Herrschaftsstrukturen unterworfen, was ihre matriarchale Sozialordnung zerstörte. Andere Völker, die unter ähnlicher Bedrohung vonseiten patriarchaler Nachbarn standen, haben begonnen, sich dagegen zu wehren. Aber die Selbstverteidigung zwang sie, die militärischen Mittel und das strategische Denken ihrer patriarchalen Nachbarn zu übernehmen, sonst wären sie jenen im Widerstand nicht gewachsen gewesen. Solche Widerstandsstrukturen – die auch in Befreiungskriegen hervortreten – verändern jedoch die matriarchalen, herrschaftsfreien Gesellschaften von innen: Zuerst sinkt die Bedeutung der Frau, die in der Regel nicht zur Kriegerkaste gehört; sie wird nun zum schutzbedürftigen Objekt. Je größer der Druck auf eine solche Gesellschaft ist, desto wichtiger werden Häuptlinge und Krieger, die den Kampf um die Autonomie ausfechten müssen. Latent patriarchale Muster schleichen sich ein, was beispielsweise an der inneren Veränderung von matriarchalen indigenen Gesellschaften in Nordamerika, wie der Irokesen-Stämme während ihrer Verteidigungskämpfe gegen die patriarchale Übermacht der Europäer, beobachtet werden kann.

Zuletzt bleiben nur zwei Alternativen übrig, die beide zugunsten der neuen Herrschaftsstrukturen ausgehen: Entweder unterliegt das sich verteidigende Volk, dann wird es von den Siegern ohnehin patriarchalisiert und seine eigene Geschichte ideologisch ausgelöscht. Oder – was seltener im Verlauf der patriarchalen Geschichte vorgekommen ist – das um seine Autonomie kämpfende Volk ist erfolgreich, dann kann es diesen Sieg nur errungen haben, wenn es im Widerstandskampf eine ebenso straffe militärische Organisation mit charismatischen Führern aufgebaut hat wie der gefürchtete Gegner. Nach der Befreiung ist diese Organisation nun vorhanden, die Rolle der Männer ist großartig geworden, der charismatische Befreier ist berühmt, und er hat längst seinen schlagkräftigen Stab aus getreuen Kriegern um sich geschart. Nach seinem Erfolg wird er dies alles nicht wieder hergeben, sondern aus „Sicherheitsgründen" gegenüber der noch immer bestehenden Bedrohung durch das patriarchale Nachbarvolk behalten. Seine Stammesgenossen werden ihm aus Angst und Sicherheitsbedürfnis diese neue Macht und beginnende Herrschaftsstruktur zugestehen, denn der Druck vonseiten des patriarchalen Nachbarn bleibt tatsächlich bestehen. So kommt der mächtige Mann aus dem Befreiungskampf zu seinem legalen Erzwingungsstab, mit dem er nun sein eigenes Volk regieren, d. h. nach seinem Willen zwingen kann. Die alte Gesellschaftsordnung auf dem Boden der Gleichheitsprinzipien hat damit aufgehört zu existieren, und das beginnende Patriarchat wird sich langsam zum vollen Patriarchat weiterentwickeln. Der Verlauf vieler Befreiungskriege, Widerstandsbewegungen und Revolutionen in der Geschichte zeigt genau diese Veränderungen des anfangs egalitären Musters. Dabei ist jedoch festzuhalten, dass diese einschneidenden Veränderungen nicht aus dem Inneren einer gut funktionierenden matriarchalen Gesellschaft entstanden sind, sondern durch den äußeren Druck vonseiten der bereits patriarchalen Umgebung ausgelöst wurden.

Die patriarchalen Gesellschaften üben notorisch Druck auf ihre andersartige gesellschaftliche Umgebung aus, sie brauchen ihn sogar zu ihrem eigenen Überleben. Denn damit wird von den fortwährenden inneren Spannungen abgelenkt, die durch den Druck der Herrschenden von oben und den Gegendruck des Volks von unten entstehen. Dieser Druck wird abgelenkt durch die Erfindung eines „bösen" und „gefährlichen" Feindes draußen, gegen den nun die Aggressionen gerichtet werden. Das Volk wird um seiner eigenen Sicherheit willen eine Weile mit den Herrschenden gegen diesen erfundenen Feind kooperieren und ihn unter deren Führung auch angreifen – selbst wenn dieser nicht die geringste Angriffslust gezeigt hat. Schließlich wird die Stadt oder das Land dieses „Feindes" erobert und dem eigenen Herrschaftsbereich hinzugefügt. Doch damit kehrt keine Ruhe ein, denn nun lauern an den Grenzen des sich ausweitenden Herrschaftsbereichs neue „Feinde", das heißt, friedfertige matriarchale Völker, die sich zu Recht durch dessen Expansion bedroht fühlen. Sie beginnen sich zu verteidigen – oder tun es nicht –, doch auch letzteres nützt ihnen nichts, denn sie sind in jedem Fall „Feinde" und gemäß der neuen Sprachregelung „Barbaren". Das entstehende patriarchale Reich muss sich gemäß dieser Logik durch die angeblich ständige Bedrohung durch die angrenzenden „Barbaren" fortgesetzt vergrößern. Diese Dynamik nimmt fortlaufend zu, denn je umfangreicher das neue Reich wird, desto mehr steigen die Spannungen im Inneren und Äußeren an. Einmal in Gang gesetzt, hört eine solche pathologische Eigendynamik, die auf allen Seiten von Angst gespeist wird, nicht mehr auf. Sie kennt keinen Frieden und wünscht ihn auch nicht; sie spiegelt sich in dem patriarchalen Credo: „Angriff ist die beste Verteidigung."

Damit ist eine bündige Erklärung gegeben, warum sich patriarchale Herrschaftsstrukturen – haben sie sich erst in einer Region etabliert – wie im Schneeballsystem ausbreiteten und im Verlauf von ein paar Jahrtausenden die ganze Welt besetzt haben.

*Anmerkungen und Literaturhinweise*

1) Vgl. auch Heide Göttner-Abendroth: „Die drei Säulen patriarchaler Ideologie", Beitrag in diesem Buch.
2) Vgl. Christian Sigrist: *Regulierte Anarchie*, Frankfurt a. M. 1979.
3) Vgl. Heide Göttner-Abendroth: „Matriarchat – was ist das?", Beitrag in diesem Buch.
4) Vgl. dazu und für das Folgende Heide Göttner-Abendroth: *Das Matriarchat II,1. Stammesgesellschaften in Ostasien, Indonesien, Ozeanien*, Stuttgart 1991; dies.: *Das Matriarchat II,2. Stammesgesellschaften in Amerika, Indien, Afrika*, Stuttgart 2000.
5) Vgl. Heide Göttner-Abendroth: Matriarchat in Südchina. Eine Forschungsreise zu den Mosuo, Stuttgart 1998, Verlag Kohlhammer.
6) Vgl. Veronika Bennholdt-Thomsen: *Juchitàn Stadt der Frauen. Vom Leben im Matriarchat*, Reinbek bei Hamburg 1994; Heide Göttner-Abendroth: *Matriarchat in Südchina*, a. a. O.
7) Vgl. Robert von Ranke-Graves: *Griechische Mythologie. Quellen und Deutung*, Reinbek bei Hamburg 1984.
8) Vgl. Heide Göttner-Abendroth: „Matriarchale Altsteinzeit – patriarchale Jungsteinzeit? Kritische Bemerkungen zur neuesten Ideologie", Beitrag in diesem Buch; und Claudia von Werlhof: „Das Patriarchat als Negation des Matriarchats", in: H. Göttner-Abendroth (Hg.): *Gesellschaft in Balance*, Stuttgart 2006.
9) Siehe diese Thesen in Friedrich Engels: *Der Ursprung der Familie, des Privateigentums und des Staates*, zuerst erschienen Zürich 1884.
10) Siehe als Beispiel die nomadische Kultur der Tibeter im Hochland, die verbunden ist mit der Ackerbaukultur in den Tälern; vgl. Heide Göttner-Abendroth: *Das Matriarchat II,1. Stammesgesellschaften in Ostasien, Indonesien, Ozeanien*, a. a. O., Kap. 3.
11) Siehe als Beispiel die Tuareg in der Zentral-Sahara; vgl. Heide Göttner-Abendroth: *Das Matriarchat II,2. Stammesgesellschaften in Amerika, Indien, Afrika*, a. a. O., Kap. 8.
12) Vgl. hierzu Beispiele aus Afrika in Christian Sigrist, *Regulierte Anarchie*, a. a. O.; siehe außerdem meine Kritik an diesen marxistischen Thesen in Heide Göttner-Abendroth: *Das Matriarchat I. Geschichte seiner Erforschung*, Stuttgart 1989, Kapitel 4.
13) Friedrich Engels: *Der Ursprung der Familie, des Privateigentums und des Staates*, a. a. O.
14) Vgl. James Mellaart: *Chatal Hüyük. Stadt aus der Steinzeit*, Bergisch Gladbach 1967; Marija Gimbutas: *Die Zivilisation der Göttin*, Frankfurt a. M. 1996.
15) Vgl. diese These in Carola Meier-Seethaler: *Ursprünge und Befreiungen*, Zürich 1988.
16) Siehe dazu als Beispiele die matriarchalen Gesellschaften der Minangkabau (Sumatra) und der Irokesen (Nordamerika) in: Peggy Reeves Sanday: *Women at the Center. Life in a Modern Matriarchy*, Ithaca/London 2002; Barbara Alice Mann (indigene Forscherin

von den Seneca-Irokesen): *Iroquoian Women: The Gantowisas*, New York 2002, 2004; Heide Göttner-Abendroth: *Das Matriarchat II,1*, a. a. O., Kap. 7; dies.: *Das Matriarchat II,2*, a. a. O. Kap. 4.

17) Vgl. Beispiele dazu in Heide Göttner-Abendroth: *Fee Morgane. Der Heilige Gral*, Königstein 1995; dies.: *Frau Holle. Das Feenvolk der Dolomiten*, Königstein 1995.

18) Vgl. zur Klimaveränderung als Auslöser auch die Thesen von James DeMeo: *Saharasia*, Greensprings, Oregon 1998; vgl. zu den Tuareg: Heide Göttner-Abendroth: *Das Matriarchat II,2*, a. a. O. Kap. 4.

19) Vgl. zu Begriff und Funktion von „natürlicher Autorität" Heide Göttner-Abendroth: „Die Macht von Frauen", Beitrag in diesem Buch.

# II Weltbild, Magie und Erotik in matriarchalen Gesellschaften

## 7 Eine matriarchale Sicht auf die Göttin

### *Zum Begriff „Göttin“*

Ich beginne mir einer Reflexion auf den Begriff „Göttin“: Bekanntlich ist er ein späterer Begriff, dem Begriff „Gott“ nachgeformt und als die weibliche Form davon abgeleitet – wie es üblich ist in der patriarchalen Kultur. Dennoch wird er heute weithin von Frauen der westlichen Industriegesellschaften gebraucht.

Matriarchale Gesellschaften gebrauchen diesen Begriff nicht. Sie kennen ihn noch nicht einmal, und zwar weder in der langen matriarchalen Vergangenheit noch bei den noch existierenden matriarchalen Gesellschaften der Gegenwart. Darauf weisen solche Begriffe hin, die wir aus der matriarchalen Vergangenheit Europas gut kennen wie „Frau Holle“, „Frau Venus“, „Frau Welt“, „Fee Morgane“, die „Dame vom See“ und viele andere. Die Göttin wird als „Fee“, „Dame“ und sehr häufig als „Frau“ bezeichnet, wobei das letztere Wort nicht mit unserer heutigen, abgeschwächten Bedeutung von „Frau“ als Gegenstück zu „Mann“ übereinstimmt. Im Mittelhochdeutschen war die komplementäre Bezeichnung zu „Mann“ das Wort „Weib“ (mhd. wip), was nichts Abschätziges hatte, sondern ehrenvoll gemeint war. Die Entsprechung zu „Frau“ (mhd. frouwe) war hingegen „Herr“, denn die „Frau“ war stets eine hohe Frau, eine Herrin und Fürstin. Aus diesem Kontext stammt die Bezeichnung „Frau“ für die Göttin, denn sie war die höchste und allumfassende Frau.

Etwas davon spüren wir noch in dem schönen Begriff „Unsere liebe Frau“, der ursprünglich die matriarchale Göttin Mitteleuropas meinte. Im Zuge der Christianisierung wurde diese Bezeichnung auf die christliche Maria übertragen. Dasselbe gilt für die zahlreichen geografischen Bezeichnungen wie „Frauenberg“, „Frauenthal“, „Frauenau“, „Frauenholz“, „Fraueninsel“ usw., die allesamt nicht uns heutige Frauen meinen, sondern Wohnorte der einheimischen matriarchalen Göttin waren. Die Namen blieben bestehen, weil sie in der christlichen Umdeutung auf Maria übertragen wurden. Häufig wurden an diesen Plätzen Nonnenklöster gegründet, um die ursprüngliche „Frau“ zu überdecken. Auch der Münchner Dom trägt heute noch die Bezeichnung „Frauenkirche“ – womit wir an dieser Stelle einen ehemaligen Sitz der Göttin vermuten dürfen.

Die Beispiele aus der Gegenwart stammen nicht aus Europa, weil die matriarchale Gesellschaftsform in diesem Kontinent untergegangen ist. Ich nehme sie aus den heute noch lebenden Matriarchaten in der ganzen Welt. So sprechen die Hopi in Arizona (USA) in ihrer spirituellen Kultur von der „Spinnenfrau" (Spider Woman), „Türkisfrau" (Turquoise Woman), „Maismutter" (Corn Mother) usw. Die beiden ersten sind Schöpferinnen: Die Türkisfrau schuf die Welt mit ihren Ozeanen, die Spinnenfrau das Leben auf dem festen Land, insbesondere die Menschen, und die Maismutter gilt als die Allnährende. Die Irokesen-Stämme in Ohio (USA) verehrten in ihrer traditionellen Kultur Awenhai, die mit den Begriffen „Himmelsfrau" oder „Groß(e) Mutter Mond" umschrieben wird. Auch sie war die Schöpferin des Lebens auf der Erde.

In Alt-Tibet heißt die höchste, umfassendste Göttin Sa-trig er-sans, ein Begriff, der mit „Mutter des leeres Raums" übersetzt werden kann. Der leere Raum ist das, woraus alles hervorkam, er war sogar noch vor dem Universum existent, das aus ihm hervorging. Er bedeutet den schöpferischen Schoß als schützenden Hohlraum schlechthin, aus dem alles entsteht. Bei den Bantu in Zentralafrika heißt dieses älteste göttliche Wesen die „Welt-Alte" oder „Erd-Alte", sie ist die Urkraft in allem.

Noch häufiger als „Frau" ist der Begriff „Mutter" für die Göttin, wofür eben schon einige Beispiele genannt wurden. In allen Sprachen der Welt kommen die Silben „ma", „mu", „mo", „na" oder „ama", „ana", „nana", „dana" in verschiedenen Kombinationen vor, und sie bedeuten „Mutter", nicht selten in der Bedeutung von „Göttin". In Europa haben wir im Deutschen Mu-tter, in göttlicher Gestalt als „Mutter Erde"; im Englischen mo-ther mit den „Mother-nights", den geweihten Nächten der Muttergöttin; im Lateinischen ma-ter, die als „Alma mater" die Allnährende ist – um nur einige wenige zu nennen. Die ägyptische Mut ist eine alte Muttergöttin dieser Kultur. Die Göttinnen Anat (Alt-Palästina), Ana-hita (Alt-Persien), In-anna (Sumer), Dana und Dikty-anna (Alt-Kreta), Tana-it (Karthago) sind ebenfalls die Urmütter in ihren Kulturen.

Bis in das Christentum hinein hat sich Anna als Bezeichnung für die Große Mutter erhalten, was die zahlreichen Figuren der Heiligen Anna mit ihrer Tochter Maria und ihrem Enkelkind Jesus zeigen. Es ist auffallend, dass diese Figuren „Anna Selbdritt" heißen, was besagt, dass es Anna selbst ist, die hier dreifach vorkommt: als weise Alte, als junge Mutter und als Kind (der Jesusknabe stellt eine Vermännlichung des Mädchens dar). Sie ist also niemand anderes als die matriarchale dreifaltige Göttin im verchristlichten Gewand.

Auch die Gegenwart liefert viele Beispiele für die Universalität der Ursilben für „Mutter" als Namen der Göttin: Bei den matriarchalen Arawak in Südamerika heißt sie Ama-na, sie wird als „Mondmutter" und „Große Schlange" verehrt. Bei den matriarchalen Kuna (Panama) heißt sie Mu Olokukurtilisop, was „Mondmutter" und „Blaue Schmetterlings-Frau" bedeutet. In Alt-Tibet sind die Klu-mo die Urmütter in der Tiefe, die Krankheit und Heilung, Leben und Tod bringen können. In West-China heißt die Urgöttin Hsi Wang Mu, die „Mutter auf dem Weltberg", eben die Schöpferin. In Japan ist es Ama-terasu, die „Mutter Sonne", ohne die es kein Licht und kein Leben gibt. In Südindien werden noch heute an vielen Orten in Steinen und Tempelschreinen die Ammas, die göttlichen Mütter, verehrt (1).

Dies zeigt, dass die Göttin im Matriarchat allumfassend verstanden wurde. Sie wohnt als die dreifaltige Große Göttin im Himmel, auf der Erde und in der Unterwelt. Auch Mond- und Sonnengöttinnen sind sehr alt und bezeichnen stets die Region, in der sie wohnen, den Himmel; sie stehen symbolisch für die Göttin als Universum. Insbesondere die Mondgöttin, die sehr häufig auftritt und weltweit bezeugt ist – wie unsere Beispiele zeigen –, ist gleichzeitig die Göttin der Sterne und des Weltalls. Auch in Mitteleuropa waren sowohl Sonne und Mond Göttinnen, was die althochdeutschen weiblichen Wörter sunna/sunne (Sonne) und mano/mona/mane (Mond) zeigen. In mano/mane steckt wieder die Ursilbe „ma", und von mona wurde das Wort „Monat" abgeleitet, was die Mondgöttin auch hier als die Stifterin der Zeit bezeugt (2).

Diese reichen Beispiele aus matriarchalen Kulturen der Vergangenheit und Gegenwart zeigen, dass sie ohne den Begriff „Göttin" ausgekommen sind. Er war ihnen unbekannt; Ableitungen weiblicher Begriffe von männlichen sind kein matriarchaler Sprachgebrauch. Das Wort tauchte zuerst in der Phase der Vielgötterei in den frühen patriarchalen Kulturen auf, als die matriarchalen Kulturen und Kulte erobert und vereinnahmt wurden. Nun stellte man den göttlichen „Müttern" und „Frauen" dominante männliche Götter voran, die neuen „Väter" und „Herren". In Indien hießen sie Dyaus pitar, in Griechenland Zeus pater, in Rom Ju-piter, was mit „Gott Vater" zu übersetzen ist. Das Wort „Vater" reichte für diesen göttlichen Anspruch offenbar nicht aus – wie das schlichte Wort „Mutter" – , denn Vatersein war jung und trug nicht die Kraft des Ursprungs durch das Schenken von Geburt in sich. Darum musste das Wort „Gott" erfunden werden, das nun die schöpferische Urzeugung und Vaterschaft über alles andere meinte und auf diese Weise den Anfang der göttlichen und weltlichen Hierarchie setzte. Je höher dieser Gott aufstieg, desto ferner rückte er, bis er als abstrakt-transzendentes Wesen, wie z. B. der „Gott Vater" im Christentum, nichts mehr mit der weiblichen „Frau Welt" zu tun hatte. Denn die Welt war die Ma-terie, die „Urmutter", der nun jede Bedeutung abgesprochen wurde.

Im frühen Patriarchat war die matriarchale Göttin noch vorhanden, wenn auch ihrer Allumfassendheit beraubt und in einzelne Funktionen gespalten. Sie wurde jetzt beispielsweise als Göttin der Liebe, Göttin der Künste, Göttin des Todes auf bestimmte Bereiche eingeschränkt. Der Vater war nun der „Gott" schlechthin, der allmächtige „Zeus", denn das griechische Wort theós und das lateinische Wort deus bedeuten „Gott". Deshalb durften die noch geduldeten Göttinnen nur eine Ableitung von ihm sein, dem neuen Gott als Gemahlin oder Tochter unterstellt, ein weibliches Anhängsel ohne eigene Souveränität. In der Sprache wurde dieser abhängige Zustand nachgebildet, indem der Begriff „Göttin" nun von „Gott" abgeleitet wurde: im Griechischen theia und im Lateinischen dea, die schwache weibliche Variante vom großen Gott. So wurde es in der Sprache ständig fortgesetzt: Zum „König" fügt sich die „König-in" – sie ist nicht mehr die unabhängige queen oder quiti (altdeutsch für „Vulva"). Vom „Priester" wird die „Priester-in" abgeleitet, obwohl die priesterliche Frau als wala oder völva viel früher war als er. Es kommt sogar so weit, dass Gott, nachdem er die Frau angeblich aus des Mannes Rippe geschaffen hat, sie dem „Mann" als „Männ-in" zu seinen Diensten beigesellt, so als hätte es das ehrenvolle Wort „Weib" nicht gegeben (3).

Hier taucht nun die Frage auf, ob wir Europäerinnen die Begriffe „Göttin" oder goddess (engl.) oder déesse (frz.), die sämtlich schwache Ableitungen von „Gott" sind, überhaupt noch gebrauchen können?

Wenn wir mit indigenen Frauen und Männern aus heute noch lebenden matriarchalen Kulturen über das Thema Göttin ins Gespräch kommen, so können wir öfters erfahren, dass sie die Begriffe „Göttin" oder goddess oder déesse ablehnen. Das ist nach dem oben Gesagten nicht erstaunlich, denn sie gebrauchen sie nicht. Sie empfinden es manchmal sogar als „kolonialistisch", wenn wir ihre göttlichen Urmütter oder Himmelsfrauen als „Göttinnen", das heißt, mit einem vom Männlichen abgeleiteten Begriff bezeichnen. Denn das ist ein Sprachgebrauch aus der westlichen, patriarchal geprägten, euro-amerikanischen Zivilisation, aus der sie ohnehin viel Überlagerung, Verzerrung und Zerstörung ihrer eigenen Kultur, Sprache und Begrifflichkeit erfahren haben. Ihrer Ablehnung begegne ich deshalb mit großem Verständnis und Respekt.

Sollen wir Europäerinnen den Begriff „Göttin" deshalb fallen lassen? Ich denke: nein! Die Gründe dafür liegen in unserer eigenen Kulturgeschichte, die wir in Betracht ziehen müssen, ohne unsere Einsichten und Begriffe anderen Völkern, die eine andere Geschichte haben, aufzudrängen.

Von der Zeit der frühen Christianisierung Europas an (8.–9. Jh.) bis zu den Jahrhunderten der sogenannten „Hexen"-Verfolgungen, die nicht nur einer „Randgruppe" galten, sondern allgemeine Frauen-Pogrome waren (14.–18. Jh.) und insbesondere in Mitteleuropa wüteten, wurde es zunehmend gefährlich, die Namen der althergebrachten Göttinnen zu gebrauchen, etwas über ihre Riten zu wissen oder gar ihren Kult zu feiern. Von den Missionaren wurden die Göttinnen als gefährliche, böse Wesen denunziert, die nichts Göttliches an sich haben, um auf diese Weise dem christlichen Gott die Alleinherrschaft zu sichern. Die weithin verbreitete Frau Holda wurde zur „Unholdin" gemacht, die Frau Venus zur „Teufelin" erklärt (4), die bayerische Percht und die heimische Lucia als kinderfressende Ungeheuer dargestellt (5), die ebenso verbreitete Ursel/Urschel, die Große Bärin, zum wilden, nachtfahrenden Gespenst herabgewürdigt (6). Die allgemein verehrte Frau Holle wurde zur boshaften Spinnstuben-Hexe und zur Vegetations-Dämonin erniedrigt (7), bis sie ihre romantische Verniedlichung als gütige Fee erfuhr, die angeblich die Mädchen zu fleißigen Hausfrauen erzieht (8). Das reichte bis zu dem späten, kuriosen Missverständnis, dass sie sogar als Gemahlin des „Herrn Holle" beschrieben wurde, weshalb sie nun „Frau Holle" heißen würde. Und wie es sich gehört, besorgte sie für ihren Ehemann die Hauswirtschaft, bis er Geld und Gut versoffen hatte und seine Gattin weinend in die Einsamkeit auf dem Hohen Meißner floh (9). Hier ist jede schwache Ahnung, was der hohe Titel „Frau“ einst bedeutet hat, verloren gegangen.

Solche dämonischen Wesen beim Namen zu nennen oder sie gar zu verehren, wurde während der Zeit der sogenannten „Hexen“-Verfolgungen als „Teufelsbuhlschaft“ gebrandmarkt. Tausende von Frauen wurden gefoltert und ließen ihr Leben während der „Hexen“-Prozesse, weil sie den Namen und den Kult der alten Göttinnen beibehielten und die damit verbundenen Wissensschätze und Weisheiten pflegten. Allein die Annahme, dass es überhaupt das Göttliche in weiblicher Gestalt geben könnte, eben die Göttin, und nicht nur den einzigen, männlichen Gott, stellte noch in den Jahrhunderten nach diesen Verfolgungen für Frauen eine riskante Bedrohung dar.

Die kulturellen Wunden, die damit aufgerissen wurden, sind in Europa bis heute nicht verheilt, denn nichts wurde bisher von staatlichen und kirchlichen Institutionen zur Aufklärung dieser Pogrome und zur Wiedergutmachung getan. Noch immer ist der Begriff „Göttin“ derart tabuisiert, dass er auch in der gegenwärtigen patriarchalen Gesellschaft totgeschwiegen wird, selbst wenn das zu offener Absurdität führt. Um ein Beispiel zu geben: Vor Jahren sah ich im Hamburger Völkerkunde-Museum eine Ausstellung zur altmexikanischen Götterwelt, bei der alle göttlichen Wesen im altmexikanischen Stil abgebildet und mit Unterschriften versehen waren. Ich las vom „Gott des Feuers“, vom „Gott des Regens“, vom „Sonnengott“, vom „Mondgott“ usw. und wurde allmählich stutzig wegen der durchgehenden Vermännlichung. Denn es tauchte keine einzige „Göttin“ in diesen Unterschriften auf, obwohl die altmexikanische Götterwelt doch viele Göttinnen gekannt hat. Schließlich kam ich zu einer gebärenden Gestalt und war gespannt, ob wenigstens diese wegen ihrer eindeutig weiblichen Funktion als „Göttin“ bezeichnet wurde. Zu meinem Erstaunen las ich die Unterschrift: „Gottheit der Geburt“.

Ein anderes Beispiel sind die neuen Interpretationen der mächtigen weiblichen Figuren von Chatal Hüyük, die übergroß mit erhobenen Armen und Beinen die Kulträume dieser jungsteinzeitlichen Stadt schmückten. Ihr Ausgräber James Mellaart und nachfolgende Archäologen hatten sie als „gebärende Göttinnen“ bezeichnet, deren überwältigende Präsenz ihnen den hohen Rang von Schöpferinnen gab. Heute wird das bestritten, und die Argumentation ist grotesk: Man fand eine winzige Bärenfigur, die auf gleiche Art ihre Arme und Beine erhebt. Von diesem einen Fundstück ausgehend werden die großen Göttinnen von Chatal Hüyük nun als „Bärenfiguren“ bezeichnet, und in Nachbildungen in Ausstellungen werden ihnen Bärenöhrchen aufgesetzt, um keinen Zweifel aufkommen zu lassen (10). So wird uns noch im 21. Jh. überdeutlich vor Augen geführt: Die „Göttin“ gibt es nicht, weil es sie im Patriarchat nicht geben darf!

Wenn Frauen heute, die es aus ihrer Forschungsarbeit besser wissen, ihre Erkenntnisse publizieren und den Begriff „Göttin“ öffentlich gebrauchen, dann beschwören sie heftige Aggressionen gegen sich herauf, sowohl von kirchlicher als auch von wissenschaftlicher Seite. So wurde beispielweise ich selbst wegen meiner Buchtitel *Die Göttin und ihr Heros* und *Die tanzende Göttin* sowie wegen der spirituellen Feiern in der von mir gegründeten „Internationalen Akademie HAGIA“, die der Göttin gewidmet sind, vom Sektenbeauftragten der Diözese Passau heftig angegriffen. Er arbeitete mit der lokalen Presse zusammen, und dort prangte dann in großen Lettern im Stil der BILD-Zeitung die Hauptüberschrift: „Die weißen Hexen von Weghof“, womit ich selbst sowie meine Mitarbeiterinnen gemeint waren. Dies trug mir das Misstrauen und die Abwehr der lokalen Bevölkerung ein, was genau die einschüchternde Absicht war (11).

Nun könnte man meinen, dass solche Reaktionen an der Region Ostbayern und an der dortigen provinziellen Kirche liegen und auf internationaler Ebene, insbesondere in der aufgeklärten Wissenschaft, nicht vorkommen. Doch die international renommierte, litauisch-amerikanische Archäologin Marija Gimbutas wurde heftig befehdet, als sie ihre reichen Forschungsergebnisse in zwei Büchern mit den Titeln *Die Sprache der Göttin* und *Die Zivilisation der Göttin* zusammenfassend veröffentlichte (12). Die Folge dieses Tabubruchs war, dass ihr Lebenswerk als „esoterisch“ diskriminiert und ihr die Wissenschaftlichkeit abgesprochen wurde. Ihre Kollegen und Kolleginnen aus der Archäologie betrieben einen gehässigen Feldzug gegen sie, indem sie abstruse Theorien aufstellten, die Gimbutas’ Erkenntnisse ins Gegenteil verkehren sollten (13).

Deshalb ist es für uns Frauen in der westlich-patriarchalen Zivilisation wichtig und von großer Bedeutung, dass wir den Begriff „Göttin“ in den verschiedenen europäischen Sprachen offen gebrauchen. Für diesen Sprachgebrauch gibt es mehrere Gründe:

- Erstens ist er wichtig für unsere Bewusstseinsstärkung, indem wir uns mit dem weiblich Göttlichen und seiner Macht identifizieren – was ja mit einem männlichen, abstrakten Gott für uns nicht möglich ist.
- Zweitens stärkt er das Wiederaufleben einer Frauenkultur oder besser: matriarchal geprägten Kultur auch bei uns.
- Drittens ist er ein Teil des politischen Widerspruchs und Widerstands gegen das herrschende monotheistische, monokausale, monokulturelle und monomanische System, in dem wir zwangsweise leben müssen.

In diesem Sinne hat es für uns einen politischen Gehalt, von der „Göttin“ zu sprechen. Wir brauchen diesen Begriff unbedingt, weil wir im patriarchal geprägten Europa diese besondere Geschichte damit haben. Doch nur für uns ist es so, und diese Relativierung auf unseren eigenen Kulturraum wird den indigenen matriarchalen Menschen gerecht. Gleichzeitig schwächt diese Einschränkung uns nicht, im Gegenteil: Sie gibt uns im Rahmen unserer eigenen Zivilisation die Kraft, das wieder umzukehren, was auf brutale Weise unterdrückt wurde und worunter im Verlauf der christlichen Missionierung viele andere Kulturen weltweit ebenfalls gelitten haben.

### *Die matriarchale Auffassung von der Göttin*

Nun wende ich mich der Frage zu, weshalb die matriarchale Göttin trotz der Analogie dieses Worts zu „Gott“ in keiner Hinsicht eine Parallele darstellt und weder seine weibliche noch seine mütterliche Ergänzung ist. Darum geht es nicht an, zu „Vater und Mutter im Himmel“ zu beten, als wären sie ein Ehepaar! Zwar wähnen sich manche feministischen Theologinnen bei dieser Formel fortschrittlich, doch sie verharren mit einer solchen Idee im patriarchalen Denken. Das lässt sich kulturgeschichtlich leicht zeigen: Die unabhängige Große Göttin des Matriarchats wurde in den frühpatriarchalen Gesellschaften zur Ehefrau des mächtigen Vatergottes herabgewürdigt und durfte an seiner Seite in untergeordneter Rolle noch Muttergöttin sein, wie es beispielsweise der vor-griechischen Göttin Hera an der Seite des Zeus (Griechenland) oder der vor-germanischen Frigga an der Seite des Odin (Germanien) oder der vor-indoeuropäischen Göttin Lakshmi an der Seite des Vishnu (Indien) erging. Dieses Bild von dem Vatergott mit der Muttergöttin an seiner Seite im Himmel oder auch auf Erden trügt also. Es beinhaltet keineswegs eine Gleichwertigkeit beider Gottheiten, denn es ist eine Frucht der frühpatriarchalen Unterwerfung und Zwangsverheiratung der Göttin, die als göttliche Ehefrau jegliche Entscheidungsfreiheit verloren hat – worin sich die sozialen Verhältnisse dieser Epoche spiegeln.

Im klassischen Patriarchat mit seinen monotheistischen Religionen verschwindet die Göttin schließlich völlig. Es gibt nur noch den Einen Gott im Himmel, mit dem Einen Sohn, dem der Eine Kaiser und der Eine Papst auf Erden entsprechen, ebenso das Eine Gesetz des Herrschers und die Eine Staatsreligion, alles geordnet nach strenger Hierarchie – wie beispielweise im verchristlichten, spätrömischen Reich. Im Verlauf der Entwicklung der christlichen Staatsreligion wurde dieser Eine Gott immer unsichtbarer und abstrakter, war aber zugleich der omnipotente Macher im Hintergrund – wie die heutigen omnipotenten Macher in der westlichen Zivilisation, die nun an seine Stelle getreten sind. Wie er sind sie unsichtbar, aber sie haben durch die kapitalistisch-patriarchale Globalisierung alles für sich zusammengerafft und halten es – auch die potentielle militärische Zerstörung der Menschheit – in den Händen.

Wie sich in der patriarchalen Gottesvorstellung die patriarchale Gesellschaftsordnung in ihren verschiedenen zeitlichen Stadien spiegelt, so bildet die matriarchale Auffassung von der Göttin auch die matriarchale Gesellschaftsordnung ab. Da diese völlig anderen Spielregeln folgt als die patriarchale, ist auch die matriarchale Göttinvorstellung vollständig anders. Die matriarchale Göttin ist allumfassend und allschöpferisch, aber nicht durch das Machen, sondern durch das Gebären. Im Gegensatz zum unsichtbaren Gott, der sich als „reiner Geist“ von der Welt als „bloßer Materie“ absetzt, ist die Göttin sichtbar. Denn sie ist das leuchtende Universum über unseren Köpfen, das sich fortwährend selbst erneuert, und sie ist die mütterliche Erde, die fortwährend das Leben hervorbringt und nährt. Sie ist die

Göttin zum Anschauen und Anfassen, und aus diesem einfachen Grund braucht es keine Theologie, um sie zu erkennen. Denn jede Frau und jeder Mann kann sie sehen und buchstäblich be-greifen. Die Welt mit allem, was darauf und darin ist, ist die Göttin: „Frau Welt“. Deshalb ist sie niemals fern, sondern immer da. Sie ist Materie und Geist zugleich. Sie ist die Einheit und die Vielfalt zugleich. Alles, was sie enthält: jede Naturerscheinung und jedes Lebewesen, ist ein Ausdruck von ihr, eine ihrer Myriaden von Erscheinungen, und daher selber göttlich.

Diese Auffassung von der Göttin hat für die Sozialordnung matriarchaler Gesellschaften eine Reihe von Konsequenzen: Die Göttin als Erdmutter oder kosmische Mutter kehrt im Bild der menschlichen Mutter wieder. Wie die Göttin der Ursprung von allem ist, so ist die Mutter der Ursprung und Anfang für alle Menschen. Denn jedes menschliche Wesen hat eine Mutter, die ihm durch Geburt das Dasein geschenkt hat. Daher gilt die Mutterlinie kraft der Geburt. Die Mutter bildet mit ihren Töchtern und Söhnen den matrilinearen Clan, die Grundeinheit der matriarchalen Gesellschaft, und sie wohnen zusammen im Mutterhaus. Die Mutterlinie oder Matrilinearität ist aber weit mehr als nur eine Verwandtschaftsregel – wie es oft von Ethnologen verkleinernd dargestellt wird –, sie ist das strukturgebende Prinzip für die ganze Gesellschaft. Denn diese ist als matrilineare Verwandtschaftsgesellschaft auf den verschiedenen Mutterlinien aufgebaut, es gibt niemand außerhalb der miteinander verwandten Clans. Deshalb gibt es innerhalb einer matriarchalen Gesellschaft auch keine „Fremden“.

Die matriarchale Göttinvorstellung führt aber noch weiter: Wenn die Erde oder die Himmelsfrau die Mutter aller Menschen ist, dann sind buchstäblich die Menschen ausnahmslos ihre Töchter und Söhne und untereinander Geschwister, auch wenn sie von ihrer Herkunft und ihrem Äußeren sehr verschieden aussehen. Deshalb gibt es in matriarchalen Gesellschaften keine Vorurteile gegen andere Völker oder andere Menschentypen; Ressentiments und Rassismus sind bei ihnen unbekannt. Das befähigt eine matriarchale Gesellschaft, über sich selbst hinauszuwachsen, indem sie sich mit anderen Stämmen, Völkern und Rassen verbindet. So praktizierte beispielsweise die nordamerikanische Irokesen-Gesellschaft die Adoption ganzer Stämme ins eigene Verwandtschaftssystem hinein, wobei die Neuen als völlig gleichwertige Mitglieder galten. Und es gibt die typisch matriarchale Heiratspolitik, wie sie von westafrikanischen Völkern überliefert ist, bei der zwei oder mehrere Völker ganz verschiedener Rassen durch Liebe miteinander verschmolzen wurden. Auf diese Weise wurden größere matriarchale Gesellschaften gebildet, die recht umfangreich werden konnten (14). Wenn irgendwo das Prinzip der „Geschwisterlichkeit aller Menschen“ – nicht nur der „Brüderlichkeit“ – verwirklicht ist, dann hier auf dem Boden der matriarchalen Göttinvorstellung. Es ist bekannt, dass sogar die ersten weißen Eroberer auf dem amerikanischen Kontinent geschwisterlich begrüßt und empfangen wurden, wie zum Beispiel Christoph Columbus auf den Antillen, auf denen im 16. Jh. das Volk der matriarchal organisierten Arawak lebte. Diese Herren sahen gewiss nicht aus wie die einheimische Bevölkerung und benahmen sich auch nicht wie diese!

Die Umfassendheit der Göttin erstreckt sich aber nicht nur auf die Menschen, sondern auf alle Lebewesen. Für matriarchale Menschen gelten in der gesamten Lebenswelt die Prinzipien von Geburt und Verwandtschaft, alle Lebewesen sind in den Kreis der Geschwister eingeschlossen. Das drückt sich in solchen ernstgemeinten Bezeichnungen aus wie „Schwester Pflanze" und „Bruder Tier". Die Irokesen-Bäuerinnen nannten in ihrer traditionellen Kultur ihre wichtigsten Kulturpflanzen Mais, Bohne und Kürbis „die drei Schwestern", die sie achtungsvoll um Erlaubnis baten, sie ernten zu dürfen. Manchmal wurden Pflanzen und Tiere auch als „Mütter" verehrt, weil sie die Menschen ernähren, wie zum Beispiel die „Mais-Mutter" bei den Hopi oder die heilige Kuh als „Kuh-Mutter" im traditionellen Indien. Tiere und Pflanzen konnten sogar als Clanmütter gelten, nach denen ganze Sippen hießen, wie solche Clannamen wie „Tigermutter", „Schlangenmutter" usw. bei den Mosuo (Südwestchina) und anderen matriarchalen Völkern belegen.

Auch in den ökonomischen Mustern matriarchaler Gesellschaften wirkt sich ihre Auffassung von der Göttin aus: Die mütterliche Erde trägt und ernährt alle Menschen auf dieselbe Weise, indem sie ihnen alles schenkt, was sie brauchen. In der matriarchalen Ökonomie wurde dieses Prinzip verinnerlicht, denn sie folgt den Regeln einer Ausgleichs-Ökonomie auf der Grundlage einer „Ökonomie des Schenkens" (Gift Economy) (15). Es wird Subsistenzwirtschaft mit lokaler und regionaler Unabhängigkeit betrieben. Dabei gibt es für die Felder und Häuser nur Nutzungsrecht, denn Privatbesitz und territoriale Ansprüche sind unbekannt – wie könnte jemand auch die Mutter Erde, eine Göttin, besitzen! Die Güter sind in lebhaftem Austausch, der den Verwandtschaftslinien und Heiratsregeln folgt, insbesondere aber werden sie bei den großen, gemeinsamen Festen des Dorfs oder der Stadt verschenkt. In einer geschlossenen Gesellschaft läuft dies auf perfekte Gegenseitigkeit hinaus und faktisch auf eine Ökonomie des Schenkens, in der alle Unebenheiten bei den Ernten oder dem Erwerb von Gütern fortwährend ausgeglichen werden (16). Auf diese Weise haben alle immer, was sie brauchen – genauso wie Mutter Erde für ihre Lebewesen sorgt.

In den politischen Mustern matriarchaler Gesellschaften findet sich ebenso ihre Auffassung von der Göttin wieder. Denn sie folgen für die Entscheidungsfindung dem Konsens-Prinzip, das keine uniforme, erzwungene Meinung ist, sondern ein Gewebe aus vielen Stimmen. Gemäss ihrem von der matriarchalen Göttin abgeleiteten Prinzip, dass „Vielfalt der Reichtum in allem" ist, werden alle Stimmen integriert. Es ist wie bei einem Vogelkonzert am Morgen in einem Wald: So viele Vogelstimmen singen, und jede hat einen anderen Ruf, eine andere Melodie. Doch das ergibt kein chaotisches Gewirr, sondern ein vielstimmiges, polyphones Konzert, ein wohltönendes Gewebe aus Klängen. So werden bei der Konsensbildung alle Stimmen und verschiedenen Auffassungen angehört, aus denen in verschiedenen Schritten – die klaren Regeln folgen – ein kreativer Konsens gewoben wird. Der Konsens ist ein Entschluss zum gemeinsamen Handeln, das jedoch von verschiedenen Perspektiven getragen wird. Matriarchale Menschen sind Meister in dieser komplexen Art der Kommunikation, die sie von frühester Jugend an lernen und üben.

So fließt ihr gesamtes gesellschaftliches Leben aus ihrer Auffassung von der Göttin und ebenso ihre spirituellen Prinzipien, die das gesellschaftliche Leben tragen. Die wichtigsten von ihnen will ich hier ausdrücklich benennen:

- Das oberste Prinzip ist, dass es keine Trennung vom Göttlichen und der Welt gibt, wie es in allen patriarchalen Religionen üblich ist. Wenn alles göttlich ist, nämlich als Erscheinung und Ausdruck der Mutter Natur oder „Frau Welt", dann ist auch alles mit allem verbunden.
- Daraus folgt, dass das Kleine sich im Großen spiegelt und das Große im Kleinen. Das besagt das matriarchale Makrokosmos-Mikrokosmos-Prinzip, nach welchem sich der Kosmos auf der Erde und in der menschlichen Gesellschaft spiegelt, und umgekehrt.
- Nach diesem Prinzip sind auch das Innere und das Äußere miteinander verbunden, es gibt keine Trennung von innerer und äußerer Natur. Was die Natur fühlt, empfindet auch die menschliche Seele, und umgekehrt.
- Da alles wechselseitig aufeinander einwirkt, ist große Achtsamkeit nötig. Deshalb gibt es in matriarchalen Kulturen keine Trennung von Sakralem und Profanem, weil alles heilig ist und verehrt und gefeiert werden kann.
- Matriarchale Rituale sind deshalb Magie in der Bedeutung eines „Dialogs mit der Göttin". Gebete, Lieder und Tänze sind eine hingebungsvolle Kommunikation mit ihr, ein empathisches Sich-in-Übereinstimmung-Bringen mit der Allgegenwärtigkeit der Göttin oder dem Gefüge des gesamten Lebens in der Welt, von dem die Menschen ein Teil sind (17).

Dies alles macht die Auffassung matriarchaler Menschen von der Göttin aus, und wir können daran erkennen, wie verschieden diese vom patriarchal-dualistischen Denken ist, in dem Gott/Geist gegen Welt/Materie als Gegensätze benannt und künstlich auseinander gerissen werden. Das hat dazu geführt, dass die westliche Zivilisation – die sich heute überall auf der Erde ausbreitet – sich nicht mehr in Übereinstimmung mit der Natur befindet und diese fortgesetzt zerstört. Deshalb halte ich die Wiederkehr der matriarchalen Vorstellung von der Göttin für dringend notwendig, nämlich als das Bemühen, die Balance zwischen unseren Gesellschaften und der Erde, die unsere Welt ist, wieder herzustellen.

*Anmerkungen und Literaturhinweise*

1) Vgl. Heide Göttner-Abendroth: *Das Matriarchat II,1. Stammesgesellschaften in Ostasien, Indonesien, Ozeanien*, Stuttgart 1991/1999; dies.: *Das Matriarchat II,2. Stammesgesellschaften in Amerika, Indien Afrika*, Stuttgart 2000.
2) Vgl. Heide Göttner-Abendroth: *Die Göttin und ihr Heros*, Stuttgart 2011 (zuerst München 1980).
3) Altes Testament, Luther-Bibel
4) Vgl. das alte Tannhäuser-Lied, 13. Jh., Stuttgart, in: Reclams Universalbibliothek Nr. 5636, S. 61–64.
5) Vgl. A. Schweiggert: *Winter- und Weihnachtsgeister in Bayern*, S. 33, 36 ff, 58 ff, Dachau 1996.
6) Vgl. Handwörterbuch des dt. Aberglaubens, Bd. V, S.1803, 1843, Berlin–New York 1987.
7) Vgl. V. Waschnitius: *Perht, Holda und verwandte Gestalten*, Wien 1914.
8) Vgl. Grimms Märchen von der „Goldmarie und Pechmarie" (KHM Nr. 24).
9) Vgl. Ch. Schmieder, in: K. Paetow: *Frau Holles Weg*, Eschwege 1956, S. 119–125. Im Gegensatz dazu wird die umfassende Bedeutung der Frau Holle-Gestalt deutlich in der Mythensammlung von Karl Paetow: *Frau Holle. Volksmärchen und Sagen*, Husum 1986; siehe auch die Nacherzählung der gesamten Holle-Mythologie, versehen mit kulturhistorischem Kommentar, in: Heide Göttner-Abendroth: *Frau Holle. Das Feenvolk der Dolomiten – Die großen Göttinnenmythen Mitteleuropas und der Alpen*, Königstein 2005; und dies.: „Tochter der Göttin, Schwester des Mannes. Matriarchale Muster in den Zaubermärchen", Beitrag in diesem Buch.
10) Vgl. James Mellaart: *Chatal Hüyük, Stadt aus der Steinzeit*, Bergisch Gladbach 1967; zur neuen Fehlinterpretation: Eigenbeobachtung in einer Ausstellung der Räume und Funde von Chatal Hüyük in Istanbul, Sommer 2006.
11) Kampagne gegen mich in der „Passauer Neuen Presse" im Sommer 1990; siehe auch: Heide Göttner-Abendroth: „‚Verhindert sie mit allen Mitteln!' Die Diskriminierung der modernen Matriarchatsforschung und die praktischen Folgen", in: *Die Diskriminierung der Matriarchatsforschung. Eine moderne Hexenjagd*, AutorInnenkollektiv (Hg.), Bern 2003.
12) Marija Gimbutas: *Die Sprache der Göttin*, Frankfurt a.M. 1995; dies.: *Die Zivilisation der Göttin*, Frankfurt a. M. 1996.
13) Vgl. dazu die Beiträge von Joan Marler und Charlene Spretnak in: *Die Diskriminierung der Matriarchatsforschung*, a. a. O.
14) Vgl. Heide Göttner-Abendroth: *Das Matriarchat II,1 und Das Matriarchat II,2*, a. a. O.
15) Dieser Begriff stammt von Genevieve Vaughan: *For-Giving. Schenken und Vergeben*, Königstein/Taunus 2008 (zuerst Austin 1997).
16) Vgl. dazu Veronika Bennholdt-Thomsen (Hg.): *Juchitán Stadt der Frauen. Vom Leben im Matriarchat*, Reinbek 1994/1997; und Genevieve Vaughan, 2006: Homo Donans, siehe: www.gift-economy.com
17) Vgl. zum Magie-Begriff Heide Göttner-Abendroth: *Die tanzende Göttin*, 2. Teil, München 1982–2001; dies.: „Magie in matriarchalen Kulturen", Beitrag in diesem Buch.

# 8 URANIA – Zeit und Raum der Sterne
Zum Zeitbegriff matriarchaler Kulturen im Spiegel der modernen Physik

*Zur matriarchalen Auffassung von Zeit*

Urania ist die Muse der Astronomie, der Zeitmessung und darüber hinaus eine Frau, eine Göttin. Aus welchem Grund wurde die Zeit in matriarchalen Kulturen als weiblich aufgefasst?

Zeit hat sehr viel mit den Frauen zu tun, die in Matriarchaten als Schenkerinnen des Lebens, insbesondere als Wiedergebärerinnen der Ahnen, hoch verehrt wurden. Denn die leibseelischen Prozesse im Körper der Frau, die ihre Gebärfähigkeit betreffen, laufen gleichsinnig mit den Uhren der Himmelskörper. Der Menstruationszyklus verläuft synchron mit den Phasen des Monds, die dreizehnmal im Jahr den Zyklus von Vollmond zu Vollmond zeigen. Bereits in der Altsteinzeit war dies bekannt und wurde sinnfällig in dem steinernen Relief der sogenannten „Venus von Laussel" ausgedrückt, die mit einer Hand auf ihre Gebärmutter weist und in der anderen ein Mondhorn mit 13 Einkerbungen hält (1). Zusätzlich entspricht der Zyklus der Schwangerschaft mit der nachfolgenden Regenation der Frau dem Sonnenjahr. Die Schwangerschaft dauert neun Monate und war eingebettet ins mythische Jahr von der Frühlings-Tagundnachtgleiche bis zur Wintersonnenwende. Danach folgte eine dreimonatige Rückbildung der Gebärmutter und Regeneration der Frau, zeitlich von der Wintersonnwende bis zur nächsten Frühlings-Tagundnachtgleiche. Wir können vermuten, dass die allgemeinen Frühlingsfeste, die archaische Völker in der Gemeinschaft feierten, auch der Erotik gewidmet waren, so dass dieser weibliche Zyklus kollektiv in Gang gesetzt wurde. Sie müssen dabei nicht unbedingt um den Zusammenhang von Erotik und Empfängnis gewusst haben, denn das Thema galt der Feier des Frühlings, an dem sich alle Wesen in der Natur liebesfreudig zeigen, und nicht der Schwängerung durch den Mann.

So folgte alles dieser „inneren Uhr" der Frauen, die selbst synchron mit der äußeren Uhr der Zentralgestirne Mond und Sonne lief. Die Erkenntnis dieser „inneren Uhr" war natürlich nur möglich aufgrund des Vergleichs mit der äußeren Uhr. Als die älteste äußere Uhr haben die Mondphasen gegolten, denn diese können am Himmel überall und ohne jegliches Hilfsmittel beobachtet werden. Unabhängig von Zeitzonen und Breitengraden auf dem Globus zeigt der Mond mit genauer Regelmäßigkeit die Phasen: zunehmende Sichel, Vollmond, abnehmende Sichel, Schwarzmond, und wurde damit zum ersten Zeitgeber. Von einer dieser Phase zur nächsten vergehen genau sieben Tage – das ist eine Woche –, und von einem ganzen Mondzyklus zum nächsten vergeht ein Monat von 28 Tagen. Das Mondjahr umfasst 13 Mondmonate und ein paar restliche Tage, die als Nicht-Zeit galten, worauf der traditionelle Ausdruck von der „Zeit zwischen den Jahren" noch hinweist. Die Parallelität zwischen dem Mondzyklus und dem weiblichen Zyklus, die den Menschen schon früh auffiel, führte in den meisten archaischen Kulturen zu einer Analogie zwischen Frau und Mond, zur Vorstellung von der Mondgöttin. Diese gilt als dreifaltig, denn sie zeigt drei sichtbare Phasen, und in der vierten Phase ist sie unsichtbar. Auch das führte zu einer Analogie mit den Lebensphasen der Frau: das heranwachsende Mädchen (zunehmende Sichel), die voll erblühte, erwachsene Frau (Vollmond), die an Lebenskraft abnehmende, weise Alte (abnehmende Sichel). So erscheint die Mondgöttin in vielen Mythologien dreifach: als Mädchengöttin, als Frauengöttin und als weise Alte – bis sie „stirbt", das heißt, unsichtbar wird, um gleich darauf verjüngt als schmale Sichel aus dem Tod wiederzukehren (2). Damit führte sie den Menschen sichtbar am Himmel die Mysterien des Lebens von Geburt, Erwachsenwerden, Altern und Verschwinden bis zur Wiedergeburt vor. Diese formten ihr Weltbild nach den Zyklen der Mondgöttin: Darin gab es Tod als definitives Ende nicht, sondern er war nur Umwandlung, Transformation zu neuem Leben, ein Zwischenstadium vor erneuter Wiedergeburt. Schon in der Altsteinzeit wurden diese Beobachtungen und Gedanken zum Glauben an Tod und Wiedergeburt, der sich in den religiösen Riten der frühen Menschheit manifestierte (3).

Damit war klar: Die Zeit ist eine Göttin, auch wenn sie in den verschiedenen Kulturen rings um den Globus viele verschiedene Namen hat – bis hin zu Urania, der griechischen Muse der Astronomie im Sinne einer frühen Himmelsbeobachtung und Zeitmessung.

Die Regelmäßigkeit des Sonnenjahres lässt sich gegenüber den Mondphasen viel schwieriger beobachten, denn die Zeit des Sonnenaufgangs schwankt beträchtlich während der Jahreszeiten und ebenso in unterschiedlichen Landschaften. So kann man am Meer zeitgenaue Sonnenaufgänge sehen, während sie sich in bergiger Landschaft erheblich verspäten. Um die Regelmäßigkeit des Sonnenjahres herauszufinden, müssen gewisse markante Punkte am Horizont – zum Beispiel Bergspitzen – als Peilmarken bestimmt werden, mit deren Hilfe man von einem festen Standpunkt aus die Schwankungen des Sonnenaufgangs beobachten kann. Erst dann, wenn die Sonne relativ zu diesen Punkten wieder dieselbe Position einnimmt, ist ein Sonnenjahr vergangen.

Von der Jungsteinzeit an hat man diese Peilmarken dann nicht nur gefunden, sondern gebaut: als Steinreihen, die auf einen besonderen Berg ausgerichtet sind, oder als Steinkreis in einer Landschaft mit nahezu tischebenem Horizont. Mithilfe dieser ersten steinernen Observatorien konnte das Sonnenjahr viel genauer bestimmt werden, ebenso war es nun möglich, die komplizierten Mondumläufe während eines Jahres oder einer Periode von Jahren zu erfassen. Damit hatten Menschen die ersten, riesigen Kalender geschaffen, die jedoch multifunktional gebraucht wurden. Denn die Steinkreise waren zugleich Tanzplätze für die kultischen Tänze der Mondpriesterinnen und des Volks (4).

Solche Tanzplatzkalender sind heute noch zu sehen als teilweise oder vollständig erhaltene Steinkreise in ganz Europa, besonders in Irland, Schottland, England. Das berühmteste Exemplar eines Mond- und Sonnenkalenders, das zugleich ein bedeutendes Heiligtum war, stellt Stonehenge in Südengland dar. Auch Frankreich und Deutschland waren einst mit solchen Kalendern aus Steinen übersät. In Frankreich gibt es noch schöne Exemplare in der Bretagne, obwohl sie dort mit anderen Formen wie kilometerlangen Steinreihen verbunden sind (Carnac). Das größte Bauwerk dieser Art ist die 6000 Jahre alte Megalithstätte von Avebury in Südengland. Dort stehen riesige Steine in einem ausgedehnten Kreis auf einem künstlich geschaffenen Plateau und bergen in der Mitte zwei kleine, doppelt konzentrische Ringe; von dieser Anlage gehen rechts und links zwei Steinalleen aus, gewunden wie Schlangen, um selbst noch einmal in kleineren konzentrische Kreisen zu münden. Diese über viele Kilometer reichende, steinerne Komposition sieht aus wie ein riesiger Uterus, von dem sich zwei Eileiter verzweigen, die in Eierstöcken münden (nach der Rekonstruktion von W. Stukeley) (5). Deutlicher kann die Weiblichkeit dieses großartigen Kalenderbauwerks und damit die Weiblichkeit der Zeit nicht ausgedrückt werden.

Andere Tanzplatzformen und zugleich Mondkalender und Sonnenuhren waren die Labyrinthe: Hier wurden die Bewegungen der Himmelskörper nachgebaut. Ihr Grundmuster ist die Spirale; sie wurde links herum von außen nach innen zur Kreismitte hin und rechts herum vom Mittelpunkt des Kreises wieder nach außen getanzt. Dieser doppelte Spiralenweg war ein Sinnbild für die Bewegungen der Mondgöttin, die scheinbar spiralförmig linksherum um die Erde wandert, bis sie voll und rund der Sonne gegenüber steht, und sich dann scheinbar spiralförmig rechtsherum wendet, bis sie in Sonnennähe als Schwarzmond verschwindet. Gleichzeitig war damit ein Bild der doppelten Kraft der Göttin gegeben: aus dem Hellen ins Dunkle, vom Leben zum Tod zu gehen, und aus der Dunkelheit ins Licht, vom Tod ins Leben zurückzukehren.

Tausende solcher Spiralsymbole schmücken Steine von Megalithgräbern, Kultgegenstände wie Vasen, Krüge, Gürtel, Armreifen, Kopfschmuck und andere Insignien, ebenso sakrale Räume in Palästen; sie kehren als zahllose archäologische Belege in ganz Europa und dem Vorderen Orient wieder. Das weist auf die große Bedeutung des Symbols der Spirale hin. So taucht als nächste Frage auf: War die Spirale in matriarchalen Kulturen das allgemeine Symbol für die Zeit?

Alle diese Kalender-Tanzplätze – ob sie nun einfach oder komplex gebaut waren – stellen in ihrer grundlegenden Spiralform zugleich den kosmischen Raum dar, in welchem alle sichtbaren Himmelskörper sich scheinbar spiralförmig um die Erde bewegen. Und Zeit ist ja nichts anderes als die Bewegung von Planeten und Sternen im Raum. Deshalb entsprach die Vorstellung von Zeit diesen Beobachtungen: Zeit war spiralförmige Bewegung.

Das bedeutet mehr als „zyklische Zeit", die oft als Gegensatz zur „linearen Zeit" verstanden wird. Dabei stellt man sich in der westlichen Zivilisation, die einen linearen Zeitbegriff hat, den zyklischen Zeitbegriff der frühen Kulturen oder heutigen indigenen Kulturen sehr primitiv als ein dumpfes, zukunftsloses Auf-der-

Stelle-Kreisen vor. Demgegenüber soll der lineare Zeitbegriff dem fortschreitenden und fortschrittlichen geschichtlichen Bewusstsein der westlichen Zivilisation entsprechen. Aber diese beiden Begriffe von Zeit sind lediglich ideologische Konstrukte, die polemisch gegeneinander verwendet werden. Die Vorstellung von der spiralförmigen Zeit erscheint hier viel genauer und realistischer, denn sie beruht auf der konkreten Beobachtung von Bewegungen der Gestirne um die Erde. Außerdem ist sie komplizierter, denn sie verbindet die kreisende Bewegung mit der fortschreitenden Entwicklung der spiralig immer weitergreifenden Kreise.

Diese Zeitvorstellung ging nahtlos in die Vorstellung von Geschichte über, welche frühe Kulturen hatten und indigene Völker noch haben. Die geschichtliche Zeit war für sie auch ein Kreislauf, der bei fortschreitender Entwicklung von Epoche zu Epoche und von einem Weltzeitalter zum nächsten die Form einer Spirale annimmt. „Fortschreitend“ ist hier rein beschreibend gemeint und hat nichts mit der westlichen Fortschritts-Ideologie zu tun, in der es zum immer Besseren, Schnelleren, Höheren geht. Denn die fortschreitende Bewegung der Epochen kann auch zum Schlechteren führen, was die Mythe von den absteigenden „goldenen“; „silbernen“, „eisernen“ Zeitaltern zeigt. Naturwissenschaftliche und geschichtliche Zeit waren in matriarchalen Kulturen also ungetrennt.

### *Die Patriarchalisierung der Zeit*

Bei der Demontage der matriarchalen Mythologie und damit des matriarchalen Weltbilds in den patriarchalen Gesellschaften, besonders der europäischen Antike, wurde auch die komplexe Auffassung der Zeit als Spirale zerstört. Auch die Weiblichkeit der Zeit fiel dieser Zerstörung zum Opfer. Die Frau wurde nun nicht mehr als die heilige Wiedergebärerin betrachtet, die mit jeder Geburt symbolisch den Jahreszeitenzyklus auf neuer Ebene wieder begann; sie galt nicht mehr als die Hüterin des Kreislaufs von Leben, Tod und Wiedergeburt. Die radikale Veränderung ihres Status im Patriarchat löste diesen Zusammenhang auf. Der Mann stellte sich auf sich selbst und pochte auf seine eigene Stärke. Jegliche Abhängigkeit von der Frau, besonders die, körperlich und mystisch von ihr wiedergeboren zu werden, wurde verneint.

Damit kam auch die spiralige Zeitauffassung zu Fall und wurde von einer aggressiv-linearen abgelöst, die nur eine gerade Abfolge vorwärtsdrängender Taten – wie im frühen Patriarchat – kennt. Nachdem sich dann die ersten, klassisch patriarchalen Gesellschaften in Griechenland und Rom etabliert hatten, wurde die Dimension der Zeit gespalten und doppelt ideologisch: Die Zeit der unwissenden „Barbaren“, über deren merkwürdige Sitten man spottete, hieß jetzt die „zyklische“ und wurde mit dem negativen Wert des Dumpfen, Zurückgebliebenen, Geschichtslosen versehen. Die Zeit der neuen patriarchalen Staaten war dagegen die rational-lineare, mit sämtlichen positiven Werten des neuen Geistes geschmückt. Allerdings erschöpfte sich das patriarchale Geschichtsbewusstsein in der Aufzählung von Genealogien der Herrscherhäuser, die reine Vater-Sohn-Genealogien waren, und in der Aufzählung der Abfolge von Dynastien und Reichen.

Die streng lineare Zeit hatte aber auch ihre Tücken, denn mit ihr entfiel der Gedanke von der Wiederkehr des Lebens, der alle matriarchalen Religionen kennzeichnet, und damit kam es zur Auffassung vom Tod als definitivem Ende. Die grausigen Schatten des Hades, die Schrecken des Orkus, aus dem es keine Rückkehr gibt, quälten von jetzt an den antiken Menschen. Er blieb ohne Hoffnung auf Wiederkehr – denn das wäre ja ein Rückfall in die verachtete „zyklische Zeit".

Dieser Prozess der Abspaltung und Abwertung, der das in die Vergangenheit, in die Unterschicht, zu fremden Völkern verdrängt, was nicht in das neue Weltbild passt, wiederholt sich später noch öfter: nun nicht mehr gegen die spiralige Zeit, sondern gegen die ideologischen Ambivalenzen, die in der linearen Zeit selber verblieben sind. Als diese hatte ich bereits das neue, glorifizierte, lineare Geschichtsbewusstsein patriarchaler Dynastien genannt, das den Mann aus jeder Gebundenheit an Natur- und Frauenzyklen herauslöst, und als Folge die Konsequenz des unwiderruflichen Endes für das Individuum in dieser linearen Lebenskonstruktion. Diese letzte Ambivalenz bereitete den Boden für die synkretistischen Erlösungsreligionen im Hellenismus, unter ihnen das Urchristentum, bis es im spätrömischen Reich endgültig zum Sieg des Christentums kam. Die Lebenszeit wird nun wieder über den Tod hinaus verlängert gesehen, durch eine einmalige Wiederauferstehung im Jenseits, nicht durch wiederholte Geburten im Diesseits. Parallel dazu erfährt die geschichtliche Zeit ihre Verlängerung in der Eschatologie, der Lehre von der Wiederkehr des Erlösers, diesmal als Richter. Diese patriarchale Rekonstruktion von Religion geschieht aber jetzt auf dem Boden des linearen Zeitbegriffs: Leben, Tod und Wiederauferstehung jedes einzelnen Menschen sowie die Auffädelung der Geschichte als Heilsgeschichte folgen strikt dem Schema des einmaligen Geradeaus. Dies wird als „Übernatürliches" bewusst im Gegensatz zur Natur formuliert, ebenso als bewusster Gegensatz zur Frau als Kreatur, die ans „Natürliche" und „Zyklische" gefesselt bleibt. Aus diesen Ideen lebte das Mittelalter. Aber durch die Vermengung von Geschichte mit Heilsgeschichte entstehen neue Ambivalenzen. So kommt es zu Beginn der Neuzeit im linearen Zeitbegriff nochmals zum Bruch, nämlich zwischen geschichtlicher und naturwissenschaftlicher Zeit, wobei die letztere mit Relikten von religiöser Ideologie im Zeitbegriff aufräumt.

Mit dem rapiden Aufschwung der mathematischen Naturwissenschaften setzt nun eine rigide Metrisierung der linearen Zeit ein. Vorher verblieb die Zeit überwiegend in mythischen und religiösen Zusammenhängen und erfuhr zwar einige Kalenderreformen, welche die alte, „heidnische" zyklische Jahreseinteilung änderten, aber im „Kirchenjahr" mit seinen Festen weitgehend wiederholten. Mit der Einführung der metrischen Zeit wird gegenüber dieser religiös verbrämten historischen Zeit eine scharfe Grenze gezogen, bei der die Abspaltung der historischen Zeit der negativen Wertung als „nicht rational" verfällt, ähnlich wie zuvor schon die angeblich „zyklische Zeit" der vor-patriarchalen Gesellschaften. Abspaltung und Abwertung setzen sich bis heute im Kodex der Wissenschaften fort, in dem die nicht metrisierbaren, historischen Wissenschaften gegenüber den mathematisierten Naturwissenschaften als zweitrangig, unpräzise, narrativ und im Grunde nur halbwissenschaftlich gelten.

Die exakt metrisierte naturwissenschaftliche Zeit ist das Ideal, das nach dieser doppelten Spaltung der Dimension der Zeit übrig blieb – obwohl in der Geschichtsphilosophie eine immer aufgeschwollenere theoretische Dialektik, die den Zeitprozess als spiraliges Werden interpretiert, dagegen rebellierte. Der Metrisierung der Zeit ging eine Revolution in der Astronomie voraus: die als „Kopernikanische Wende" bekannten Entdeckungen von Kopernikus und Kepler, dass nicht die Gestirne um die Erde kreisen, sondern dass die Erde sich um die Sonne und dabei um sich selbst dreht. Das war die neuzeitliche Erklärung von Tag und Nacht und den Jahreszeiten, die dazu geeignet war, alle vorhergehenden Zeitvorstellungen als dumpfe Unwissenheit, entstanden aus mythischen und religiösen Vorurteilen, abzuwerten. Das heliozentrische Weltbild, das die Sonne zum Mittelpunkt machte und die Erde von dieser Rolle entthronte, das zugleich den Menschen (sprich: Mann) zum Maß aller Dinge erhob, setzte sich siegreich durch. Mit der kopernikanischen Revolution in der Astronomie wurde ein ganz neuer Begriff des Tages gegeben, der nichts mehr mit dem für uns sichtbaren Tag als der Helligkeitsphase, die im Sommer länger und im Winter kürzer wird, zu tun hat (6). Der Tag wurde nun definiert als eine Erdrotation und als solche zur Grundlage der neuen Zeitmessung gemacht. Dieser astronomische Tag heißt „Stern-Tag" und bezeichnet die Zeitstrecke, die vergeht, bis ein am Himmel anvisierter ferner Fixstern zum zweiten Mal genau am selben Markierungspunkt auftaucht. Diese Definition ist unabhängig von der Zeitspanne von Licht oder Dunkelheit; sie gilt seitdem als die gleichbleibende abstrakte Einheit, auf deren Boden der erste mathematische Zeitmesser, die Uhr, eingeführt wurde.

Im Verlauf der folgenden Jahrhunderte ging es ausschließlich um die fortschreitende Perfektionierung dieses mathematischen Zeitmessers Uhr. Die Astronomie erschöpfte sich darin, an den beiden technischen Voraussetzungen ihrer Wissenschaft, der Entwicklung immer weiter reichender Fernrohre und der Entwicklung zunehmend präziser Uhren, zu basteln. Doch bezeichnenderweise trieb nicht nur die reine Wissenschaft Astronomie die Entwicklung der exakten Uhren voran, sondern eine viel mächtigere Kraft im patriarchalen Staatsgefüge: die Admiralität. Die Seefahrer erkannten sofort die außerordentliche Bedeutung eines genauen Chronometers für die Navigation. Es kam auf Betreiben der Admiräle zu staatlichen Förderungen und zum Aussetzen hoher Preise, bis dem Engländer John Harrison die Ruhmestat gelang, eine Uhr zu bauen, die fähig war, den europäischen und den amerikanischen Kontinent auf höchstens eine Minute Abweichung genau zu synchronisieren. Ein Segelschiff lief 1761 mit dieser Uhr von London nach Jamaika und zurück, und nach seiner Rückkehr wurde festgestellt, dass Harrisons Uhr nur um 56 Sekunden von der Londoner Zeit abwich (7).

Wir verstehen diese Ambitionen der Admiralität erst in voller Reichweite, wenn wir uns daran erinnern, dass die Jahrhunderte seit der Renaissance gekennzeichnet waren von der Entdeckung und Eroberung aller Kontinente auf dem Globus durch europäische Seefahrer und von der Errichtung der großen, weltweiten Kolonialreiche. Unter dem Vorzeichen der imperialistischen Bestrebungen der europäischen Nationen der Neuzeit ist die exakte Zeitmessung keine reine Wissenschaft und kein bloßes, technisches Spiel gewesen, sondern in den Händen der Admiralität ein strategisches Instrument, ein indirektes Kriegswerkzeug. Nicht nur historische und naturwissenschaftliche Zeit hatten sich hier gespalten, sondern noch konkreter: qualitative und quantitative Zeit. Letztere fand als entmythisierte Zeit in den Händen der Wissenschaftler, Techniker und Admiräle die erwähnte kriegstechnische Verwendung; erstere blieb in den vagen Begriffen „vormittags", „nachmittags", „abends", „um Mitternacht" usw. beim Volk.

Dies änderte sich mit der industriellen Revolution. Im Zuge der fortschreitenden Rationalisierung und Technisierung fast aller Arbeitsprozesse wurde dann die quantitative Zeit auf breiter Ebene durchgesetzt. Sie wurde zum Uhrenbesitz für jedermann, damit es ihm gelingt, sich nach Stundenplan, Fahrplan, Arbeitsplan zu richten, nach Stechuhr und Fließbandzeit, nach Stundenlohn und Akkord auf die Minute genau. Für die qualitative Zeit blieben nur die abgewerteten Nischen in der industriellen Gesellschaft übrig. Sie kommt außerhalb der bezahlten Werteskala noch als „Freizeit" vor, die in den Genuss von „Feierabend" bringt und die Urlaubsfreuden im „Sommer", im „Winter" oder zu „Ostern" stattfinden lässt. Bezeichnend an dieser letzten Spaltung der Zeitdimension ist, dass für den Erholungswert im Rahmen qualitativer Zeit insbesondere die Frauen zu Hause oder die Reste der bäuerlichen Unterschichten oder pittoreske Völker in den Tourismuszonen der ärmeren Länder zuständig sind. Denn diese Leute „haben noch Zeit".

Dabei ist unterdessen auch diese quantitative industrielle Zeit längst hinter den Möglichkeiten der Zeitmessung der modernen Physik (Atomphysik, Geophysik, Astrophysik) zurückgeblieben, die auf der geraden Perspektive des linearen Zeitbegriffs und der eindeutigen mathematischen Skala in ihrem Präzisionsideal weiter fortschritt – bis sie auf unerwartete Probleme stieß.

### *Der Zeitbegriff in der modernen Physik*

Als die Uhren der Astronomen immer genauer gingen, machten sie eine seltsame Entdeckung: Aus alten Messtabellen, die bis ins Jahr 1700 zurückreichten, konnten sie ablesen, dass der Mond bis 1750 einfach zu schnell um die Erde lief, d. h. seine Umlaufzeit lag über dem errechneten Mittel. Von 1750 an hingegen wurde seine Umlaufzeit zu langsam und erreichte um 1800 einen Tiefstand, nach dem sie sich dann allmählich wieder erhöhte. Um 1880 war der Mond wieder bei der errechneten Geschwindigkeit, doch hielt er diese nicht ein, sondern lief, von einigen Schwankungen unterbrochen, ansteigend bis heute wiederum zu schnell um die Erde. Dieses sonderbare Beschleunigen des Monds wie sein ebenso seltsames, mehr als hundertjähriges Abbremsen verwirrte die Astronomen, bis sie nachzuprüfen begannen, welche Bewegungen die anderen Planeten in derselben Zeit gemacht hatten. Es stellte sich heraus, dass sie sich bezüglich Beschleunigen und Abbremsen genauso seltsam verhielten wie der Mond, und das löste das Rätsel: Es war die Erdrotation, die diesen Schwankungen unterworfen war und eine scheinbare Beschleunigung oder Bremswirkung bei Planeten und Sternen erzeugte. In ihrer idealen elliptischen Bahnform durch die verschiedenen Konstellationen mit ihren Nachbarplaneten und deren Anziehungskräften gestört, wies die Rotation der Erde und ihre Bewegung um die Sonne Unregelmäßigkeiten auf. Das war eine fatale Erkenntnis für die Spezialisten der mathematischen Zeit, denn der „Stern-Tag" als definierte immer gleiche Grundeinheit der Zeitmetrik stellte sich als nicht immer gleich heraus. Damit war die Erdrotation als zeitliche Maßeinheit untauglich geworden, und man musste sich nach einer neuen, wirklich gleichbleibenden Maßeinheit umsehen. So ging man auf die Suche nach einer noch präziseren, noch abstrakteren Zeit und erfand zuletzt die Atomuhr: Bei ihr wird die absolut regelmäßige Schwingung des Caesium-Atoms als winzige Grundeinheit angenommen, was die unvorstellbare Messgenauigkeit bedeutet, dass noch eine Millionstel Sekunde in Zehntausende von exakt gleichen Bruchteilen zerlegt werden kann.

Doch auch diese Uhren wurden nicht der reinen Wissenschaft zuliebe geschaffen, sondern für die technisch-militärische Anwendung, für die Astronautik. So sind es jetzt in erster Linie die Luftwaffen-Generäle, die immer mehr Geld für die Perfektionierung der Zeitmessung fordern. Dabei geht es um wetterunabhängige und störungsfreie Ortungssysteme für Flugzeuge und Raketen, für U-Boote und Raumsonden, die samt und sonders keine neutrale, wertfreie, zivile Funktion haben.

Aber diese neue, abstrakteste Zeit brachte – außer dem in Patriarchaten immer am nächsten liegenden, strategisch-militärischen „Fortschritt" – erstaunliche Dinge zum Vorschein, die sehr plötzlich ins Konkrete zurückführen. Die Messgenauigkeit der Atomuhr ließ Phänomene sichtbar werden, die an die matriarchalen Mythen erinnern. Jetzt ging man nämlich daran, die Unregelmäßigkeiten in der Erdrotation genau zu vermessen, bis auf winzige Bruchteile von Sekunden. Dabei stellte sich heraus, dass die Erde sich im Winter ein wenig schneller dreht und im Sommer ein wenig langsamer, die Änderung ihrer Rotation läuft also synchron zu den Jahreszeiten der Nordhalbkugel. Die Atomuhr-Messungen brachten noch eine weitere Unregelmäßigkeit der Erdrotation ans Licht, nämlich eine stetige, sehr geringe Verlangsamung, erzeugt durch den Bremseffekt der Flutberge der Meere, die durch die Anziehung des Monds ständig gegen die Kontinente der rotierenden Erde anbranden. Zwar ist diese Bremswirkung winzig, aber auf lange Zeiträume berechnet macht sie sich bemerkbar. So fanden die Geophysiker heraus, dass vor zweihundert Millionen Jahren, als die Saurier die Erde bewohnten, der Tag nur 23 Stunden hatte und 385 Tage ins Jahr hineinpassten. Vor vierhundert Millionen Jahren, als die ersten Pflanzen an den Küsten Wurzeln schlugen, hatte das Jahr 405

Tage, deren Dauer nur 21,5 Stunden betrug. In (allerdings unabsehbarer) Zukunft werden die Tage immer länger.

Biologen nehmen nun an, dass bereits eine Tagesdauer von 30 oder 36 unserer heutigen Stunden unsere gesamte biologische Umwelt und uns selbst tödlich aus dem Gleichgewicht bringt. Denn es macht sich dann ein Zusammenhang bemerkbar, von dem wir kaum etwas wissen und nichts merken, obwohl er alle unsere körperlichen und seelischen Funktionen beeinflusst und steuert: die „innere Uhr". Erst in den letzten drei Jahrzehnten hat die metrisierende moderne Wissenschaft dieses Faktum entdeckt bzw. wiederentdeckt, statt in mythischer allerdings in mathematischer Sprache.

Gemeint ist damit die Tatsache, dass der Wechsel von Schlafen und Wachen, von Aktivität und Ruhe nicht etwa eine Folge des Wechsels von Tag und Nacht ist. Denn Pflanzen, Tiere und Menschen in Laboratorien und künstlich isolierten Räumen zeigen auf Dauer diesen Wechsel im selben 24-Stunden-Rhythmus wie die Lebewesen draußen. Die Selbstständigkeit und Unabhängigkeit dieser vierundzwanzigstündigen Periodik ließ Biologen vermuten, dass sie „angeboren" sei, verankert im Zellkern, bestehend aus ganz bestimmten elementaren chemischen Prozessen, die mit großer Regelmäßigkeit ablaufen und einen Zeitstandard, eine „biologische Uhr", darstellen. Dieser Zeitstandard ist so genau, dass alle Lebewesen in der Lage sind, die Dauer der Tageshelligkeit durch die wechselnden Jahreszeiten hindurch mit nur wenigen Minuten Abweichung zu „messen".

Instinktiv sind auch die Menschen an diese Bewältigung der in ihrer Umgebung periodisch auftretenden Veränderungen angepasst, was sich z. B. deutlich bei Langstreckenflügen gegen die Bewegung des Lichts auf der Erde bemerkbar macht: Unwohlsein, Schlaflosigkeit, Nervosität folgen noch tagelang einem Flug von West nach Ost, der gegen die „biologische Uhr" ging. Sich dagegen nach ihrer Periodik zu richten und mit dem rhythmischen Tag-Nacht-Wechsel zu leben, nicht gegen ihn unter künstlichem Licht, wirkt ausgleichend und beruhigend und macht den „Erholungswert" der Ferien aus.

Daran zeigt sich, dass es für die heutigen Lebensformen nicht gleichgültig ist, wie schnell die Erde sich dreht, denn sie alle sind an einen 24-Stunden-Tag angepasst und nicht an einen längeren. Die Erde mit dem 21-Stunden-Tag war mit anderen Lebensformen angefüllt als heute, es herrschten andere klimatische Bedingungen und eine andere Licht-Zeit-Ordnung. Eine Erde mit einem 30-Stunden-Tag hätte die Licht-Zeit-Klima-Bedingungen wiederum so stark verwandelt, dass es eine andere Lebensform sein würde, die dann auf ihr wohnte – auf keinen Fall eine der heutigen ähnliche. Biologen nehmen deshalb an, dass Menschen niemals andere Planeten bewohnen können, da bereits die andersartigen periodischen Zeitverhältnisse uns das Überleben dort unmöglich machen würden. Die „biologische Uhr" bindet uns an die irdischen Zeitverhältnisse in genau dieser bestimmten Phase der Rotationsgeschwindigkeit der Erde – und die „innere Uhr" von Frauen, deren komplizierte biologische Prozesse im Zusammenhang mit ihrer Gebärfähigkeit noch zusätzliche Anpassung an die Monats-Zeitordnung aufweisen, um so mehr. Das setzt jeder abstrakten Zeit und jeder abstrakten Utopie eine Grenze.

Noch „absurdere“ Dinge wurden im Gefolge der Einsteinschen Relativitätstheorie von Zeit und Raum theoretisch entwickelt und praktisch beobachtet. Nach Einstein ist die Zeit die vierte Dimension des Raums (Raumzeit) und abhängig von der Geschwindigkeit. Zeit ist damit keine absolute Konstante, es gibt nicht die Zeit, sondern nur verschiedene Zeiten relativ auf ein bestimmtes Bezugssystem. Daher gibt es auch nur relativ auf ein Bezugssystem „Gleichzeitigkeit“, aber keine Gleichzeitigkeit an sich.

Die Relativität der Zeit veranlasste Astrophysiker, nach einer absoluten Zeitgröße zu suchen, die in allen Zonen des Weltalls unter allen Bewegungsbedingungen gilt. Wie sollten sie sonst zeitliche Abläufe im Weltall insgesamt beschreiben? Diese absolute Zeitgröße ist die absolute Geschwindigkeit selbst, die Geschwindigkeit des Lichts. Die Lichtgeschwindigkeit ist eine universelle Konstante und darum allein geeignet, Dimensionen und Abläufe des Weltalls zu beschreiben: in Lichtjahren. Hierbei wird der Relativität von Raum und Zeit voll Rechnung getragen, denn Raum wird in Zeit gemessen und diese wiederum in Geschwindigkeit. So wie die Erfindung der Atomuhr indirekt die traditionelle metrische Zeit, die zur menschenfeindlichen Maschinen-Zeit wurde, aufgelöst hat und zur Wiederentdeckung der „inneren Uhr“ führte, so stürzt die Relativierung der Zeit die klassisch-patriarchale lineare Zeitvorstellung um.

Auch die Lichtgeschwindigkeit als theoretische Konstante rettet die Linearität der Zeitvorstellung nicht, denn sie ist nur ein Vehikel, um die Zeiten der Welten im All theoretisch zu synchronisieren. Praktisch schaut der Astronom beim Tiefenblick in den Weltraum nämlich stufenweise in die Vergangenheit, in jeweils andere Zeiten. Dies wurde immer deutlicher, je leistungsfähiger die Riesenteleskope wurden. Nachdem alle nächtlichen Sternbilder, lose aus Einzelsternen (Sonnen) gefügt, als die uns direkt umgebende Sternhülle der Galaxie „Milchstraße“, an deren Rand unser Sonnensystem dahinfliegt, erkannt waren, richtete sich die Aufmerksamkeit auf „außergalaktische“ Objekte, d. h. auf Himmelskörper außerhalb unseres eigenen Spiralnebels, der „Milchstraße“. Wandert das Licht von Sternen innerhalb unserer Galaxie schon Tausende von Jahren, ehe es uns erreicht, so dass wir Nova-Ausbrüche, die in der irdischen Steinzeit stattfanden, erst heute am Himmel sehen, so werden die Entfernungen zu außergalaktischen Objekten geradezu phantastisch. Unsere „Nachbar-Galaxie“, der Andromeda-Spiralnebel, ist rund zwei Millionen Lichtjahre entfernt. Zwischen ihm und unserer Milchstraße gibt es nichts im Raum, denn Einzelsterne existieren nicht im All; sie befinden sich sämtlich in Sternenverbänden, den Galaxien, die Kugelhaufen, Ellipsenhaufen oder rotierende Spiralnebel sind. Wir erblicken „Andromeda“ im Zustand von vor zwei Millionen Lichtjahren, ein Blick in uralte Vergangenheit. Wie sie gegenwärtig aussieht, ist unbekannt, auch ob sie noch existiert oder unterdessen vielleicht explodiert ist. „Mittlere“ Entfernungen von Galaxien sind 60 bis 80 Millionen Lichtjahre, während Galaxien von einer Milliarde Lichtjahre als „entfernt" gelten, sich aber durch Teleskope noch immer fotografieren lassen. An der Grenze von zwei Milliarden Lichtjahren Entfernung tun sich dann merkwürdige Gebilde kund, die allen bekannten Naturgesetzen nicht mehr zu gehorchen scheinen: Für ihre ungeheure Entfernung strahlen sie eine riesige Energie aus, viel zu groß für eine normale Galaxie und für den Umfang, den sie vermutlich haben. Man nennt sie „Quasare" und hat ab zwei bis 13 Milliarden Lichtjahren immer neue entdeckt. „Normale" Galaxien gibt es in diesem Bereich nicht mehr, und das legt folgende Lösung des Rätsels nahe: Was man dort beobachtet, ist die älteste Vergangenheit des Weltalls selbst, als seine Gebilde noch im Entstehen waren, als riesige Materiemassen noch gar keine Galaxien waren, sondern sich mitten in einer Implosion, einem Gravitationskollaps befanden, der erst zur Rotation und der Geburt einer Galaxie führen würde. Man blickte hier nicht nur bis an den Rand des Weltalls, sondern zugleich in seine erste Entstehungsphase. Die Radiowellen und Lichtsignale, die uns von den „Quasaren" erreichen, sind so alt, dass sie abgesandt wurden, als unsere Milchstraße vielleicht selbst ein „Quasar" war. Unterdessen sind die „Quasare" wohl ganz normale Galaxien geworden (8).

Was die Astrophysiker also gleichzeitig in ihren Teleskopen erblicken, sind nicht verschiedene Himmelsobjekte, sondern verschiedene Zeitstufen im All. Sie blicken buchstäblich Schritt für Schritt in die Vergangenheit des Weltraums hinein und können seine Entstehungsstufen sehen. Zeit wird hier zu dem, was sie nach Einstein ist: Raumzeit, die vierte Dimension des Raums. In sichtbaren Ringen umlagert sie uns im Mittelpunkt – und das ist gewiss keine lineare Vorstellung mehr! Dabei entpuppt sich ihre Relativität: Denn die Gegenwart ist bei uns, auf unserem Globus, in unserem Sonnensystem; bei den Sternen der eigenen Galaxie liegt schon die „jüngere" Vergangenheit. Das noch Fernere, das wir ringsum erblicken, ist vor unvorstellbarer Zeit Gewesenes. Stünde der Beobachter aber auf einem dieser fernen Objekte, so wäre er in seiner Gegenwart und erblickte unser System in seinen vergangenen Stufen: die Erde noch glühend oder noch gar nicht vorhanden oder die Milchstraße im Zustand eines „Quasars". So hat jede Welt im All ihre eigene Zeit.

Aus noch einem anderen Grund löst das galaktische Weltbild der modernen Physik die lineare Zeitvorstellung auf. Denn nach Einstein ist das Weltall zwar unbegrenzt, aber nicht unendlich. Es hat die Form einer gekrümmten Hohlkugel, die endlich ist, in der man sich aber unbegrenzt bewegen kann. Das heißt, betrachtet man es dreidimensional, so ist es endlich, nimmt man aber die vierte Dimension, die Raumzeit hinzu, so ist es unbegrenzt – genauso unbegrenzt, wie man auf der Oberfläche einer Kugel reisen kann. Und ebenso wie man auf einer Kugeloberfläche niemals pfeilgerade reisen kann, sondern immer nur in gekrümmter Linie – wegen ihrer Eigenkrümmung –, so könnten wir auch im All nicht kerzengerade reisen, sondern stets nur im gekrümmten Bogen der Hohlkugel. Der Raum ist gekrümmt, sagte Einstein, und nichts in ihm reist geradeaus – auch nicht das Licht. Der ferne Licht-„Strahl", der uns endlich erreicht, ist also nicht linear, sondern gebogen. Und was ist die Zeit? Sie ist als absolute Zeit die Geschwindigkeit des Lichts, die Geschwindigkeit eines Lichtpartikels auf einer gebogenen Reiseroute. Sie ist Raumzeit, die vierte Dimension eines gekrümmten Raums. Wie kann sie selber unter diesen Umständen pfeilgerade linear sein?

Die galaktische Zeit umlagert unseren Standort in Ringen und erreicht uns auf einer gekrümmten Reise. Ist es zu kühn, zu sagen, sie ist spiralförmige Zeit? Spiralförmig wie alle Bewegungen im Weltall: die der Galaxien oder unseres Sonnensystems, das in seiner Galaxie spiralförmig fliegt, oder jedes Planeten dieses Sonnensystems einschließlich der Erde, die ja zugleich um die Sonne im Kreis und in der Galaxie quasi-linear fliegen. Hatte das mythisch-matriarchale Weltbild seine göttliche Zeitspirale noch von der scheinbaren Bewegung von Sonne, Mond und Planeten um die Erde abgeleitet, so kann das galaktische Weltbild seine wissenschaftliche Zeitspirale nun von den wirklichen Bewegungen der Körper im All und der Form des Weltalls ableiten. Soweit das „wirklich" ist, was die mathematische Sprache der modernen Physik beschreibt! Es soll nämlich Physiker geben, die verlauten ließen, dass ihnen bei der Erforschung der größten, unvorstellbar komplizierten Verhältnisse im Weltall und der kleinsten, unvorstellbar komplizierten Verhältnisse im Atom allmählich die mathematische Phantasie, das Abstraktionsvermögen, versagt. Das könnte das Ende der Karriere der Mathematik bedeuten.

Wäre Urania darüber etwa unglücklich?

*Anmerkungen und Literaturhinweise*

1) Siehe Abb. 216 bei Marija Gimbutas: *Die Sprache der Göttin*, Frankfurt a. M. 1995, S. 142.
2) Zur dreifaltigen Mondgöttin siehe Robert von Ranke-Graves: *Griechische Mythologie. Quellen und Deutung*, Reinbek bei Hamburg 1984; Heide Göttner-Abendroth: *Die Göttin und ihr Heros. Die matriarchalen Religionen in Mythos, Märchen, Dichtung*, Stuttgart 2011 (zuerst München 1980)
3) Siehe dazu Marija Gimbutas: *Die Sprache der Göttin*, Frankfurt a. M. 1995; und Marie König: *Am Anfang der Kultur. Die Zeichensprache des frühen Menschen*, Berlin 1973.
4) Materialien zu den Mondtänzen vieler Völker siehe bei Robert Briffault: *The Mothers. A Study of the Origins of Sentiments and Institutions*, 3 Bde., New York 1996 (zuerst New York, London 1927).
5) Siehe dazu Michael Dames: *The Avebury Cycle*, London 1977, 1996; ebenso Kurt Derungs: *Landschaften der Göttin. Avebury, Silbury, Lenzburg*, Bern 2000.
6) Vgl. Hans Reichenbach: *Philosophie der Raum-Zeit-Lehre*, Berlin–Leipzig 1928; ders.: *The Directions of Time*, Berkeley/USA 1956; und Wolfgang Stegmüller: *Probleme und Resultate der Wissenschaftstheorie und Analytischen Philosophie*, Bd. 2, Berlin–Heidelberg–New York 1970.
7) Vgl. Hoimar von Ditfurth: *Kinder des Weltalls*, Hamburg 1970, S. 127–180.
8) Vgl. Wolfgang Stegmüller: *Hauptströmungen der Gegenwartsphilosophie*, Bd. 2, Stuttgart 1975, Kap. 3.

# 9 Magie in matriarchalen Kulturen

Im matriarchalen Weltbild gilt *die ganze Welt als weiblich-göttlich*. Das hat zur Folge, dass darin *alles mit allem verbunden* ist, weshalb auch alles aufeinander einwirken kann. Da matriarchale Menschen sich als Teil dieses göttlichen Gefüges und auch mit allem verbunden verstehen, ist es selbstverständlich, dass alles auf sie einwirken kann, aber auch, dass sie selbst auf alles einwirken können.

Die Erde als die Große Mutter garantiert mit ihren Zyklen von Wachsen, Reifen, Vergehen und Wiederkehr das Leben und wird als die eine Urgöttin betrachtet. Die andere Urgöttin ist die kosmische Göttin als Schöpferin des Universums. Auch hier beobachteten die Menschen den zyklischen Prozess von Werden, Vergehen und Wiederkehr anhand der Phasen des Monds und des Auf- und Untergangs der Gestirne, wobei auf jeden Untergang ein neuer Aufgang folgt. Diese kosmisch-irdischen Zyklen werden analog gesehen zum menschlichen Lebenszyklus. So ist im matriarchalen Weltbild nicht nur alles mit allem verbunden, sondern alles spiegelt sich auch gemäß dem *Makrokosmos-Mikrokosmos-Prinzip* ineinander. In diesem Sinne gilt der Mikrokosmos der Erde als analog zum Makrokosmos des Universums, der Mikrokosmos der menschlichen Gesellschaft als analog zum Makrokosmos der Erde, der Mikrokosmos des einzelnen Menschen wiederum als analog zum Makrokosmos der menschlichen Gesellschaft. So folgen nach matriarchaler Auffassung Mensch, Gesellschaft und Erde denselben Gesetzmäßigkeiten wie der Makrokosmos des Alls.

Aus dieser Vorstellung, den matriarchale Kulturen von der Welt haben, kann der Begriff von Magie in matriarchalen Kulturen abgeleitet werden. Magie wird in der westlichen Zivilisation meist negativ verstanden, als ein Zeichen von Unwissenheit bei „rückständigen" Völkern, die glauben, durch gewisse die Natur imitierende Praktiken diese beeinflussen zu können. Der Glaube an die Wirksamkeit von Magie scheint in dieser Sichtweise nur darauf zu beruhen, dass solche Völker die Naturgesetze nicht kennen. Das ist unser Begriff von Magie, und er wurde insbesondere von Kolonialherren und christlichen Missionaren nicht-westlichen Völkern unterstellt, um sie als „primitiv" zu kennzeichnen, womit die Legitimation gegeben war, sie zu kolonialisieren und zu missionieren.

Auch bei etlichen Theoretikern des 19. und 20. Jahrhunderts rangiert Magie auf der geistig niedrigsten Stufe, wie jene Stufentheorien der Geschichte zeigen, die das magische Weltbild zum primitivsten erklären, das religiöse Weltbild als höher hinstellen, bis es zum wissenschaftlichen Weltbild kommt, das als die Krone gilt (1). Solche Stufentheorien der Geschichte jeglicher Art beinhalten jedoch große Probleme:

Erstens wird in ihnen stets die geschichtlich letzte Phase – in der man selbst lebt – zur besten erklärt, eine Idee, die sich durchaus bezweifeln lässt.

Zweitens sind sie allesamt eurozentrisch, denn sie stammen von Theoretikern aus der westlichen Zivilisation, die damit stets ihre eigene Kultur zur besten erheben.

Drittens hat dies beträchtliche politische Folgen gehabt, denn diese Stufentheorien der Geschichte haben ihrerseits zur Rechtfertigung des Kolonialismus auf anderen Kontinenten gedient – und dienen heute noch dazu.

Im Rahmen der modernen Matriarchatsforschung habe ich erkannt, dass dieser Begriff von Magie falsch und im höchsten Grad tendenziös ist. Um zu verstehen, was matriarchale Kulturen mit „Magie" meinen, ist vorausgesetzt, dass man ihre Weltanschauung versteht – wie ich sie oben kurz skizziert habe. Wenn die kosmische und irdische Natur in allen ihren Erscheinungsformen für sie eine Göttin ist, dann betrachten sie diese als ein schöpferisches, geistvolles, beseeltes Gegenüber und keine physikalisch beschreibbare „tote Materie". Im magischen Ritual treten matriarchale Menschen mit dieser kosmisch-irdischen Göttin, der „Einen mit den tausend Gesichtern", in Dialog, in eine achtungsvolle und hingebungsvolle Kommunikation.

Diese dialogische Haltung hat nicht das mechanistische Kausalprinzip von Ursache und Wirkung als Hintergrund – das wurde von Europäern gemäß ihren eigenen Denkmustern in magische Rituale indigener Völker hinein interpretiert. Sondern diese dialogische Haltung ist ein empathisches Sich-in-Übereinstimmung-Setzen oder Sich-in-Balance-Bringen mit dem Gefüge des gesamten Lebens und der Welt, von dem die Menschen immer ein Teil sind. Je besser es gelingt, sich mit dem Wirken der umfassenden Göttin Natur in Übereinstimmung zu bringen – was selbstverständlich auf vorhergegangener, langer Beobachtung, also Erfahrung beruht – desto wirksamer ist der Dialog mit ihr, eben die Magie in diesem Sinne. Dieser Dialog richtet sich sowohl an die außermenschliche Natur, z. B. bei Wettermagie, wie an die innermenschliche Natur, z. B. bei schamanischen Heilungen. Dabei werden äußere und innere Natur nie als völlig voneinander getrennt betrachtet, was logisch ist, wenn Menschen sich als Teil des allgemeinen Lebensstroms sehen, und was außerdem dem Makrokosmos-Mikrokosmos-Prinzip entspricht.

Die magischen Techniken entsprechen diesem Begriff von Magie. Sie sind in der Regel Ekstase-Techniken, wobei „Ekstase" hierbei kein unkontrolliertes Delirium meint (2). Die authentische Ekstase ist ein vollkommenes Zusammenwirken aller menschlichen Fähigkeiten, der geistigen, der emotionalen, der leiblich-expressiven, in höchster momentaner Entfaltung. In diesen magischen Momenten gehen Menschen mit allen ihren Kräften gleichzeitig in äußerst gesteigerter Form in Dialog mit der göttlichen Natur. Der äußere Ausdruck dafür ist in der Regel der Tanz, und zwar in seiner ältesten Bedeutung: Tanz als Gebet (3).

Was ist nach der Zerstörung der matriarchalen Gesellschaftsform durch die frühen und späteren patriarchalen Gesellschaften aus dieser Art von Magie geworden?

Wie wir gesehen haben, waren in matriarchalen Gesellschaften Magie und Religion nicht zu trennen, ja sie waren ein und dasselbe.

In jeder patriarchalen Gesellschaft werden sie hingegen auseinander gerissen, wobei Religion sich auf einen männlichen, transzendenten Gott richtet, der allein als gut gilt, während Magie nur noch mit der dinglichen Welt zu tun haben soll, die abgewertet und erniedrigt wird. Als die verführerische „Frau Welt" gilt sie sogar ausdrücklich als böse. Es heißt, Religion sei Glaube, Magie sei Aberglaube, deshalb wird sie verurteilt. Diese Einstellung durchzieht die gesamte christliche Religionsgeschichte. Sie hat wesentlich zum Hexenwahn und zur Ermordung von Tausenden von Frauen und vielen andersdenkenden Männern in Europa beigetragen, denen magische Praktiken vorgeworfen wurden, die nur vom „Teufel" stammen konnten. Diese sogenannten „Hexen" waren aber die europäischen Schamaninnen, die Heilerinnen und Hebammen, die noch bis in die europäische Neuzeit hinein älteren religiösen Traditionen anhingen als den christlich-patriarchalen. Insofern greift hier die Unterscheidung in „weiße" (heilende) und „schwarze" (schadende) Magie überhaupt nicht – den sogenannten „Hexen" wurden schwarzmagische Praktiken vorgeworfen –, denn es ging um die Vernichtung der Reste einer uralten matriarchalen Weltvorstellung. Angesichts solcher Tatsachen hilft es auch nichts, wenn heute manche christlichen Forscher zögerlich der Magie wieder einen Platz einräumen wollen – allerdings nur im christlich-patriarchalen Kontext. Es bleiben dabei dennoch die alten Probleme bestehen: Magie sei „animistisch", klebe an den Dingen und sei irgendwie verhaftet in einer kindlichen Einstellung (siehe den Slogan „Kindheit als magische Phase"). Ich hoffe deutlich gemacht zu haben, dass eine solche Beschreibung die tendenziöse Haltung nicht verloren hat, dass sie noch immer latent abwertend ist und dass sie vor allem auf den matriarchalen Begriff von Magie gar nicht zutrifft.

Zuletzt nahmen sich Psychologen im Rahmen des westlichen, bürgerlichen Spätpatriarchats der Magie an. Sie wird hier als ein mögliches Element in der Therapie betrachtet – wogegen von einem schamanischen Gesichtspunkt aus nichts einzuwenden wäre. Der Begriff der Magie wird dabei jedoch sehr verengt und einseitig gesehen, denn sie wird nun personalisiert und nur noch als eine Heiltechnik für Menschen verstanden. Das geht soweit, dass sich Magie schließlich völlig in der individualisierenden Psychologie auflöst. C. G. Jungs Aussage, dass ein echtes Ritual nicht magisch, sondern psychologisch sei, beweist dies. Dem widerspreche ich auf dem Boden des matriarchalen Begriffs von Magie entschieden: Ein echtes Ritual ist kein Psychologie-Ersatz, sondern magisch! Denn es geht darin um eine Vorstellung vom Menschen, die ihn keineswegs als ein von der Welt isoliertes, unverbundenes Einzelwesen sieht. Im Gegenteil geht es darum, dem Menschen wieder bewusst werden zu lassen, dass er ein Teil der lebendigen Welt, ein Teil von allem ist. Und dieses neue Bewusstsein kann nicht nur ihn selbst heil werden lassen, sondern auch die Erde, auf der er lebt.

Infolge des patriarchal-dualistischen Denkens, das Geist im Gegensatz zur

Natur oder Gesellschaft im Gegensatz zur Natur sieht und künstlich auseinander reißt, befinden sich die meisten Menschen in den patriarchalen Gesellschaften nicht mehr in Übereinstimmung mit der Natur, weder der inneren noch der äußeren. Denn es greift der allgemeine Wahn schon lange um sich, dass wir quasi außerhalb der Natur stehen und sie von oben herab mittels der Kausalgesetze beherrschen oder manipulieren könnten. Dieser Abbruch des magischen Dialogs zwischen Menschen und Natur zerstört fortgesetzt Teile des Lebensgefüges, Teile der Natur, der Erde, bis diese Gesellschaften sich selbst zerstört haben werden. Deshalb halte ich es für nachdenkenswert, ob wir nicht Magie im matriarchalen Sinne dringend nötig haben, nämlich

- als Verehrung und Liebe zur Göttin Natur, die uns trägt und nährt;
- als Dialog mit allen ihren Wesen, Erscheinungen und Kräften;
- als Bemühen, die Balance zwischen unseren Gesellschaften und der Erde, die unsere Welt ist, wieder herzustellen.

*Anmerkungen und Literaturhinweise*


1) Vgl. James George Frazer: *Der goldene Zweig. Eine Studie über Magie und Religion*, Frankfurt a. M. 1977.
2) Mircea Eliade: *Schamanismus und archaische Ekstasetechnik*, Frankfurt a. M. 1980.
3) Heide Göttner-Abendroth: *Die tanzende Göttin. Prinzipien einer matriarchalen Ästhetik*, München 1982–2001.

# 10 Schamanimus und Matriarchat

## *Das matriarchale Weltbild*

Für unser Thema sind das matriarchale Weltbild und die matriarchale Auffassung vom Göttlichen am wichtigsten. Darum will ich hier die Grundprinzipien des matriarchalen Weltbilds kurz darstellen. Darauf aufbauend will ich beleuchten, was es mit dem Schamanismus auf sich hat.

### *Erstes Prinzip*

Wenn wir nach der Vorstellung vom Göttlichen in matriarchalen Kulturen fragen, brauchen wir nicht weit zu suchen, vor allem nicht im transzendenten Bereich. Matriarchale Kulturen kennen keinen transzendenten Gott, der so weit von der Welt entfernt ist, dass er unsichtbar, ungreifbar, eben un-begreifbar ist, so dass niemand – nicht einmal die Theologen – genau wissen, was er ist. Er ist eben ein Abstraktum, das heißt, „Gott“ ist zu einen derart abstrakten Begriff geworden, dass er leer ist. Genauso wenig kennen matriarchale Kulturen eine transzendente Göttin, denn dies wäre dieselbe abstrakte Vorstellung, nur mit umgekehrten geschlechtlichen Vorzeichen. Sie würde an der patriarchalen Denkfigur: Trennung von Welt und Gott, von Natur und Geist, nichts ändern.

In Matriarchaten gibt es diese Trennung nicht, denn die ganze Welt wird als göttlich betrachtet. Sie ist eine Gottheit zum Sehen, Hören und Anfassen, und sie ist immer da. Weil matriarchale Kulturen den elementaren Grundsatz nicht vergessen haben, dass alles aus dem Weiblichen geboren wird, ist für sie die ganze Welt weiblich-göttlich, nämlich geboren aus der urschöpferischen, weiblichen Kraft. Wir finden deshalb in jeder matriarchalen Religion die weibliche Urschöpferin, die das Universum aus sich hervorbringt. Die andere Urgöttin ist die Mutter alles Lebendigen, die Erde. Sie ist die Schöpferin der Pflanzen-, Tier- und Menschenwelt, und der Begriff „Mutter Erde“ ist uns heute noch geläufig.

### *Zweites Prinzip*

Wenn die ganze Welt mit allem, was darin und darauf ist, als göttlich betrachtet wird, dann ist auch alles „heilig“, im Sinne von „heil oder heilend“. Es gibt im matriarchalen Weltbild keine Trennung des Heiligen vom Profanen, weder in der Welt der natürlichen Wesen, noch im Reich der Naturerscheinungen, noch im Bereich der täglichen Tätigkeiten in der Menschenwelt. Daraus ergibt sich die Haltung matriarchaler Menschen, dass es für sie nichts Triviales oder Bedeutungsloses gibt, sondern jede alltägliche Handlung ist zugleich ein bedeutungsvolles Ritual. Wenn zum Beispiel der Bauer Maiskörner in die Erde sät, so ist das ein Ritual, und er zelebriert es als eine Verehrung der Mutter Erde. Oder wenn eine Frau webt, so ist auch das ist ein Ritual, denn sie verknüpft hier auf magische Weise die Fäden des Lebens miteinander.

Wenn matriarchale Menschen ihre Feste gestalten, dann feiern sie darin nicht etwas Welt-Fremdes in dem Sinne, dass es gegen die natürliche Ordnung verstößt. Sondern sie feiern alles, was es in der Welt gibt: die Naturerscheinungen, die Lebewesen, sich selbst als Menschen mitten darin, ihre sozialen Zusammenhänge, ihre Geschichte. Deshalb sind ihre Feste mit den großen Zeremonien nicht grundsätzlich etwas Anderes, etwas Heiliges im Gegensatz zum täglichen Leben, sondern sie feiern darin dasselbe. Es ist nur ein gradueller Unterschied zwischen den Ritualen des Alltags und den Zeremonien der Feste. Sie verhalten sich zueinander – um im Bild zu sprechen – wie ein Wellenberg zum Wellental. In diesem Sinne ist in ihrem Leben alles spirituell. Deshalb bezeichne ich Matriarchate als sakrale Gesellschaften und Göttin-Kulturen.

*Drittes Prinzip*

Wenn die ganze Welt als göttlich betrachtet wird, so hat das Konsequenzen. Dann ist alles mit allem verbunden, und alles kann wechselseitig aufeinander einwirken. Da die Menschen sich als Teil dieses göttlichen Gefüges und mit allem verbunden verstehen, ist es selbstverständlich, dass alles auf sie einwirken kann, aber auch, dass sie selbst auf alles einwirken können.

In patriarchalen Zivilisationen, insbesondere der unsrigen, wird alles als getrennt betrachtet: Geist steht gegen Natur, der Mensch ebenfalls gegen Natur, da er sich ja als Geistträger definiert. Die Folge ist Naturverachtung, bei der die Natur als „niedriger“ eingestuft wird und der Mensch sich als die „Krone“ der lebendigen Welt betrachtet. Dies ist eine grundlegende Denk-Hierarchie, aus der viele andere Hierarchien und Probleme folgen. Es ist klassisch patriarchales Denken, das heute unvermindert seine Fortsetzung findet – nicht nur in den patriarchalen Religionen mit ihrem transzendenten Gott, dem gegenüber die Welt abgewertet wird, sondern auch in allen esoterischen Strömungen, die nach Transzendenz streben und die jede weltzugewandte Spiritualität als minderwertig betrachten, weil sie abhängig vom Sinnlichen sei.

*Viertes Prinzip*

Im matriarchalen Weltbild stellt man sich die Welt dreigestaltig vor: Oben ist der Himmel, in der Mitte die Erde, in der Tiefe die Unterwelt. Man nennt es das Dreistockwerk-Weltbild, das für archaische und antike Kulturen charakteristisch ist. Die Mythologie matriarchaler Kulturen spiegelt diese Dreigestaltigkeit der Welt in der Dreifaltigkeit ihrer Großen Göttinnen wider: Oben wohnt die Himmelsherrin, die kosmische Schöpferin und Lichtbringerin, die viele Namen hat. In der Mitte wohnt die fruchtbare Göttin des Landes und des Meeres, die mütterliche Schöpferin des Lebens; auch sie hat tausend Namen, da sie tausend verschiedene Gesichter zeigt. In der Tiefe unter der Erde oder am Grunde von Gewässern wohnt die vielgestaltige und vielnamige Göttin der Unterwelt, die Herrin über das Schicksal, denn in ihrer Hand liegen die Gesetze von Leben, Tod, Umwandlung und Wiedergeburt (1).

Diese matriarchale Auffassung von der dreifachen Göttin reicht mit ihren Wurzeln bis in die Altsteinzeit zurück, und sie wurde in der Jungsteinzeit, der Blütezeit der matriarchaler Kultur, reich entfaltet. Patriarchale Gesellschaften entstanden viel später. Aber noch bei den historisch überlieferten Göttinnen und ihren Mythen lassen sich diese matriarchalen Wurzeln erkennen (2).

Die drei Zonen der Welt stellt man sich nicht getrennt vor, sondern sie sind durch eine Weltachse miteinander verbunden. Diese Achse der Welt kann ein heiliger Berg sein, der dann als Mittelpunkt oder „Nabel“ der Welt betrachtet wird – wie der heilige Berg Kailash in Tibet. Oder diese Achse wird durch einen mythischer Baum vorgestellt – wie die Weltesche Yggdrasil in der keltisch-germanischen Mythologie. Es gibt viele Mythen von magischen Himmelsleitern, die zwischen den Zonen der Welt hinauf oder hinab führen. Beispielsweise gebrauchen die Hopi in Arizona noch heute in ihren traditionellen Zeremonien solche „Himmelsleitern“ (3).

### *Schamanismus*

Die Art der Rituale und Zeremonien, in denen die Verbindung zwischen den drei Zonen der Welt hergestellt wird, ist in matriarchalen Kulturen – und nicht nur dort – immer schamanisch. Das heißt, die Verbindung wird mithilfe schamanischer Trance- und Ekstasetechniken geschaffen. Denn schamanische Tätigkeit bezieht sich nicht nur aufs Heilen von Personen, sondern auch auf das Wiederfinden von verloren gegangener Verbindung mit anderen Ebenen oder Zonen der Welt.

Wenn ich sagte, dass matriarchale Spiritualität immer schamanisch ist, dann ist sie immer auch magisch. Was Magie ist, wurde in unserer westlichen christlich-patriarchalen Zivilisation sehr missverstanden und absichtlich falsch interpretiert. Magie ist im matriarchalen Weltbild die Gewissheit, mit allem verbunden zu sein, woraus folgt, dass man sich auch mit allem absichtlich verbinden kann. Sie ist nichts anderes als die respektvolle und hingebungsvolle Kommunikation mit der Natur und allen ihren Kräften – sowohl mit der äußeren Natur um uns wie mit der inneren Natur in uns. Diese Kommunikation findet weniger über Worte, sondern mehr über mythische Bilder, rituelle Handlungen und erweiterte Wahrnehmung statt (4).

Mithilfe schamanischer Techniken werden von Schamanen auf magische Weise die drei Ebenen oder Zonen der Welt besucht und damit erneut verbunden. Dabei können sie auf der Weltachse sowohl in die obere als auch in die untere Ebene reisen. Das finden wir in allen schamanischen Weltbildern wieder, sei es,dass sie dabei nach oben auf heilige Bäume und Berge steigen oder nach unten in Höhlen und Schluchten, wobei sie meist die Himmelsleiter gebrauchen. So reist der Schamane bei einer Heilung oft in die Tiefe, in die Unterwelt, um eine verlorene Seele zu suchen und sie wieder heimzubringen; auf diese Weise bewirkt er die Heilung. Oder er reist in die obere Sphäre, den Himmel, um Botschaften von göttlichen Wesen zu empfangen.

Schamanische Rituale und Handlungen sind in den letzten Jahrzehnten gründlich erforscht und ausführlich beschrieben worden – zumindest was männliche Schamanen betrifft (5). In den ethnologischen Werken der Schamanismus-Forscher trifft man in der Regel nur Männer an; es ist der typisch einseitige Blick der herrschenden, westlich-patriarchalen Wissenschaft. Von diesen Forschern wurde immer wieder die Frage aufgeworfen, worin der Schamanismus seine Wurzeln hat, wobei man häufig die altsteinzeitliche, sogenannte „Jagdmagie" als Antwort herangezogen hat.

Nun ist diese „Jagdmagie" mittlerweile sehr zweifelhaft geworden, selbst bei Archäologen. Außerdem ist die Frage nach den weiblichen Schamanen, also den Schamaninnen, noch nicht einmal in den Blick gekommen. Daran schließt sich die nächste Frage an, ob denn Schamaninnen genau dasselbe tun wie Schamanen?

Diesen Fragen möchte ich jetzt nachgehen.

## *Schamaninnentum und Matriarchat*

Wir dürfen aufgrund vieler Indizien und Hinweise annehmen, dass es in matriarchalen Kulturen ursprünglich nur Priesterinnen gab – wobei dieses Priesterinnentum nicht vom alltäglichen Leben abgetrennt war, so dass alle Mitglieder der Gesellschaft mehr oder weniger rituelle Verehrungsformen gebrauchten. Soweit es jedoch spezieller Kenntnisse bedurfte, wie z. . medizinisches und astronomisches Wissen, lag es in den Händen von Priesterinnen, und diese waren immer Schamaninnen. Denn in matriarchalen Kulturen ist jede priesterliche Tätigkeit eine schamanische. Da die matriarchale Kulturepoche der patriarchalen vorausging, war die älteste Form des Schamanentums also das Schamaninnentum. Heute gibt es in matriarchalen Gesellschaften Schamaninnen und Schamanen, aber vieles weist darauf hin, dass Frauen die schamanischen Rituale zuerst und lange ausschließlich praktiziert haben. Männliche Schamanen kamen erst später auf.

Woraus schließe ich das? Denn das ist eine starke Behauptung, für die es Belege braucht. Wir wissen mittlerweile, dass die Menschen in der Altsteinzeit bereits einen Wiedergeburtsglauben gehabt haben, worauf ihren Bestattungssitten hinweisen. Insbesondere die Frauen haben in den großen altsteinzeitlichen Kulthöhlen den Kult von Tod und Wiedergeburt ausgeführt. Dieser Blick weit zurück in die Vergangenheit lässt sich anhand von matriarchalen Gesellschaften in der Gegenwart bestätigen, bei denen ebenfalls der Kult von Tod und Wiedergeburt in den Händen der Frauen liegt.

In den Ritualen von Schamaninnen und Schamanen werden Lebensprozesse verstärkt, Heilungen durchgeführt und Reisen in die verschiedenen Zonen der Welt unternommen, insbesondere in das Jenseits der Unterwelt oder Anderswelt. Was bedeutet das genauer? Wenn Frauen seit ältester Zeit die Tod- und Wiedergeburts-Rituale ausgeführt haben, so waren sie es, die unmittelbar mit den Ahnengeistern im Jenseits in Kontakt traten. Die matriarchale Ahnenverehrung und der matriarchale Wiedergeburtsglaube hängen eng zusammen. Frauen haben nämlich die Gabe, die Ahnengeister aus dem Jenseits zurückzurufen.

Hier einige Belege dazu aus meiner Forschung zu Ostasien, aus der Kultur der vor-chinesischen Völker, bevor das heutige han-chinesische Reich mit seiner patriarchalen Geschichte begann (6): Noch aus den Anfängen des han-chinesischen Reichs ist der weiblich-schamanische Wu-Kult belegt, der weit vor die Zeit dieser patriarchalen Reichsgründung zurückreicht. Der Wu-Kult ist ein uraltes, bodenständiges Kulturelement in China. Er kommt noch heute bei den nicht-chinesischen, indigenen Völkern auf dem Boden Chinas vor, die Schritt für Schritt im Verlauf der Expansion des patriarchal-chinesischen Reichs zurückgedrängt wurden oder diesem Reich einverleibt und unterdrückt wurden – wie es heute den Tibetern geschieht.

In ekstatischen Tänzen und Trancen unternahmen die Wu-Schamaninnen Jenseitsfahrten. Es ist aus den alten chinesischen Chroniken bekannt, dass der Wu-Kult anfangs nur von Frauen ausgeübt wurde, die als Heilerinnen, Priesterinnen und Wettermacherinnen ihre Stämme lenkten. Das heißt, diese Schamaninnen waren nicht irgendwelche abseitigen Personen am Rand der Gesellschaft, sondern im Gegenteil: Sie waren die Stammesmütter und Königinnen ihrer Völker, die sie mit ihren spirituellen Gaben führten.

Das chinesische Bildzeichen für Wu stellt eine tanzende, weibliche Person dar. (Das Schriftzeichen für den männlichen Schamanen ist von dem der Schamanin abgeleitet). Es ist bekannt, dass Schamaninnen in der gesamten chinesischen Geschichte immer eine größere Bedeutung hatten als die späteren Schamanen. Sogar im patriarchalen China konnte der Wu-Kult nie ganz unterdrückt werden, bis die chinesischen Kaiser sich gezwungen sahen, eine Wu-Schamanin als repräsentative Person sogar bei Hof zuzulassen.

Was haben das hohe Alter und die ursprünglich große Bedeutung des Schamaninnentums für Gründe? Frauen als schamanische Priesterinnen widmeten sich insbesondere dem Familien-Schamanimus, und dieser steht in engster Beziehung zum Ahnenkult. Es ist eine sehr aufschlussreiche Erkenntnis, dass der Schamanismus nicht aus der sogenannten „Jagdmagie" der Männer entstanden sein kann – wie fraglos noch immer behauptet wird –, sondern aus dem von den Frauen ausgeführten uralten, familialen Totenkult, der auf das Engste mit dem Wiedergeburtsglauben verknüpft ist. Dafür spricht, dass es die Haupthandlung bei den Totenfesten im archaischen Familien-Schamanismus ist, verstorbene Familienmitglieder durch junge Familienangehörige darzustellen, die als deren lebende Verkörperung gelten. Diese rituelle Handlung ist noch bei der ländlichen chinesischen Kultur

Brauch gewesen, bevor die kommunistische Überfremdung kam. Dabei wurden die Ahnen und Ahninnen durch die (Ur-)Enkel und (Ur-)Enkelinnen dargestellt. Hier liegt die sehr alte Überzeugung zugrunde, dass die verstorbenen Großeltern in dieselbe Sippe zurückkehren, und zwar wiedergeboren in den Enkelkindern. Dieser Glaube ist keineswegs fremd und exotisch, er war einst auch in Europa verbreitet, worauf etliche Rituale beim Ahnenfest Halloween hinweisen, bei dem Kinder in ihrer Verkleidung nicht „Gespenster", sondern Ahnen und Ahninnen darstellten. Noch in unserer deutschen Sprache gibt es einen Anklang an diesen Glauben, denn das Wort „En-kel" oder „An-kel" bedeutet „kleiner Ahn" bzw. „En-kelin" bedeutet „kleine Ahnin". Erst durch das Christentum wurde der allgemein verbreitete Glaube an Wiedergeburt in diesem konkreten Sinne verboten und verdrängt.

Nun gibt es bei dieser Form des Familien-Schamanismus eine direkte sinnliche Komponente. Denn bei den indigenen Völkern auf chinesischem Boden waren die Totenfeste keineswegs Trauerfeiern mit ernsten Mienen, sondern eher Feste der fröhlichen Begegnung zwischen den lebenden und jenseitigen Mitgliedern der Sippe. Man musizierte und speiste auf den Friedhöfen und lud die Ahnenseelen dazu ein, und die Freude war oft lautstark. Insbesondere trafen sich dabei alle Mitglieder aus der eigenen Sippe mit denen aus der verschwägerten Sippe, und es wurde heiteres Wiedersehen gefeiert. Erotische Freuden waren bei diesem Wiedersehen keineswegs ausgeschlossen, und auch hier wollten die Ahnenseelen am Vergnügen teilhaben. Darum tanzte die jeweilige Familienschamanin – eine matrilineare (Ur-)Enkelin der Ahnenseelen – in ihren schönsten Gewändern für sie. Es heißt, sie war ein „orchideenhaft gekleidetes Mädchen", und ihre Schönheit und Eleganz übertraf bei diesen Feiern die aller anderen Frauen. Durch ihre blumigen Gewänder, die extravagante Toilette, die Musik, den Gesang, den Tanz und die hingebungsvolle Trance lockte sie stellvertretend für alle anderen Frauen der Sippe die Ahnengeister erotisch an. Denn diese sollten in ihren Schoß bzw. in den Schoß der anwesenden jungen Frauen der Sippe eingehen, damit diese mit einer Ahnenseele schwanger würden, die sich Wiedergeburt wünschte. So verband sich mit den Totenfesten die Hoffnung auf ganz reale Rückkehr einer Ahnin oder eines Ahnen. Dank der ausgelassenen Gelage, Trinkereien und Liebesbegegnungen fand dieses Ereignis bei mancher jungen Frau dann auch neun Monate später tatsächlich statt.

Damit enthüllt die in jedem Schamanenkult vorkommende Redewendung „von einem Geist besessen sein" ihren ursprünglichen Inhalt, denn sie bedeutet genauer „von einem Ahnengeist oder einer Ahnenseele besessen sein", was unmittelbar die leibliche Schwangerschaft meint. Und Schwangersein und Gebären können naturgemäß nur Frauen. Damit ist der Zusammenhang von Ahnenkult und Wiedergeburtsglauben offensichtlich geworden. In matriarchalen Kulturen werden Frauen und Mütter nicht nur verehrt, weil sie das Zentrum der Gesellschaft sind, sondern insbesondere deshalb, weil sie als die Wiedergebärerinnen der Ahninnen und Ahnen gelten – und dem ist der Schamaninnenkult gewidmet. In dieser ursprünglichen Form des Schamanismus konnten natürlich nur Frauen wegen ihrer Wiedergeburtsfähigkeit Schamaninnen sein.

Beim Aufkommen der Patrilinearität und des Patriarchats in allen Erdteilen haben sich diese Verhältnisse verändert, denn nun drängten sich Söhne und Enkel in die Rolle des Schamanen, und die Frauen verloren die Ausschließlichkeit der priesterlichen Funktionen. Der alte Sinn des Schamanisierens, nämlich eine Ahnenseele aus der Unterwelt wieder auf die Erde heraufzuführen, indem man ihr zur Wiedergeburt verhilft – dieser alte, grundsätzliche Sinn des Schamanisierens ging dabei verloren.

Der männliche Schamane kann naturgemäß nicht eine verstorbene Ahnenseele durch Wiedergeburt aus der Unterwelt zurückholen. Deshalb hat sich beim männlichen Schamanisieren stattdessen der Schwerpunkt auf das Heilen verlagert. Im Heilen holt der Schamane – und das tun auch Schamaninnen – symbolisch die Seele eines Kranken aus der Unterwelt zurück, wo ein Dämon sie gefangen hält. In dieser vom ursprünglichen Sinn abgeleiteten Form erforschten Ethnologen dann das Phänomen des Schamanismus, und es ist verständlich, dass sie dann keine befriedigende Erklärung finden konnten, worin er seine Wurzeln hat. Die Erklärung ist aber gar nicht so schwierig, wenn wir vom weiblichen Ursprung des Schamanismus ausgehen.

*Heute: Schamaninnentum in Korea*

In diesem Zusammenhang ist der Schamanimus in Korea besonders aufschlussreich (7). Er hat nicht nur eine Jahrtausende alte Tradition, die bis in die Gegenwart reicht, sondern er ist heute noch wie ehedem ein fast völlig weibliches Phänomen. Die statistischen Untersuchungen belegen, dass 95 Prozent der Schamanen der koreanischen ekstatischen Tradition Frauen sind. Es handelt sich also klar um ein Schamaninnentum. Die Anhängerschaft besteht zu 95 Prozent ebenfalls aus Frauen. Die Frauen pflegen bis auf die heutige Zeit ihren uralten Kult, den Mu-Kult, den sie nie aufgegeben haben, während die Männer strenge Konfuzianer wurden und heute noch anderen Idealen folgen.

Die koreanische Schamanin, die Mu-Dang, ist Trägerin eines uralten Glaubens, den Frauen untereinander feiern. Das Wort „Mu-Dang" bedeutet zugleich „Erdpriesterin" und „inspirierte Schamanin". Das weist deutlich auf einen matriarchalen Zusammenhang hin. Korea ist heute nicht mehr matriarchal, sondern eine patriarchale Gesellschaft und ein moderner Industriestaat (Süd-Korea). Aber das koreanische Schamaninnentum ist ein Überrest aus der matriarchalen Kulturepoche Koreas, der sich erhalten hat. In früheren Zeiten war dieses Amt der „Erdpriesterin" oder „inspirierten Schamanin" ein öffentliches religiöses Amt der bedeutendsten Frauen im Stamm oder im Königinreich. In Alt-Korea wie in Alt-China waren es immer Frauen, die als Vermittlerinnen zwischen Göttinnen und Menschen für die spirituellen Angelegenheiten ihrer Kultur sorgten. Sie waren Familienpriesterinnen, betreuten die Totenrituale, die Ahnenverehrung ihrer Sippe, sie waren Medizinfrauen und Heilerinnen. Vor allem waren sie Wiedergebärerinnen der Ahnen – das ist das wichtigste Merkmal.

Wie die Wu in Alt-China, so tanzt auch die Mu-Dang in Korea bei einem Ritual in ihren farbenprächtigsten Gewändern, deren Farbe und Zuschnitt symbolische Bedeutung haben. Ihre Schönheit soll den Geist oder die Gottheit anziehen, damit diese erotisch in sie fährt und sie in heilige Ekstase versetzt, in der sie ihre Worte als Weissagung verkündet. Die bestimmten Geister oder Gottheiten, denen die Schamanin zeitlebens dient, gelten durchaus als ihre persönlichen Geist-Geliebten.

Die Tracht der Schamanin ist so sehr klassischer Ausdruck des Schamanimus in Korea, dass die wenigen männlichen Schamanen dieselbe tragen. Sie üben daher ihre Rituale in Frauengewändern aus, in langen Röcken mit Pluderhosen darunter, mit weiblicher Frisur, mit Hut und Fächer in der Hand, denn offenbar können sie nur als Frauen verkleidet die Geister mit ähnlicher erotischer Kraft anziehen. Auch das weist darauf hin, dass der Schamanimus von seiner Wurzel her ein weibliches Phänomen ist. So ist aus vielen historischen Kulturen bekannt, dass Männer das Priesteramt nur in langen Frauengewändern ausüben konnten. Zum Beispiel traten die männlichen Priester der kleinasiatischen Göttin Kybele in der Tracht der Kybele-Priesterinnen auf, auch dann noch, als der ekstatische Kybele-Kult Rom erreicht hatte und dort gefeiert wurde – sehr zum Missfallen des patriarchalen römischen Senats. Aus diesem Kult übernahm die junge christlich-römische Kirche die Tracht für ihre Priester: langes, mit Spitze besetztes Gewand, reich bestickter Mantel, Stola und – bei Bischöfen – die hohe Haube der Göttin Kybele. So kommt es, dass noch heute die katholischen Priester bei der Messe eine historische Priesterinnentracht tragen. Auch das ist nochmals ein Indiz dafür, dass Schamanentum und Priestertum – die im Anfang nicht getrennt waren – weiblichen Ursprungs sind. Noch heute nehmen viele indigene Völker an, dass die religiösen und spirituellen Fähigkeiten den Frauen angeboren sind, während Männer sie erst erlernen müssen.

### *Einst: Schamaninnentum in Europa*

Auch in Europa gab es eine uralte Schamaninnen-Tradition, doch sie wurde gänzlich ausgelöscht. Denn wir haben auch in diesem Kontinent tiefreichende matriarchale Wurzeln aus der alt- und jungsteinzeitliche Epoche (8). Die matriarchale Epoche liegt ein paar Jahrtausende vor unserer Zivilisation, doch matriarchale Spiritualität und schamanische Kultpraktiken wurden noch lange während der patriarchalen Epoche Europas weiter tradiert. Sie lebten in der keltischen Kultur weiter, dann in der germanischen Kultur, und während der Christianisierung Europas im Mittelalter überlebten sie noch lange verdeckt in den unteren Schichten der Bauern, Handwerker und fahrenden Leute.

Priesterinnen-Schamaninnen mit großem Einfluss sind von den Kelten bekannt, sie hießen „Druiden". Das mag überraschen, denn wir haben uns angewöhnt, unter Druiden nur männliche Priester zu verstehen. Dennoch ist dieses Wort weiblicher Herkunft, was man bei seiner Germanisierung zu „Drude" oder „Trude" erkennen kann. Eine „Trude" ist eine Priesterin oder bezeichnet gar eine Göttin, was wir an der schönen Erzählung von Theodor Storm: *Die Regentrude* sehen können (9). In dieser mythischen Erzählung ist die Regentrude eine riesige Frau, die unter der Erde schläft, bis ein Mädchen (!) sie erweckt, weil das Land in der Sommerglut zu verdorren droht. Als die Regentrude es wieder regnen lässt, erwacht alles zu neuem Leben.

Ein „Drudenfuß" (Pentagramm oder fünfzackiger Stern) galt im Mittelalter als magisches Zeichen, das insbesondere die „Hexen" anwendeten, um sich zu schützen. Auch die Ortsbezeichnung „Trudering" bei München weist darauf hin, dass hier ein „Hexenring" bestanden hat, das heißt, ein Steinkreis, in dem die europäischen Schamaninnen einst ihre Rituale feierten. Im Begriff „Hexe" mit seinem negativen Beigeschmack können wir bereits die Dämonisierung der europäischen Schamaninnen erkennen, die in den ersten Jahrhunderten der Neuzeit zu blutigen Verfolgungen geführt hat, bei der Tausende von Frauen, als „Schadenshexen" denunziert, ermordet wurden (ebenso etliche Männer, die als „Hexer" oder „Ketzer" gebrandmarkt wurden).

In der nordgermanischen Überlieferung der Mythensammlung *Die Edda* (Island) tritt uns das Bild der europäischen Schamanin noch deutlicher entgegen (10). Sie hieß bei den Nordgermanen „Völva", bei den Südgermanen „Wala" und war Priesterin, Seherin, Weissagerin, Wettermacherin, Schamanin und Heilerin in einem. Die Völva war hoch angesehen und geehrt, und eine Mythe in *Die Edda* berichtet, dass der spätere Kriegsgott Odin sein schamanisches Wissen von einer Völva lernte.

Aus der vor drei Jahrzehnten von Feministinnen begonnenen Hexenforschung (11) kann man ersehen, dass die europäischen „Hexen" nicht anders gearbeitet haben, als wir es von Schamaninnen aus Südamerika, Afrika oder Asien kennen. Nur sind deren Wurzeln nicht so radikal abgeschnitten worden, wie es in Europa der Fall war. Mit Beginn der Neuzeit hat man in Europa gegen die Schamaninnen, Heilerinnen und Hebammen und die matriarchalen Kulturelemente, die sie noch tradierten – insbesondere den Glauben an Göttinnen, wie zum Beispiel Diana, Venus, Frau Holle – einen „heiligen Krieg" geführt. Kirche, Staat und die aufkommende, naturwissenschaftliche Medizin sorgten als eine unheilige Allianz für eine gründliche Vernichtung Andersdenkender. Sie war wesentlich eine Verfolgung der europäischen Schamaninnen, der „weisen Frauen", und rottete deren reiches Wissen aus – oder vereinnahmte es in der neuen, männlich geprägten Medizin. Das weitete sich dann zu allgemeinen Pogromen gegen Frauen jeden Alters und jeder Schicht aus, falls sie das Unglück hatten, von irgendjemand als „Hexe" denunziert zu werden. Das Ende dieser grausamen Pogrome ist noch nicht lange her, sie reichten bis ins 18. Jahrhundert hinein. Erst seit dieser kurzen Zeit ist Europa „frei" von jedem Schamaninnentum.

## *Die Situation heute*

Die Wiederentdeckung des Schamanismus – wie sie in der westlichen Welt zur Zeit geschieht – hat diese Situation verändert. Schamanische Religions- und Heilungsformen werden heute in der westlichen Welt wieder praktiziert. Durch sie wird ein neuer Respekt für die Erde und ihr Lebensgewebe oder die „Biosphäre" eingeübt, was in der westlichen Zivilisation dringend nötig ist.

Ich bin der Überzeugung, dass diese Wiederentdeckung des weltweit verbreiteten Schamanimus notwendig zum Gewahrwerden der matriarchalen Kultur führen wird. Denn wenn man bei seiner männlichen Spielart stehen bleibt, wird das Phänomen insgesamt zu eng verstanden und vieles im Unklaren gelassen. Erst die moderne Matriarchatsforschung und die Erforschung des weiblichen Schamanismus geben diesem Gebiet seine kulturelle Tiefe und große Reichweite zurück.

Abgesehen davon haben Frauen in Europa heute wieder begonnen, Elemente ihre Kultur und Spiritualität zurückzuholen, etwa in der Umwertung des Worts „Hexe" zu einer positiven Gestalt (Deutschland und USA) oder im nächtlichen Ruf: „Zittert, zittert, die Hexen kommen wieder!" (Italien) seit dem Beginn der Neuen Frauenbewegung. Seither hat sich die internationale Goddess Movement oder Frauenkultur-Bewegung entwickelt, in der Frauen ihr traditionelles Wissen zunehmend wieder gewinnen und in spirituellen Festen feiern, die der Erde und den Göttinnen gewidmet sind. Sie nähern sich dabei dem alteuropäischen Schamaninnentum und der matriarchalen Kultur bewusst wieder an.

## *Anmerkungen und Literaturhinweise*

1) Robert von Ranke-Graves: *Griechische Mythologie. Quellen und Deutung*, Reinbek bei Hamburg 1984; Heide Göttner-Abendroth: *Die Göttin und ihr Heros. Die matriarchalen Religionen in Mythos, Märchen, Dichtung*, Stuttgart 2011 (zuerst München 1980, Frauenoffensive Verlag).
2) Marija Gimbutas: *Die Sprache der Göttin*, Frankfurt a. M. 1995; dies.: *The Living Goddesses*, (hg. und ergänzt von Miriam Robbins Dexter), Berkeley–Los Angeles–London 1999.
3) Heide Göttner-Abendroth: *Das Matriarchat II,2. Stammesgesellschaften in Amerika, Indien, Afrika*, Stuttgart 2000, Kap. 3.
4) Siehe Heide Göttner-Abendroth: „Magie in matriarchalen Kulturen", Beitrag in diesem Buch.
5) Siehe zum Beispiel das klassische Werk von: Mircea Eliade: *Schamanismus und archaische Ekstasetechnik*, Frankfurt a. M. 1980.
6) Vgl. zu dem Folgenden Heide Göttner-Abendroth: *Das Matriarchat II,1, Stammesgesellschaften in Ostasien, Indonesien, Ozeanien*, Stuttgart 1991, Kap. 4: zu den Bergvölkern Chinas.
7) Vgl. Heide Göttner-Abendroth: *Das Matriarchat II,1*, a. a. O., Kap. 5: zu den Schamaninnen Koreas. Siehe alle weiteren Quellen dort.
8) Siehe dazu: Marija Gimbutas: *Die Zivilisation der Göttin*, Frankfurt a. M. 1996.

9) Theodor Storm: *Die Regentrude und andere Märchen*, Stuttgart 1976, Reclam Nr. 7668.

10) *Die Edda*, (herausgegeben von Felix Genzmer), Düsseldorf/Köln 1969.

11) Siehe dazu insbesondere: Erika Wisselinck: *Hexen. Warum wir so wenig wissen von ihrer Geschichte erfahren und was davon auch noch falsch ist*, München 1986; ebenso: Gabriele Becker/Silvia Bovenschen/Helmut Brackert u.a.: *Aus der Zeit der Verzweiflung. Zur Genese und Aktualität des Hexenbildes*, Frankfurt a. M. 1977; Claudia Honegger (Hg.): *Die Hexen der Neuzeit*, Frankfurt a. M. 1978; Gunnar Heinsohn/Otto Steiger: *Die Vernichtung der weisen Frauen*, Herbstein 1985.

# 11 Tochter der Göttin, Schwester des Mannes Matriarchale Muster in den Zaubermärchen

## *Einleitung*

Hier beschäftigt uns die Frage, welchen kulturellen Hintergrund Märchen eigentlich haben und in welchem kulturgeschichtlichen Boden sie wurzeln. Denn sie sind, wie alle kulturellen Erscheinungen, keine frei flottierenden Gebilde oder zeitlos im Raum schwebende Entitäten. Wenn ich „Märchen" sage, beziehe mich dabei auf die Gattung der internationalen Zaubermärchen, nicht auf Schwänke, Fabeln, Allegorien usw.

Leider werden die Zaubermärchen in verschiedenen Strömungen der Märchen-Interpretation auf diese losgelöste Weise gehandhabt, was sie vollends aus ihrem sozialen und geschichtlichen Kontext reißt und den Erkenntnisgewinn, den sie bieten können, untergräbt. Doch sie sind eine überaus wichtige Quelle für soziale und weltanschauliche Muster aus frühen Menschheitsepochen und damit ein kostbarer Kulturschatz, den es sorgsam zu hüten und zu verstehen gilt – genauso wie es mit anderen kulturellen Gütern auch geschieht. Aber statt sie aus ihrem eigenen kulturellen Zusammenhang verstehen zu wollen, werden sie heute überwiegend zum Projektionsschirm für moderne Auffassungen aus unserem spätpatriarchalen Kontext missbraucht, was sie ihrer eigenen Aussage aus ihrem Kulturkontext beraubt. So wird ihnen ihr Boden, statt ihn zu erforschen, genommen, und sie werden künstlich zu fiktiven Gebilden gemacht. Diesen Umgang würden wir mit keinem anderen Teil unseres kulturellen Erbes wagen.

Die Fiktionalisierung der Märchen setzte mit der Romantik ein – insbesondere durch die Brüder Grimm –, ein Vorgang, der die Gattung „Märchen" überhaupt erst schuf. Denn was die romantischen Sammler bei ihrer Tätigkeit vorfanden, waren großenteils keine „Märchen", sondern Reste einer viel älteren Weltanschauung als der patriarchalen. In diesem Sinne waren die sogenannten „Märchen" viel eher Mythen – worauf von den Grimms in ihren Kommentaren auch hingewiesen wurde –, und als solche bezogen sie sich auf einen bestimmten Ort, eine bestimmte Zeit und eine bestimmte kulturelle Epoche. Die in ihnen auftretenden Gestalten gehörten zum Glaubensgut der einfachen Menschen, häufig die Gewährsleute der Sammler.

Das schönste Beispiel dafür bietet das sog. Märchen von Frau Holle, in welchem der mythologische Name noch nicht verloren gegangen ist. Frau Holle war keine fiktive Märchengestalt, sondern die Große Göttin Mitteleuropas und gütige Mutter, an welche die Leute in abgelegenen Rückzugsgebieten noch glaubten und an die sie sich um Hilfe wandten. Dass dies noch im 18. und 19. Jahrhundert der Fall war, als die Holle-Mythen als sogenannte „Märchen" gesammelt wurden, sollte uns eher erstaunen und zu genauerer Kulturforschung anregen, z. B. mit solchen

Fragestellungen, wieso Mitteleuropa in derart später Zeit noch einen Glauben an die Göttin besaß und auf welche Weise dieser so lange überleben konnte?

Dieser mögliche, interessante Forschungsansatz wurde von den Brüdern Grimm sofort zugeschüttet, indem sie die Erzählungen ihrer Gewährsleute als *Kinder- und Hausmärchen* (KHM) fiktionalisierten und als den Ausdruck einer nebulösen „Volksseele“ betrachteten. Dass diese negative Entwicklung nicht unbedingt nötig ist, zeigt der Umgang mit Erzählungen von Feen und anderen Gestalten in der Folklore Irlands, Islands, des Alpenraums, der Pyrenäen usw., wo diese Wesen bei den Menschen durchaus noch als der Ausdruck einer früheren Epoche verstanden werden und ihnen Realität zugeschrieben wird. Bei den Gebildeten Europas hingegen nahm die fatale Entwicklung nach den Brüdern Grimm ihren Lauf. Nun wurden überall „Märchen“ gesammelt und zum Nationalgut erklärt, wobei diese aus ihrem tatsächlichen geschichtlichen Rahmen, den die Auffassung der einfachen Leute noch spiegelte, herausgerissen wurden. Später nahm sich die Märchenforschung der Sache an und schuf nun mit formalistischer Spitzfindigkeit Gattungsunterschiede zwischen „Mythen“, „Sagen“ und „Märchen“, die allein aus ihrem Geist entsprangen (1). Die heute grassierende, psychologistische Märchendeutung mit ihrem Hantieren mit ungreifbaren seelischen „Archetypen“ setzt diesem Prozess der Fiktionalisierung die Krone auf – ganz abgesehen davon, dass sie bei den Inhalten ihrer weiblichen und männlichen „Archetypen“ unhinterfragte Muster aus dem eigenen psychosozialen patriarchalen Kontext mitschleppt (2).

### *Matriarchale Mythologie als kultureller Hintergrund der Zaubermärchen*

Die scheinbaren Gattungsunterschiede zwischen „Mythen“ und „Märchen“ lassen sich leicht durch den Prozess des Abstiegs eines früheren, hochkulturellen Glaubens- und Mythensystems erklären, dessen Inhalten eine spätere Epoche feindlich gegenüberstand, so dass nur noch eine Fortdauer in Subkulturen möglich war. Die subkulturellen Veränderungen der Mythen entstanden dabei keineswegs dadurch, dass die einfachen Menschen nicht in der Lage gewesen wären, das komplexe Gefüge matriarchaler Mythologie, das den reichen und differenzierten Kultfesten in matriarchalen Gesellschaften entsprach, im Gedächtnis zu behalten. Gerade diese Struktur matriarchaler Mythologie wurde mit einer erstaunlichen Genauigkeit beibehalten und diente über Jahrtausende hinweg als das feste Rückgrat, als die unverzichtbare Struktur der lebendigen Nacherzählung.

Es lag auch nicht daran, dass die einfachen Leute unfähig gewesen wären, sich die mythologischen Namen zu merken und deshalb die Gestalten versimpelten und typisierten. Der Grund ist hingegen, dass die namentlich erzählte matriarchale Mythologie in patriarchalen Gesellschaften mit ihren dogmatischen, ausgrenzenden Großreligionen als „feindlich“ oder „heidnisch“ galt und sich deshalb nicht zu erkennen geben durfte. Wir brauchen, um uns diese Situation anschaulich zu machen, nur ans europäische Frühmittelalter zu denken mit dem schwierigen und gewaltsamen Durchsetzungsprozess des Christentums gegen die älteren Religionen, die trotz frühpatriarchaler Vereinnahmung durch Kelten und Germanen noch eine matriarchale Grundlage und einen lebendigen Göttinkult besaßen. Ebenso brauchen wir uns nur an das Spätmittelalter erinnern, in welchem der Göttinglaube verstärkt wieder auftauchte, was zu Beginn der Neuzeit die kirchliche Inquisition mit ihrem Terror und ihren Hinrichtungsmethoden insbesondere gegen Frauen auf den Plan brachte.

Unter solchen Bedingungen verbargen sich die sozialen und religiösen matriarchalen Muster, die noch überlebten, in den sozialen Unterschichten und ethnischen Randgruppen in verschiedenen Rückzugsgebieten. Dort wurden sie aus Gründen des Selbstschutzes nur noch verdeckt weitergegeben. So wurde, statt den Namen der uralten Muttergöttin zu benennen, nur noch von „der Mutter" gesprochen, eine typisierte Figur, die jedoch die Eigenschaften der Großen Göttin beibehält. Statt von einer namentlichen Tochtergöttin in Gestalt der Priesterin, Sakralkönigin oder Erbprinzessin war nur noch von „der Prinzessin" die Rede, die durch ihre magischen Fähigkeiten dennoch Königin wird. Statt den Heros als Partner und Geliebten der Göttin, verkörpert durch den Heiligen König, namentlichen zu nennen, wurde er nur noch „der Prinz" oder „der Held" genannt, obwohl diese Gestalt offensichtlich an der Magie der Göttin teilhat. Auf diese Weise wurden individuelle göttliche Gestalten zu namenlosen Prototypen gemacht, wodurch ihr verbotener Kult besser geheim gehalten werden konnte. Aber die alte mythische Struktur, in der diese Gestalten sich bewegen, erhielt sich unverändert. So vermitteln die Zaubermärchen als verkappte Mythen noch immer dieselbe spirituelle Botschaft aus einer matriarchalen Welt – nicht zuletzt darin besteht ihre ungebrochene Anziehungskraft auf uns heutige Menschen.

Das zeigt, dass es sich bei dieser Typisierung um geschichtlich nachvollziehbare Vorgänge handelt, was nochmals die Haltlosigkeit der Archetypenlehre mit ihren angeblich schon immer ins „kollektive Unbewusste" eingegraben Urbildern beleuchtet. Hier wird – die eigenen Vorurteile eingeschlossen – ontologisiert. Stattdessen würden sich bei ernsthafter Geschichtsforschung die Traditionsstränge, entlang denen kulturelle Ideen und Bilder durch die Jahrtausende bewusst weitertransportiert wurden, durchaus herausfinden lassen.

Die Struktur matriarchaler Mythologie habe ich anhand einer Analyse der gesamten Mythologie des später indo-europäisierten Raums von Indien bis Europa, unabhängig von jeglicher Märchenfrage, herausgearbeitet (3). Die komplexe Struktur der Zaubermärchen aufzufinden gelang hingegen dem Forscher Wladimir Propp, der die erstaunliche Regelmäßigkeit in der Abfolge der Sequenzen der Märchen aufdeckte (4). Aber Propp konnte den Gehalt dieser Regelmäßigkeit der Märchensequenzen nicht verstehen, deshalb erstarrte seine Entdeckung zuletzt in Formeln. Diese unverrückbare Präzision der Märchensequenzen zeigt aber nichts anderes als das Grundmuster matriarchaler Mythologie, insbesondere der spätmatriarchalen Göttin-Heros-Struktur. Sie entspricht dem kosmologischen matriarchalen Weltbild und war sozusagen die „Regieanweisung" für die großen Kultdramen von Göttin und Menschheit, die im Verlauf jedes Jahreszeitenzyklus in den matriarchalen Gesellschaften immer wieder neu inszeniert wurden.

Ich zeige dies nun an einigen Beispielen auf. Das wird die volkstümlich wie wissenschaftlich verbreitete Ansicht von der „Einfachheit" der Märchen als verfehlt erweisen. Zugleich mache ich deutlich, dass die Zaubermärchen keine zeitlich homogenen Gebilde sind, sondern dass die in ihnen enthaltenen Motive und Muster aus sehr verschiedenen kulturellen Epochen stammen. Deshalb ist es nötig, die Märchen genauso wie die Mythen mit den Mitteln der „geistigen Archäologie" zu behandeln, indem man die verschienen zeitlichen Schichten analysiert und voneinander trennt. Dies ist nur möglich mit der sozial- und kulturgeschichtlichen Lesart, die ich bei den internationalen Zaubermärchen allein für die angemessene halte.

## *1. Die Frau als Tochter der Göttin*

### *Frau Holle* (vgl. Grimm KHM 24)

In diesem Märchen hat die zentrale Gestalt noch nicht ihren mythischen Namen verloren. „Frau Holle" geht auf die uralte vorgermanische Erd- und Unterweltgöttin Hel oder Hella zurück, die in der christlichen „Hölle" zum Urbild des Finsteren, Dämonischen, Schlechten gemacht wurde und als Person verschwand. Im alteuropäischen Kult war sie dagegen das Urbild des Guten, Fruchtbaren, Gerechten, Mütterlichen, so wie uns Frau Holle im Märchen noch erscheint.

Frau Holles Wohnort ist nicht eindeutig: Sie wohnt erstens im Himmel, im Wolkenhaus, aus dem herab sie das Wetter macht, d. h. sie lässt es schneien oder regnen oder holt die Sonne hervor. Zweitens garantiert sie die Fruchtbarkeit der Erde, in dem sie alles zum Wachsen, Blühen und Reifen bringt. Drittens wohnt sie auch in der Unterwelt, in ihrem Garten Immergrün, einem unterirdischen Paradies, das unter ihren heiligen Bergen liegt, von denen der Hohen Meißner der bekannteste ist.

Um sie zu erreichen, muss man eine Unterweltfahrt antreten, die durch Teiche oder Brunnen als den Eingang zu Frau Holles unterirdischem Reich führt. Genauso ergeht es dem gepeinigten Mädchen Goldmarie, die durch einen Sprung in den Brunnen Frau Holles Garten Immergrün erreicht. Dieser trägt paradiesische Züge: eine herrlich blühende Wiese, auf die Goldmarie niederfällt; Apfelbäume, brechend voll mit Äpfeln; eine Kuh, deren Euter von Milch strotzt; ein Backofen, in welchem sich das Brot von selbst zu vermehren scheint.

Himmelswohnung, irdische Fruchtbarkeit und paradiesische Unterwelt sind Kennzeichen der matriarchalen Großen Göttin in ihren drei Erscheinungsformen als Mädchen, Frau und weise Alte. Sie ist in ihrer Dreigestalt die Herrin dieser drei Regionen der Welt und regiert die Jahreszeiten und die Zyklen des Lebens. In unserem Märchen sehen wir sie noch als liebevolle, gerechte Alte, aber sie besitzt in ihrer reichen Mythologie, von der dieses Märchen nur ein winziger Bruchteil ist, alle drei Gestalten.

Das Mädchen Goldmarie macht eine Initiationsreise zur Großen Göttin, die mit einem gefährlichen Todesdurchgang, dem Sprung in den Brunnen, beginnt. Hierbei geht es nicht um psychische Prozesse, sondern um das soziokulturelle Ritual der Einweihung einer jungen Frau in die Magie der Göttin. Denn während ihres Aufenthalts im Jenseits bei Frau Holle macht Goldmarie nicht etwa Hausarbeit in der Rolle eines Dienstmädchens – wie uns die verbürgerlichte Fassung von der „fleißigen" Goldmarie weismachen will –, sondern sie wird geistig und praktisch in die Magie der Göttin eingeweiht. So schüttelt Goldmarie nicht einfach die Betten der Frau Holle aus, sondern sie lernt dabei die Wettermagie: Denn beim Bettenmachen fängt es auf der Erde an zu schneien. Wenn Goldmarie Frau Holles Kleider wäscht, regnet es auf der Erde, und wenn sie diese zum Trocknen aufhängt, dann kommt die Sonne hervor (5). Auch das Brotbacken, Äpfelschütteln und Kuhmelken weist in dieselbe Richtung, denn es symbolisiert die frühen praktischen Erfindungen des Matriarchats: die Kunst des Ackerbaus, die Kunst der Veredelung von Pflanzen und der Domestikation von Tieren. Alle diese Künste galten als magisch, und ihre Erfindung wurde Göttinnen zugeschrieben.

Nachdem sie dies gelernt hat, darf Goldmarie selbst am Überfluss der Göttin teilhaben – was der Goldregen symbolisiert. Denn sie weiß nun, wie sie die Erde durch diese Künste kultivieren und fruchtbar machen kann. Sie kehrt von ihrer Initiationsreise zurück, als die irdische Repräsentantin der Göttin, als ihre Priesterin. Die Göttin ist, mythologisch gesehen, ihre Mutter und Goldmarie die menschliche, aber sakral erhöhte Tochter.

Dasselbe Muster begegnet uns in dem russischen Märchen *Wassilissa die Wunderschöne*, in welchem das Mädchen Wassilissa ihre Initiationsfahrt zur Göttin Baba Jaga macht. Zwar ist Baba Jaga mit ihrem rauen Charakter und ihrem von Totenschädeln umgebenen Haus auf viel drastischere Weise Todes- und Unterweltgöttin als Frau Holle, aber das Ergebnis ist dasselbe: Wassilissa erhält ein magisches Licht von der Göttin, sie ist nun eine Eingeweihte, und das Licht weist ihr den Weg zur Würde der Königin (6).

*Aschenputtel* (vgl. Grimm KHM 21)

In diesem Märchen ist die Unterweltfahrt, welche die Heldin zur Tochter der Göttin und Priesterin initiiert, abgeschwächt, dennoch ist sie erhalten. Die Göttin taucht weder als Name noch als Gestalt auf, aber in Aschenputtels angeblich toter Mutter wirkt ihre Magie. Die „Mutter" ist hier der versteckte Typus der Göttin, und bezeichnenderweise hilft sie ihrer Tochter aus dem Jenseits. Obwohl dieses Märchen schon stark patriarchalisiert ist, sind die Episoden Aschenputtels, die ihre Beziehung zu ihrer wahren Mutter spiegeln, voller Schönheit und tragen das Geschehen.

Aschenputtels Mutter gilt als „tot", und sie wohnt in ihrem Grab, einem Haus der Unterwelt. Von dorther ist sie zugunsten ihrer Tochter sehr aktiv, was sie als göttliche Helferin aus dem Jenseits kennzeichnet und nicht als tote, menschliche Mutter. Zunächst lässt sie aus ihrem Grab den Zauberbaum aus dem Zweig wachsen, den Aschenputtel dort pflanzte. Auf seinen Ästen sitzen Zaubervögel, sprechende Tauben, die Aschenputtel bei der Arbeit helfen. Die Taube ist wie die Schlange ein ältestes matriarchales Symbol. Taube und Schlange tauchen in matriarchalen Schöpfungsmythen auf, in denen die Urgöttin sich in das eine oder andere Wesen verwandeln kann. Der Zauberbaum überschüttet Aschenputtel aus der Höhe mit silbernen und goldenen Kleidern wie das Tor der Frau Holle die Goldmarie, der sich das Gold ebenfalls wie ein Kleid anschmiegt. In diesen magischen Gewändern, Symbolen des Lebensreichtums, geht Aschenputtel zum Fest und ist deshalb unwiderstehlich für den Prinzen. Denn sie erscheint als Eingeweihte der Göttin, als priesterliche Frau. Am Schluss dieses Märchens sorgen die sprechenden Vögel für Gerechtigkeit, ein Zug, der auch in vielen Frau Holle-Mythen hervortritt. In einer Variante dieses Märchens reicht Aschenputtels Mutter ihrer Tochter die Zauberdinge sogar selbst aus dem Grab.

Eine ähnliche Konstellation finden wir in dem Märchen *Die Gänsemagd* (KHM 3), in der es ebenfalls die Mutter im Jenseits ist, deren Magie die Tochter schützt: das Taschentuch mit den drei Blutstropfen und das sprechende Pferd Fallada. Die Göttin kommt hier nicht mehr als Gestalt oder Name vor, aber der magische Initiationsweg der Tochter findet dennoch statt und mündet – trotz patriarchaler Überdeckung wie in *Aschenputtel* – in ihrer Erhöhung als sakrale Person, als Königin.

Diese Relation zwischen der Göttin und der menschlichen Priesterin als ihrer mythologischen Tochter enthält die Göttin-Struktur der matriarchalen Mythologie: Die Göttin ist die Herrin von Himmel, Erde, Unterwelt und erscheint häufig als Dreifaltigkeit. Die Priesterin-Königin ist am Schluss im Triumph ein verjüngtes Abbild der Göttin selbst, wie an der vergoldeten Goldmarie und auch an Aschenputtel zu sehen ist. Letztere steht zum Schluss ebenfalls in ihrer vollen Schönheit da, denn sie ist weiß und rot „wie Rose und Schneeball“ – so kam sie nach dem Wunsch ihrer Mutter auf die Welt (Variante). Sie steht in goldenen Kleidern da und wird umschwirrt von den Tauben. Damit ist sie eine Spiegelung zweier Aspekte der Göttin gleichzeitig, der weißen Mädchengöttin und der roten Liebesgöttin (7).

## 2. *Die Frau als Schwester des Mannes*

In den meisten Zaubermärchen endet die Schicksalsprüfung der Heldin mit ihrer Hochzeit, bei der sie Königin wird, so in den hier erwähnten *Aschenputtel*, *Die Gänsemagd*, *Wassilissa die Wunderschöne*. Bei den bekannten Märchen *Dornröschen* (KHM 50), *Schneewittchen* (KHM 53), *Froschkönig* (KHM 1) und anderen verhält es sich genauso. Der Vergleich der internationalen Varianten zeigt jedoch, dass damit nur die Hälfte dieser Märchen vorliegt, denn es wird nur ihre erste Sequenz wiedergegeben. Diese folgt den Stadien: gefährlicher Aufbruch der bedrohten Tochter; ihr Initiationsweg durch viele Prüfungen hindurch; glückliche Heimkehr; Hochzeit, die ihre wahre Würde als Priesterin oder sakrale Königin enthüllt. Die zweite Sequenz, die notwendig dazu gehört, ist bei den Brüdern Grimm verloren gegangen oder unterdrückt worden. Sie folgt den Stadien: gefahrvolle Situation nach der Hochzeit; Entrückung des einen Partners in einen totenähnlichen Zustand; häufig lange Suche des anderen Partners, um diesen Zustand aufzulösen, wobei der Weg durch die Unterwelt/Anderswelt führt; Erlösung oder Rehabilitation; glückliche Rückkehr im Triumph.

Es gibt viele Märchen, die beide Sequenzen ausführlich enthalten, zu ihnen gehört die große Gruppe der Schwester-Brüder-Märchen. Auch sie besitzen auffallende matriarchale Elemente, die sich hier besonders auf die sozialen Muster beziehen.

*Die zwölf Brüder* (KHM 9), *Die drei Raben* (KHM 25), *Die sechs Schwäne* (KHM 49) und andere wie *Der Vogel der Wahrheit*

In diesen Märchen ist die zweite Sequenz, die von der Hochzeit bis zur Wiederkehr der Heldin führt, konsequent beibehalten. Dabei bleiben die jungen Frauen nicht nur Töchter auf ihrem Initiationsweg, sondern nach der Hochzeit mit einem jungen König werden sie selbst Mütter, und außerdem sind sie die Schwestern von Brüdern. Schwestern sind sie sogar in erster Linie, denn durch alle Gefahren hindurch fühlen sie sich für ihre Brüder, die in wilde Tiere verzaubert wurden, verantwortlich. Sie sind für die Erlösung ihrer Brüder aus der Tiergestalt bereit, alles zu opfern: ihr angenehmes Leben und ihren Reichtum, ihr Ansehen, ihre Königinkrone, die Liebe ihres Gatten, sogar ihre Kinder und selbst ihr eigenes Leben. Die Schwester-Bruder-Beziehung zeigt sich hier so tief, dass sie die Gattenbeziehung bei weitem überstrahlt, sie scheint aus einer anderen Welt zu stammen.

So ist es in der Tat: Die Beziehung zwischen Schwestern und Brüdern in diesen Märchen ist matriarchal, die Beziehung zwischen den Heldinnen und ihren königlichen Gatten hingegen patriarchal. In der matriarchalen Gesellschaft steht die erwachsene Schwester – nachdem sie ihre Initiation vollendet hat – als Erbprinzessin oder sakrale Königin handelnd im Zentrum. Denn sie besitzt die Fruchtbarkeit, welche die Matrilinie verlängern wird, sie kennt die matriarchalen Künste und das kultische Wissen, obendrein symbolisiert sie als Stellvertreterin der Göttin das Land. Ihre Brüder ehren und schützen sie, für sie ist die Schwester die wichtigste Bezugsperson. Denn Schwestern und Brüder sind die Kinder derselben Mutter, sie tragen in der Mutterlinie denselben Clannamen, wohnen im selben mütterlichen Clanhaus und meistern gemeinsam die Geschicke des Clans. Die Liebes- und Gattenbeziehungen treten – bei der Offenheit und Auflösbarkeit, die sie in matriarchalen Gesellschaften haben – dahinter zurück. Daher setzt die Schwester alles daran, ihre Brüder zu erlösen, denn ohne diese kann der Clan, den sie lenkt, nicht gut weiterleben. Diese matriarchale Schwester-Bruder-Beziehung ist auch der Kern der Tragödie „Antigone" von Sophokles, worin Antigone ihren in der Schlacht gefallenen Bruder unter allen Umständen bestatten will und es auch tut, obwohl sie dafür vom Tyrannen Kreon mit dem Tod bestraft wird.

Durch ihre Verzauberung haben die Brüder nicht mehr Teil am menschlichen Leben, sie streunen jagend in den Wäldern umher, kommen in Fellen und Federn daher, während die Schwester menschliche Kleider trägt, die sie selber anfertigte. Keine Art menschliches Gewand, nicht einmal ein Hemd – und wenn es nur aus Gras wäre – haben die Brüder! Deshalb finden wir in diesen Märchen die Schwestern stets damit beschäftigt, ihren Brüdern unter schwierigsten Umständen Menschenhemden zu weben, um sie damit aus ihrem nicht-menschlichen Zustand zu erlösen.

Vielleicht deutet sich darin auch ein urkultureller Zustand an, in welchem die Männer als Jäger verharrten, während die Frauen der Jungsteinzeit bereits Garten- und Hausbau sowie die Webkunst entwickelt hatten. Dann geht es den Schwestern darum, ihre Brüder aus diesem urkulturellen, „wilden" Zustand herauszuholen, sie zu kultivierten Bewohnern ihrer Häuser zu machen und in ihre neue, sesshafte Kultur zu integrieren.

Die schwere Aufgabe der Erlösung ihrer Brüder führt die Schwestern unserer Märchen auf den Initiationsweg, auf welchem sie die Magie des Webens pflegen. Sie nehmen dabei an der Abgeschiedenheit ihrer Brüder von allen Menschen teil, indem sie die freiwillige Abgeschiedenheit im Wald wählen. Sie bleiben obendrein stumm und ohne menschliche Gefühlsäußerung wie ihre Tierbrüder. Unablässig über Jahre arbeiten sie an den Zauberhemden, bis ein junger König sie findet und wegen ihrer Schönheit heiratet. Damit ist die erste Sequenz beendet.

Die zweite Sequenz enthält die Verstoßung der Schwester, die nun Königin ist, durch ihren Gatten. Sie ist dabei ohne Schuld – anders als sonst häufig zu Beginn der zweiten Sequenz, wo für die Entrückung ein Verstoß gegen ein Gebot vorliegt. Denn hier hat ein patriarchales Muster ältere, matriarchale Motive überlagert, was sich im Verhalten des Königs zeigt: Er führt die schöne Frau aus dem Wald heim, ohne sie viel zu fragen, und heiratet sie. Er besitzt allein das Königreich und drängt sich als Gatte in den Vordergrund, die fremde Frau lebt nur gnadenhalber als Königin an seiner Seite. Ihr merkwürdiges Verhalten ist ihm auch bald verdächtig, und als sie obendrein verleumdet wird und ihre Kinder gestohlen werden, ist sein Urteil fertig – sie gehört als eine „Hexe" auf den Scheiterhaufen! Brutal geht es hier nur um den physischen Tod, die reine Vernichtung, während alle magischen Todeszustände, die im matriarchalen Kontext vorkommen, Verwandlungen zu höherem Leben sind. Trotz der Todesdrohung gelingt es der verstoßenen oder verurteilten Königin in letzter Sekunde, ihre Brüder zu erlösen. Dadurch wird sie rehabilitiert und darf strahlend zurückkehren. Damit schließt die zweite Sequenz.

Beide Sequenzen zusammen gehen auf das Grundmuster matriarchaler Mythologie zurück. Es enthält die Struktur der Großen Göttin in ihrer dreifaltigen Gestalt Mädchen–Frau–Alte, die Himmel–Erde–Unterwelt regiert. Sie hat die

Funktionen der Lichtbringerin (Mädchengöttin), der Liebes- und Lebensbringerin (Frauengöttin) und der Bringerin von Tod und Wiedergeburt (Göttin als weise Alte). Ihr sind in ihren drei Gestalten bestimmte astrale Symbole, heilige Tiere und magische Gegenstände zugeordnet, wie z. B. Pfeil und Bogen aus Silber (Mädchengöttin), der Liebesapfel (Frauengöttin), Spindel und Spinnrad (Göttin als weise Alte) und andere (8).

Der Partner der dreifaltigen Göttin ist der Heros oder Heilige König als Repräsentant der Menschen. Er repräsentiert mit seinen Kräften nicht den Kosmos wie die Priesterin oder Sakralkönigin, welche die Göttin verkörpert, sondern er repräsentiert ihr gegenüber das Volk. Wie die Menschen auf die kosmische und irdische Natur bezogen sind, als Teil von ihr, so ist der Heros auf die Göttin bezogen. Durch sie erfährt er das Schicksal des Menschen, nämlich Geburt, Initiation, Heilige Hochzeit, Tod als Reise durch die Unterwelt/Anderswelt, die glückliche Wiedergeburt oder Wiederkehr. Leben und Tod werden dabei nicht linear, sondern zyklisch aufgefasst, sie gehen wechselweise auseinander hervor: Leben führt zum Tod, und Tod mündet durch Wiedergeburt in neuem Leben.

Diese doppelte Struktur matriarchaler Mythologie war kein starres Schema, sondern lebendiges Kultdrama im Verlauf eines Jahreszyklus, das alle matriarchalen Kulturen kannten. Außerdem enthält sie das Weltbild des Spätmatriarchats, das in den noch später aufgeschriebenen Mythologien in unsere Zeit tradiert wurde. Von diesen herkommend gelangte sie in die Zaubermärchen, die – wie wir gesehen haben – keine Märchen, sondern nicht namentlich benannte Mythen sind. Hier erscheint sie wieder als die doppelte Sequenz, welche die meisten Märchen als das grundlegende Erzählgerüst noch immer besitzen, trotz aller Unverständnisse und Zerstückelungen.

## *3. Der Mann als Heros der Göttin*

In den hier betrachteten Märchen ist es jedoch die Frau und nicht der Mann (Heros), welche die Stadien von Initiation, Heiliger Hochzeit, Unterweltreise und Wiederkehr an sich erfährt. Dieses Problem lässt sich durch einen Blick auf die kulturgeschichtliche Entwicklung auflösen, welche die matriarchale Gesellschaftsform in ihrer mehrtausendjährigen Geschichte durchgemacht hat. Aus dem Vergleich mit ethno-historischem Material dürfen wir annehmen, dass es zuerst die Frau war, welche diese Stadien des magischen Weges durchschritten hat (9). Sie tat dies in Nachahmung der Göttin, die einst selbst die Reise durch Himmel, Erde und Unterwelt, einschließlich Tod und Wiedergeburt, unternommen hatte – wie die großartigen Inanna-Hymnen aus Sumer zeigen (10) – und auf diese Weise die Macht über alle drei Regionen der Welt erwarb. Die Frau als die Priesterin geht diesen Weg, die Göttin nachahmend, ebenfalls und erwirbt damit das Wissen und die Magie von allen drei Regionen der Welt. Diese Phase spiegeln die bisher betrachteten Märchen.

Es gibt jedoch eine spätere Entwicklungsphase, in welcher der Mann stärker in die matriarchale Gesellschaftsform integriert ist als zu Beginn ihrer Entstehung. In diesen Anfängen behielt er vermutlich seine angestammte Jägerkultur bei, während die Frauen längst schon Garten- und Ackerbäuerinnen geworden waren. Nachträglich wurde er dann auch Ackerbauer und Mitglied einer rein agrarischen Gesellschaft. Nun hatte er, als Sohn und Bruder in seinem matrilinearen Clan, Anteil an der Fruchtbarkeitsmagie und den großen Festen im Jahreszeitenzyklus. In der Gestalt des Heros oder Heiligen Königs, der eine rein rituell-repräsentative Funktion und keine Macht innehatte, trat er nun auch die magische Reise durch die drei Regionen Himmel, Erde und Unterwelt an. Allerdings konnte er sie nicht in Nachahmung der Göttin tun wie die Priesterin-Königin, aber er durfte sie stellvertretend für die Menschen und zum Wohl seines Volks tun. Denn die Reise des Heros durch die drei Regionen der Welt ließ ihn weise werden und brachte seinem Volk den Segen der Göttin.

Die spätmatriarchale Mythologie überliefert uns dieses Muster reichhaltig, bei dem die Göttin ihren Heros durch die drei Regionen der Welt führt und ihn Initiation, Heilige Hochzeit, Tod und Wiederkehr erfahren lässt. Die Zaubermärchen besitzen beide Versionen: den magischen Weg der Frau, die Priesterin wird, und den magischen Weg des Mannes, der Heroskönig wird. Hier betrachte ich nun aus der große Gruppe der „Heilbringermärchen", in denen der Mann als Heros hervortritt, ein Beispiel:

*Die vier kunstreichen Brüder* (KHM 129)

Die Heilbringermärchen haben ein allgemeines Handlungsschema, dem auch dieses Märchen folgt. Vier oder drei Brüder bewerben sich zugleich um die Hand einer Prinzessin, die ihnen Proben auferlegt. Der Jüngste besteht diese Proben, sei es, dass er den wunderbarsten Gegenstand findet, sei es, dass er eine magische Kunst erwirbt oder anderes mehr. Daraufhin darf er die Heilige Hochzeit mit der Prinzessin feiern. Nun folgt entweder eine Verfehlung oder eine Intrige, welche zur Verbannung des Helden oder zu seiner langen Reise durch die Unterwelt führen. Häufig kommt darin das Motiv des Kampfes mit einem Ungeheuer vor, wobei nun der falsche Held auftaucht, der sich als Sieger ausgibt. Doch am Hochzeitstag der Prinzessin mit dem falschen Helden tritt der wahre Held auf und kann beweisen, dass er das Ungeheuer getötet hat. Es kommt zur Rehabilitation und triumphalen Wiederkehr.

Dieses Märchen hat unter verschiedenen Titeln zahlreiche internationale Varianten. Aber immer treten die drei Stadien der Göttin-Heros-Struktur: die Initiation als das Bewältigen von Heiratsaufgaben, die Heilige Hochzeit mit der Priesterin/Erbprinzessin, Tod oder Unterweltreise und glückliche Wiederkehr, mit derselben Klarheit hervor.

Die Heiratsaufgaben bestehen meist in Geschicklichkeitstests, welche die Klugheit der Bewerber prüfen. Mit „Klugheit" ist in matriarchalem Zusammenhang keine profane Intelligenz gemeint, sondern das kultische Wissen und die Fähigkeit, mit Magie umzugehen. Das Vollbringen der Heiratsaufgaben entspricht der Initiation des Helden durch die Prinzessin, die hier die Göttin in ihrem ersten Aspekt als Mädchengöttin repräsentiert. Der Bewerber muss unbedingt in Magie bewandert sein, weil die Heilige Hochzeit, die er mit der Prinzessin feiern will, als ein magisches Ereignis verstanden wird. Die Prinzessin/Königin tritt ihm dabei als Repräsentantin der Göttin in ihrem zweiten Aspekt als Liebesgöttin entgegen.

In der zweiten Sequenz stehen seine magischen Fähigkeiten dann vollends auf der Probe: Er muss in jedem unscheinbaren Tier einen Helfergeist erkennen können, was die Sanftmütigkeit seines Herzens prüft, und er muss den Kampf mit dem Ungeheuer bestehen, das stets die Kräfte des Todes verkörpert und ein Symboltier der Göttin in ihrem dritten Aspekt als Todesgöttin ist. Hierbei kann er nicht aus Selbstherrlichkeit siegen, sondern nur als magischer Kämpfer, das heißt, indem er sich völlig dem Wirken des Schicksals und der Göttin überlässt – die eigentlich heroische Haltung. Er gerät dabei in der Regel in einen totenähnlichen Zustand, denn er liegt verwundet und bewusstlos da, weshalb sich der falsche Held eindrängen und die Indizien des Kampfes mit dem Ungeheuer an sich reißen kann. Auf diese Weise wird sein totenähnlicher Zustand vervollständigt, denn er wird vom Kostbarsten entfremdet, das er als Mann besitzen kann: seinem Name, seiner Tat, seinem Ruhm. Seine heroische Tat wird verschwiegen und einem anderen zugesprochen, er selbst bleibt unerkannt und wird herabgewürdigt. Damit existiert er für sein Volk nicht mehr als Heros-König.

Aber der falsche Held ist zuletzt erfolglos, da er über das magische Wissen und die entsprechende Haltung nicht verfügt. Schließlich entlarvt ihn die Prinzessin/Königin und erkennt den Heros, den sie wieder in seine Rechte einsetzt. Damit führt sie seine umso strahlendere Wiederkehr herbei und erscheint ihm damit im Aspekt der lichten Göttin der Wiedergeburt.

Bei der Patriarchalisierung dieses Märchentyps verselbständigt sich dann die Aktivität des Helden, das Abenteuer um des Abenteuers willen kommt auf den Plan, wie es vor allem die mittelalterlichen Romane mit ihren Märchen-Motiven spiegeln. Nun treten diese Helden immer mehr in den Mittelpunkt, ihren Taten geht der magische Kontext verloren, während der Frau/Prinzessin nur noch eine passive Rolle übrig bleibt. Ihre Gestalt verblasst zum schönen Hintergrund für seinen Ruhm.

## *Transformationen der Zaubermärchen*

Das führt zum Thema der patriarchalen Transformationen der Zaubermärchen, wie sie auch die Mythensysteme der Großen Göttin erfahren haben. Dabei entsprechen typische Transformationen der matriarchalen Muster typischen Veränderungen der Gesellschaftsstruktur, welche durch sie hindurchscheint.

Eine erste typische Veränderung ist das Verschweigen der mythologischen

Namen der Gestalten und damit deren vereinfachende Typisierung. Gleichzeitig wird die Gestalt der Göttin zur „bösen Hexe“ und „bösen Stief/Schwiegermutter“ dämonisiert und zum Teil ins Lächerliche verzerrt (z. B. *Hänsel und Gretel*). Als die gütige, schenkende Mutter wird sie in die Vergessenheit gedrängt und kommt höchstens noch als Verstorbene vor (z. B. *Aschenputtel*). Restlos zerstört wird das matriarchale Muster von der Göttin und ihrer Tochter-Priesterin, wenn die göttliche Mutter zum herrschenden und befehlenden Vaterkönig vermännlicht wird (z. B. *Der Froschkönig*). Diesem hat die Prinzessin nun zu gehorchen, bis sie zum bloßen, willenlosen Heiratspfand zwischen Vaterkönig und heldenhaftem Bewerber herabsinkt (z. B. *Das tapfere Schneiderlein*).

Ferner wird die in den Zaubermärchen sehr häufig vorkommende Frauen-Dreiheit, die auf menschlicher Ebene ein Abbild der dreifaltigen Göttin ist, auseinander gerissen. In vielen Varianten, die ursprünglicher sind als die Grimmschen Version, kommen drei Schwestern vor, die nacheinander das Heldinnen-Schicksal zu bestehen haben (z. B. die schottische Variante von *Der Froschkönig*). Später bleibt davon nur noch eine übrig, oder die beiden anderen werden zu „bösen, neidischen Stief/Schwestern“ gemacht, die der jüngsten Schwester alles erdenkliche Leid antun (vgl. *Aschenputtel*, *Der Vogel der Wahrheit* usw.). Denn Solidarität unter Frauen ist im Patriarchat undenkbar, stattdessen müssen sie sich stereotyp um den einzigen Mann streiten.

Auch die Vermännlichung von Schwestern gehört dazu; anstelle der zwei Schwestern der Heldin werden zwei oder auch nur ein funktionsloser Bruder eingeführt (z. B. *Hänsel und Gretel*). Diese unterscheiden sich deutlich von den funktionsreichen, verzauberten Brüdern in den Schwester-Brüder-Märchen, die in einem matriarchalen Sippenkontext stehen. Dafür wird den noch matriarchal geprägten Schwestern ein patriarchaler Gatte übergeordnet. Auf diese Weise wird der unbedingte Einsatz der Schwester aber zum unerklärlichen Motiv, es heißt von ihr nur noch, sie sei eben eine „besonders gute“ Schwester.

Der patriarchale Gatte ist stets der ranghöhere, denn er besitzt nun das Königreich, im Gegensatz zur matriarchalen Sakralkönigin, welche ihr Land und Reich selbst regierte. Sie „besaß“ es jedoch nicht, sondern repräsentierte das Land symbolisch. Doch nun ist die Frau vom patriarchalen königlichen Gatten abhängig und wird durch ihn erlöst, erhoben, verdächtigt, erniedrigt, verstoßen, zum Tod verurteilt, wieder begnadigt, je nachdem wie es diesem beliebt. Damit degeneriert sie allmählich zum passiven Objekt zwischen Vater und Gatten oder zum bloßen Projektionsschirm für männliche Vorstellungen.

Eine andere Art der Patriarchalisierung ist die Verbürgerlichung und Verniedlichung der uralten, matriarchalen Symbole. Die ursprünglich magisch-mächtigen Prinzessinnen werden nun als halbe Kinder dargestellt, die neugierig sind (*Dornröschen*), naiv-wankelmütig (*Schneewittchen*), kapriziös (Prinzessin in *Der Froschkönig*). Die einfachen Mädchen verrichten dafür durchgehend Hausputz in der Rolle von Dienstbotinnen. Erotische Akte werden auf Kuss oder Anschauen reduziert. Die Symbole, mit denen diese verkindlichten Figuren umgehen, sind entsprechend: ein goldener Ball, ein zuckersüßes Kuchenhaus, ein hopsendes, glitschiges Fröschlein, ein verzaubertes Brüderchen als Reh am Goldhalsband, gescheite, aber hilflose Gartenzwerge. Was hier hindurchscheint, ist das bürgerliche Puppenbild der Frau, dem die Brüder Grimm so fleißig Ausdruck verliehen haben.

Die gravierendste Änderung ist jedoch die Deformation der alten Mythenstruktur, was besonders den Verlust der zweiten Sequenz in vielen Märchen betrifft. Es ist auffallend, dass dieser Verlust gerade die am meisten mythisch geprägten Frauengestalten wie Dornröschen, Schneewittchen, Aschenputtel ihrer göttinhaften Dimension beraubt und ihre Hochzeit als das einzig erstrebenswerte Ziel erscheinen lässt. Dadurch geraten die Prinzen in die unverdiente Stellung des erlösenden Schlusspunkts. Den Prinzessinnen geht dabei der größte Teil ihrer Aktivität verloren, denn gerade die zweite Sequenz enthielt ihre Unterweltreise und Suche nach dem verlorenen Geliebten, was sie zu magischen Heldinnen werden ließ. Da der Verlust der zweiten Sequenz die Rolle des Mannes stets favorisiert und die Rolle der Frau schmälert, ist dies gewiss kein Zufall (11).

Hierher gehört auch die Übernahme der matriarchalen Göttin-Heros-Struktur in einen ausschließlich männlichen Kontext. Jetzt stehen – wie es besonders die mittelalterliche Epik zeigt – nur noch die Irrfahrten und Taten der männlichen Helden im Mittelpunkt. Das wird, sofern noch religiöse Motive im Spiel sind, bewerkstelligt durch die Ersetzung der Muttergöttin durch den christlichen Vatergott. Sind die Motive hingegen rein profan geworden, dann geht es nur noch um den Ruhm und Glanz des Helden, der einem patriarchalen Kriegerkönig dient, um zuletzt selbst ein solcher König zu werden (12).

Den letzten Patriarchalisierungsschritt stellt die Fiktionalisierung dieser Gestalten und Inhalte dar, womit sie als Gebilde der Phantasie bezeichnet werden und ihnen jeder Realitätsgehalt genommen wird. Diese Fiktionalisierung setzte – wie ich zu Anfang sagte – mit der Romantik ein, und sie hält noch heute in verschiedenen Schattierungen unvermindert an.

*Anmerkungen und Literaturhinweise*

1) Die Auffassung von den Märchen als abgesunkenen Mythen vertraten die Brüder Grimm in: Jacob Grimm: „Vorrede zu den Volksmärchen der Serben" (Hg. Karadschitsch) 1854 und Wilhelm Grimm: „Vorrede zum zweiten Band der KHM", *Kinder- und Hausmärchen*, Göttingen 1856. – Bestritten wurde sie von Lang, Wundt, Panzer, Herrmann, Naumann. – Die Verschiedenheit der Gattungen von Mythos und Märchen wurde herausgearbeitet von Jolles, De Boor, Lüthi, De Vries; vgl. dazu Jolles: *Einfache Formen* Tübingen [4]1972; Helmut de Boor: „Märchenforschung", in: *Zeitschrift für Deutschkunde*, Nr. 42, Leipzig 1928,S. 561–581; Max Lüthi: *Das europäische Volksmärchen*, München, [4]1974; Jan de Vries: *Forschungsgeschichte der Mythologie*, Freiburg/München 1961. – Rückkehr der Entstehung des Märchens aus der Mythologie, wenn auch nicht geradlinig, bei Van Gennep, Wesselski, Eliade. – Eine sozialhistorische Analyse

der Märchen hinsichtlich der Frühgeschichte wurde versucht von August Nitschke: *Soziale Ordnungen im Spiegel der* Märchen, Bd. 1: Das frühe Europa, Stuttgart 1976.

2) Siehe als kritische Gegenbeispiele zur psychologistischen Märcheninterpretation: Angela Waiblinger: *Dornröschen*, Stuttgart 1988; Christa Mulack: *Das Mädchen ohne Hände*, Zürich 1995; Hildegunde Wöller: *Aschenputtel*, Stuttgart 2001.

3) Vgl. Heide Göttner-Abendroth: *Die Göttin und ihr Heros. Die matriarchalen Religionen in Mythos, Märchen, Dichtung*, Stuttgart 2011; ebenfalls Robert von Ranke-Graves: *Griechische Mythologie*, Reinbeck bei Hamburg 1994.

4) Vgl. Wladimir Propp: *Morphologie des Märchens*, München 1972.

5) Vgl. diese Elemente in der Sammlung von Karl Paetow: *Frau Holle. Volksmärchen und Sagen*, Husum 1986. Siehe auch die Nacherzählung der gesamten Holle-Mythologie, versehen mit kulturhistorischem Kommentar, in Heide Göttner-Abendroth: *Frau Holle. Das Feenvolk der Dolomiten – Die großen Göttinnenmythen Mitteleuropas und der Alpen*, Königstein 2005.

6) Vgl. *Wassilissa die Wunderschöne*, nacherzählt von Elisabeth Borchers, Frankfurt a. M. 1974.

7) Vgl. zu allen Varianten die Verzeichnisse und Motiv-Sammlungen von J. Bolte/G. Polivka, *Anmerkungen zu den Kinder- und Hausmärchen der Brüder Grimm*, Neudruck, Hildesheim 1963; Stith Thompson: *Motif-Index of Folk-Literature. A Classification of Narrative Elements*, Kopenhagen ²1955–1958.

8) Vgl. Göttner-Abendroth: *Die Göttin und ihr Heros*, a. a. O.

9) Vgl. Heide Göttner-Abendroth: *Das Matriarchat II,1. Stammesgesellschaften in Ostasien, Indonesien, Ozeanien*, Stuttgart ²1999; dies.: *Das Matriarchat II,2. Stammesgesellschaften in Amerika, Indien, Afrika*, Stuttgart 2000, besonders das Kapitel über Westafrika.

10) Vgl. Diane Wolkstein/Samuel Noah Kramer: *Inanna. Queen of Heaven and Earth*, New York 1983.

11) Siehe die ausführliche Analyse der internationalen Zaubermärchen auf kulturellem Boden in Heide Göttner-Abendroth: *Die Göttin und ihr Heros*, a. a. O., 2. Teil.

12) Siehe Heide Göttner-Abendroth: *Die Göttin und ihr Heros*, a. a. O., 3. Teil.

# 12 Zur Erotik in matriarchalen Gesellschaften

## *Die matriarchalen Muster von Erotik in den Mythen*

Matriarchale Schöpfungsmythen beginnen meist mit einer die Welt ausfüllenden Urmutter. Sie wird darin als große weibliche Einheit vorgestellt, manchmal ausdrücklich als zweigeschlechtlich, denn sie ist die Mutter der ersten Polarität in der Welt, in der Regel die Polarität des Weiblichen und Männlichen – wie auch immer dieses Paar symbolisiert wird (1). Das gilt zum Beispiel für die ägyptische Schöpferin-Göttin Nut, die kosmische Nacht, welche die himmlische Polarität von Mond und Sonne aus sich selbst gebiert. In afrikanischen Kulturen ist es die Mutter Erde, die Mond und Sonne gebiert, wenn diese am Horizont scheinbar aus ihr hervorkommen. In der altchinesischen Mythologie wird das Tao als das große, weibliche Umfassende bezeichnet, welches das polare Paar Yin und Yang aus sich hervorbringt. Auch von der Göttin Kybele aus Kleinasien sagen die Mythen, dass sie zweigeschlechtlich war und das Männliche aus sich hervorbrachte, das in einem Baum symbolisiert wurde. Alle diese Urgöttinnen brauchen dazu keinen männlichen Partner; sie bringen die erste Polarität, mit der die Dynamik in der Welt beginnt, sozusagen „parthenogen" aus sich selbst hervor. Sie sind Schöpferinnen durch die Ur-Geburt, die der Ur-Sprung von allem ist.

Jedoch schaffen solche Urmütter die Ur-Geburt keineswegs als einmalige Angelegenheit, sondern manche von ihnen wiederholen sie täglich und halten auf diese Weise die Schöpfung in Schwung. So ist für afrikanische Völker der Mond die Tochter der Mutter Erde, die jeden Abend sichtbar als Baby aus ihr hervorkommt, wächst, nach dem nächtlichen Himmelslauf wieder in sie hineinschlüpft, um am nächsten Abend wiedergeboren zu werden. Hier erscheint die Tochter als Teil der Mutter, zu deren Geburt ebenfalls kein männlicher Partner benötigt wird. Zugleich wird der Gedanke des Kreislaufs von Geburt, Leben, Tod und Wiedergeburt symbolisch anschaulich, und auch diesen Zyklus schafft die Urgöttin ganz allein aus sich. In den Mythen der ägyptischen Nut geht es nach der Ur-Geburt jedoch anders weiter: Hier heißt es, dass sie jeden Morgen ihren Sonnensohn zur Welt bringt, sich am Mittag von ihm begatten lässt, ihn am Abend verschlingt, um ihn am nächsten Morgen wiederzugebären. In dieser (vermutlich späteren) Version scheint die Urmutter nun ein männliches Wesen zu benötigen, um das Andere: das Männliche, wiederholt aus sich hervorbringen zu können. Ihre Tochter, die große Göttin Hathor, die mit dem Mond assoziiert ist, bringt sie jedoch nach wie vor ohne männliches Zutun aus sich hervor (2).

Diese Schöpfungsmythen zeigen, trotz aller Varianten, eine erstaunlich umfassende Vorstellung von Erotik im matriarchalen Weltbild. Denn Schöpfung geschieht hier nicht durch das abstrakte WORT oder durch ein demiurgisches Machen wie bei männlichen Schöpfergöttern, sondern durch einen leib-sinnlichen

Akt, durch Lust, durch Erotik. „Erotik“ meint hier keineswegs nur die weiblich-männliche Liebesbegegnung, sondern schließt ebenso die Geburt, das Verschlingen/Verschlungenwerden und die Wiedergeburt ein.

Betrachten wir nun die erste Polarität näher, welche die Urmutter hervorgebracht hat: Das weiblich-männliche Ur-Paar. Mond und Sonne sind hierfür klassische, wenn auch nicht die einzigen Symbole. Dabei wird der Mond in den meisten matriarchalen Kulturen als weiblich betrachtet, als Mondgöttin, selten hingegen als männlich. Ebenso gilt die Sonne – falls sie nicht zugleich mit der Mondgöttin Sonnengöttin ist – in vielen matriarchalen Kulturen als männlich. So bilden diese beiden Zentralgestirne am Himmel im matriarchalen Weltbild das weiblich-männliche Ur-Paar, wie beispielweise Selene, die Mondgöttin, und Helios, der Sonnengott, in der griechischen Mythologie. Auch Artemis und Apoll sind mit dem weiblichen Mond und der männlichen Sonne assoziiert. In der Mythologie Ostasiens ist dagegen die umgekehrte Zuschreibung häufig, denn das Ur-Paar stellen die Sonnengöttin und der Mondgott dar, wie beispielsweise Ka Sngi, die weibliche Sonne, und U Bnai, der männliche Mond, bei den Khasi in Nordostindien oder die japanische Sonnengöttin Amaterasu mit ihrem männlichen Partner Susanoo, der allerdings nicht den Mond, sondern Stürme, Meer und Unwetter symbolisiert (3).

Nun ist dieses polare Ur-Paar nicht nur weiblich und männlich, sondern stets auch Schwester und Bruder. Sie sind Geschwister, denn ein und dieselbe Mutter hat sie geboren. In den Mythologien führen sie die Schöpfung der Welt fort, und dies geschieht jetzt nicht mehr „parthenogen“, sondern durch Erotik im Sinne der polaren weiblich-männlichen Dynamik. Betrachten wir beispielsweise das japanische Geschwisterpaar Izanami und Izanagi, das in den Mythen Japan erschaffen hat. Diese Schöpfung wird in erotischen Bildern dargestellt, denn der göttliche Bruder rührt mit seinem „Speer“ in der „Urflut“, worauf die göttliche Schwester mehrere Inseln gebiert, die Japan sind (4). In der griechischen Mythologie finden wir ähnliche Ur-Geschwisterpaare wie das Götterpaar Rhea und Kronos, beide Titanen und Kinder der Urmutter Gaia, ebenso die vor-griechische Hera und den kretischen Zeus, beide Kinder der großen Göttin Rhea; diese Paare schufen aus ihrer Liebe zueinander die frühen Kulturen Kretas und Griechenlands. Dasselbe gilt von dem ägyptische Götterpaar Isis und Osiris, Zwillinge von Geburt, von denen es heißt, dass sie sich schon im Mutterleib liebten; auch sie gelten als das Schöpferpaar der frühen altägyptischer Kultur. Ähnliches begegnet uns wieder bei dem vorgermanischen Götterpaar Freya und Freyr, Kindern der Erdgöttin Jörd (später zu Njörd vermännlicht), Schöpferpaar der frühen nordeuropäischen Wanen-Kultur, die durch Friedfertigkeit und Fülle charakterisiert wird. Von den später angekommenen kriegerischen Asengöttern unter dem Gott Odin wurde ihnen „blutschänderische Liebe“ (Inzest) vorgeworfen (5). Doch diese germanischen Götter sind bereits patriarchal und sanktionieren etwas, das sie nicht mehr verstehen. Hinter den matriarchalen Mythen vom Ur-Geschwisterpaar steht abermals ein anderer Begriff von Erotik, nämlich einer, der den Beginn von Kultur aus göttlicher Liebe entstehen sieht und damit auch die Vielfalt kulturschöpferischer Handlungen einschließt. Bei allen diesen Konstellationen kommt ein schöpferischer Vater nirgends vor.

Die göttliche Liebe namens „Eros“ war in matriarchalen Kulturen im wahrsten Sinne des Worts vielgestaltig: Sie umfasste die schöpferische Kraft der Urmutter, die ohne ein männliches Gegenüber sozusagen „parthenogen“ schwanger wird, gebiert und auf diese Weise den Anfang der Welt aus sich selbst schafft. Ebenso umfasste sie die Polarität von Weiblich und Männlich in Gestalt der Ur-Geschwister, deren Liebesbegegnungen zur Schöpfung von Kultur in den verschiedenen Weltgegenden führten. Und Eros war im wahrsten Sinne des Worts wandelbar: Die Energie der göttlichen Liebe schloss den gesamten Leben-Tod-Leben-Zyklus ein. Sie galt als das schöpferische Prinzip überhaupt, das auf der Erde und im Kosmos wirkt – als Schöpferin, Erhalterin und Erneuerin der Welt.

Was geschah mit dieser umfassenden Vorstellung von Eros, der göttlichen Liebe, eine Epoche später, als der Umbruch von matriarchalen zu patriarchalen Gesellschaften vollzogen war? Im klassischen Patriarchat, besonders dem christlicher Prägung, mussten diese uralten Mythen sich im Gewand von Märchen versteckten. Sie wurden von der großen Erzählung, die in matriarchalen Kulturen in öffentlichen Festen inszeniert wurde, zur geheimen Erzählung in den unteren Schichten, insbesondere bei den Frauen, eben zu „Ammenmärchen“ (6). Doch auf diese Weise konnten die alten Erzählmuster und Symbole verdeckt weiter tradiert werden, wurden jedoch Schicht für Schicht von den sozialen Rollenbildern der neuen Gesellschaftsordnung überlagert. In den Märchen – gemeint sind die europäischen Zaubermärchen – wird die „Göttin“ nun zum anonymen Typus der schenkenden „Mutter“. Als diese verschwindet sie immer mehr im Jenseits, um einem dem Handlungsablauf vorgeschalteten, aber funktionslosen Vater Platz zu machen, der meist noch eine falsche Frau (Stiefmutter) heiratet. Die matriarchale Priesterin oder Erbprinzessin, einst Erbin des Landes und Herrin ihrer selbst und die nächste souveräne Königin des Volks, wird nun zum Typus der „Prinzessin“, die jetzt durch patriarchale Vaterkönige eingeschränkt oder von Gattenkönigen geheiratet wird und sich den schwersten Proben ausgesetzt sieht. Obwohl abhängig, ist sie durch ihre magischen Kräfte noch immer machtvoll und geht darum siegreich aus allen Demütigungen hervor.

Hier können wir den alten mythischen Gehalt noch aufspüren, denn in diesen „Müttern“ und „Prinzessinnen“ der Zaubermärchen spiegelt sich noch die ältere Form von Gesellschaft und der andere Begriff von Erotik. Denn wie kommt es, dass die Mutter und Königin in dem Märchen *Schneewittchen* nur durch den Anblick der drei magischen Farben Weiß-Rot-Schwarz und ihren Wunsch, ein Kind zu haben „so weiß wie Schnee, so rot wie Blut, so schwarz wie Ebenholz“, schwanger wird? Hier stoßen wir verdeckt wieder auf das Bild der Urmutter, die „parthenogen“ aus sich selbst gebiert (7).

Die mythische Schwester-Bruder-Verbindung wird beispielhaft sichtbar bei den Prinzessinnen in den Schwester-Brüder-Märchen (8). Jede dieser Frauen zeigt ein sonderbares Verhalten: Sie fühlt sich – durch alle Gefahren hindurch – weniger für ihren königlichen Gatten, sondern am meisten für ihre leiblichen Brüder verantwortlich, die in wilde Tiere verzaubert wurden und die sie unter Aufbietung all ihrer magischen Fähigkeiten erlösen will. Die Tierbrüder hängen, was die Erlösung betrifft, völlig von den wunderbaren Kräften ihrer Schwester ab. Die Schwester aber hängt wiederum von jenem patriarchalen König ab, der sie, meist ohne ihre Antwort abzuwarten, heiratete und der Reich und Macht allein besitzt. Das erzeugt notwendig Konflikte. Doch stets ist die Prinzessin bedingungslos bereit, ihren Reichtum, ihre Krone, ihr Ansehen, die Liebe ihres Gatten, selbst ihr Kind und ihr eigenes Leben zu opfern, um ihre Brüder durch das Weben von Zauberhemden bis zum entsprechenden Tag nach genau einem mythischen Jahr aus den Tierhäuten zu befreien – eine absurde Werthaltung für die Gattin eines patriarchalen Königs! Nur ist sie dies erst in zweiter Linie und gezwungenermaßen. Die Schwester-Bruder-Verbindung zeigt sich dagegen so innig, dass sie die aufgepfropfte Gattenbeziehung bei weitem überstrahlt. Sie stammt innerhalb dieser Märchenstruktur aus einer früheren Gesellschaftsordnung, der matriarchalen, in der Schwester und Bruder als das kulturschöpferische Ur-Geschwisterpaar zusammen gehörten.

Noch später, in patriarchal fortgeschrittener Zeit, als mündliche Traditionen in frühmittelalterlichen Legenden und Balladen zum ersten Mal schriftlich fixiert wurden, kennen die Prinzessinnen ihre Brüder nicht mehr, sondern sind völlig auf die Rolle als abhängige Gattin eines Kriegerkönigs festgelegt. Dieser erwirbt sie nicht auf geheimnisvolle Weise im Wald – wie es noch in den Märchen geschieht –, sondern er hat sie geraubt oder mit väterlichem Einverständnis aus ihrer eigenen Sippe entführt. Wie soll sie da, losgerissen von ihren Verwandten, ihre Brüder noch kennen? Dennoch folgt sie in den altirischen Balladen, wie *Diarmaid und Grainne, Naisi und Deirdre, Aillill und Etain* (sie werden *Aitheda* oder „Fluchtgeschichten" genannt), noch immer dem matriarchalen Eros, obwohl es für sie, anders als im Märchen, niemals gut ausgeht (9). Sie liebt nicht den gewalttätigen König, den Typ des definitiv siegreichen, frühpatriarchalen Kriegers, sondern schenkt ihre Liebe stets einem jugendlichen Ritter am Hof ihres Herrn. Dieser erscheint auf geheimnisvolle Weise am Hof, ist oft durch magische Mittel allen anderen Rittern überlegen und gleicht an männlicher Schönheit und Ergebenheit gegenüber seiner Königin den matriarchalen Brüdern oder Heroen. Sie bindet ihn durch Liebeszauber an sich und flieht mit ihm in den „Wald", ein Synonym für eine andere, schönere, ursprünglichere Welt. Vom patriarchalen Herrscherkönig werden die beiden wie wilde Tiere gejagt, wobei diese Auseinandersetzung gelegentlich die Ritterschaft in zwei Parteien spaltet, und das gesamte Königreich ins Wanken gerät. Diese Geschichten enden stets tödlich für die Liebenden, die kurz und brutal für ihr „Verbrechen" bestraft werden.

Hier prallen zwei Gesellschaftsordnungen und zwei Auffassungen von Liebe unerbittlich aufeinander. Zum Gesetz der frühpatriarchalen Kriegerkönige gehörte es, die ehemals freien Erbprinzessinnen, die das Reich, die Königinwürde und die magischen Künste von ihrer Göttin-Mutter erbten, mit Gewalt oder List gegen ihren Willen an sich zu binden: Das war eine Form der frühpatriarchalen Landnahme. Als unfreiwillige Ehefrauen mussten sie bedingungslos treu sein, denn nur so war sich jeder Eroberer des Reichs, das ihm nicht gehörte, sicher. Nur wenn er die Erbprinzessin in Besitz hatte, besaß er auch das Land, dessen symbolische Verkörperung die Prinzessin – als Tochter der Erdmutter – war. Daher stammt das patriarchale Besitzdenken der Ehefrau gegenüber. Erst später, nachdem sich die patriarchale Vater-Sohn-Genealogie durchgesetzt hatte (und das dauerte lange), wollten die Könige von den Gattinnen auch „echte", d. h. eigene Söhne haben, um diesen das erbeutete Reich zu vererben. So wird begreiflich, welch ungeheures Verbrechen es aus patriarchaler Sicht war, wenn die Königin mit einem anderen Mann in Liebe entfloh. Buchstäblich glitt dem König damit das Reich aus den Händen, wie es manche Balladen drastisch zum Ausdruck bringen. Die Königin wieder einzufangen bedeutet, das Reich zurückzugewinnen. Und sie zu töten ist des Königs Recht, weil sie „sein" Reich veruntreut hat. Ihren Liebhaber tötet er als Dieb, als Hochverräter, denn er hat in der Königin symbolisch das ganze Reich gestohlen!

So schrumpfte in der patriarchalen Gesellschaftsordnung Erotik auf jenen feststellbaren Rest, auf den eindeutigen Punkt, der sich im puren Sexualakt manifestiert. Genau diese Frage beschäftigt in den Balladen die Würdenträger des Königreichs, ob die entwichenen Liebenden den Sexualakt vollzogen haben oder nicht. Hätten sie nicht – weil sie etwa ein Schwert zwischen sich legten –, wäre das der einzige Weg, die Königin von der Veruntreuung des Reichs freizusprechen und ihr Leben zu retten. Der Ausgang der Balladen zeigt jedoch, dass die Liebenden sich auf solche Spitzfindigkeiten niemals einließen.

In ihrem „ungesetzlichen" Verhalten manifestiert sich nämlich das Gesetz bzw. das Wertesystem der untergegangenen matriarchalen Gesellschaftsordnung. Dort ist die Frau die Unabhängige, sie wählt ihren Liebhaber, ihren König selbst, nicht er sie. Er nimmt ihre Wahl als Gnade entgegen und folgt ihr bedingungslos, wohin sie ihn sendet, sogar in die Unterwelt. Der Eros zwischen ihnen ist kein bloßes Sexualspiel, sondern gilt als die magische welttragende Kraft, die sich in Liebe, Tod und Wiedergeburt offenbart. Recht haben deshalb allein diejenigen, die dem Eros dienen, weil sie damit die Welt am Leben erhalten. So ist diese Idee, dieses Gefüge in den altirischen Balladen ein letzter, vergeblicher Aufstand des freien, umfassenden, matriarchalen Eros gegen das neue Herrschaftssystem, das Erotik auf bloße Sexualität im Sinne des bösen Beweises reduziert und den Zwecken der Staatsräson und der Fortpflanzung unterwirft.

Die Konstellation des tragischen Eros hat in der europäischen Literatur lange Nachwirkungen gehabt, obwohl die Motivation ständig verschoben wurde. Den fahrenden Sängern aus dem Volk, welche diese Balladen sangen, waren die gesellschaftspolitischen Zusammenhänge noch bewusst, deshalb sangen sie auch meist nicht am Hof, sondern auf Plätzen und Straßen. Die höfischen Dichter des europäischen Hochmittelalters verwendeten die Balladen dann für ihre patriarchalisierten, christianisierten, höchst tendenziösen Epen. So finden wir die Konstellation des tragischen Eros in den Tristan-Erzählungen wieder: König Marke gegen Isolde und Tristan, und gesteigert bis zur Reichszerstörung in dem großen Zyklus der Artusepik: König Arthur gegen Ginevra und Lancelot. Danach durchgeistert diese Figuren-Konstellation die Erzählungen und Romane bis in die bürgerliche Neuzeit; sie wird zu Opern und Filmen gemacht, wobei sie durch die Jahrhunderte sämtliche sich wandelnden Auffassungen von Liebe und Leid anzieht.

### *Die matriarchalen Formen von Erotik in der Gesellschaft*

Durch anthropologisch-ethnologischen Studien, die sich auf ethnographische Feldforschung stützen, können wir anhand lebender matriarchaler Gesellschaften etwas über ihre Formen von Erotik wissen. Deshalb beschäftigt uns hier die Frage, ob den Mustern von Erotik in den verschiedenen Mythologien etwas auf der realen, sozialen Ebene in matriarchalen Gesellschaften entspricht.

Das Thema der urmütterlichen sogenannten „Parthenogenese" (Jungfrauengeburt) erhält durch die Forschung bei den indigenen Bewohnern der Trobriand-Inseln in Melanesien eine interessante Erhellung (10). Grundanschauung bei diesen wie bei anderen matriarchalen Völkern war, dass allein die Mutter aus ihrem neun Monate lang ausbleibenden Menstruationsblut den Leib des Kindes aufbaut; darum konnte das Kind nur mit ihr verwandt sein. Das genau bedeutet „Bluts"-Verwandtschaft. Dem Zeugungsvorgang wurde deshalb, selbst wenn er als Auslöser der Fruchtbarkeit bekannt war, keine Bedeutung beigemessen, jedenfalls nicht mehr Bedeutung als dem zufälligen Verschlucken eines Insekts oder dem Essen von Beeren und Bohnen durch die künftige Mutter. Jedes Kind war daher „parthenogen", wenn wir den Begriff im matriarchalen Sinn verstehen: von der Mutter während neun Monaten aus ihrem Fleisch und Blut geschaffen, und nicht im patriarchalen Sinn: von einer sexuell unberührten Frau geboren. Das ist im Patriarchat – bis auf religiöse Sonderfälle – natürlich ausgeschlossen, da die Männer für sich reklamieren, durch einen einzigen Stoß im Zeugungsakt „der Frau ein Kind zu machen". Zugleich enthüllt es den heute bei manchen Feministinnen wieder auftauchenden Glauben an Parthenogenese im patriarchal-sexistischen Wortsinn, nämlich als „Jungfrauengeburt", als naturalistischen Fehlschluss.

Durch die Forschung bei den Trobriandern kommt noch ein zweiter, sehr wichtiger Aspekt ans Licht, nämlich die klassisch matriarchale Auffassung, dass Kinder nicht von den Männern, sondern von den Ahnen kommen. Der Hintergrund dafür ist der sehr konkrete matriarchale Wiedergeburtsglaube. Gemäß diesem Glauben leben die Ahninnen und Ahnen in der Anderswelt weiter und genießen dort ein unbeschwertes Dasein voll Freude und erotischer Lust. Jedoch entschließen sich die einen oder anderen Ahnengeister nach einiger Zeit, ins Diesseits zurückzukehren, und zwar genau in dieselbe Sippe, aus der sie stammen. So pflegen sie bei den Trobriandern in den Leib der Frauen schlüpfen, wenn diese im Meer baden, und nachdem eine Frau ein Ahnengeistlein empfangen hat, nährt sie es mit ihrem eigenen, neun Monate lang ausbleibenden Menstruationsblut und formt seine Gestalt als Kind. Deshalb kommen nach trobriandischer Auffassung – welche die allgemein matriarchale Auffassung wiedergibt – alle Kinder von den Ahnengeistern und sind deshalb heilig. Schwangerschaft und Geburt gelten als sakrale Akte, und die besondere Würde der Frau besteht in ihrer Fähigkeit, den AhnInnen durch Wiedergeburt zu einem neuen Leben zu verhelfen. Deshalb würden Fragen nach der Zeugung der Kinder durch einen Mann matriarchalen Frauen höchst abwegig und lächerlich vorkommen; solche Fragen bedeuten in einer matriarchalen Kultur eine Entheiligung des geheimnisvollen Geschehens der Wiedergeburt (11).

Der Gedanke der „parthogenen" Geburt im matriarchalen Sinne: von der Mutter aus sich selbst geschaffen, kehrt auch bei der Vorstellung von der Ahnfrau einer Sippe oder der Stamm-Mutter eines ganzen Volks wieder. Genauso wie Urgöttinnen als parthenogene Schöpferinnen von Göttersippen verehrt wurden, gilt auch die Ahnfrau oder die Stamm-Mutter als parthenogene Schöpferin des Clans oder des Volks. Sie schuf dessen Ur-Sprung durch eine Ur-Geburt ohne männliche Beteiligung und wird von späteren Generationen auch als eine göttliche Mutter verehrt.

Hin und wieder finden wir einen männlichen Ahn an der Seite der ersten Ahnfrau, er ist stets ihr Bruder und Helfer, nicht unbedingt ihr Geliebter. Dies spiegelt die außerordentlich wichtige und innige Beziehung zwischen Schwester und Bruder in matriarchalen Gesellschaften, die jedoch keine erotische Beziehung ist. Das Ur-Paar in matriarchalen Gesellschaften sind Schwester und Bruder und nicht ein fremder Mann und eine fremde Frau als Gatte und Gattin. Denn Schwestern und Brüder wohnen während des ganzen Lebens zusammen im Mutterhaus, sie bewältigen alle Aufgaben des Clans und seines Wohlergehens gemeinsam, und sie sind es auch, welche die Schwesterkinder gemeinsam erziehen. Die Gattinnen oder Geliebten wohnen hingegen in anderen Sippenhäusern, wo sie zu Hause sind; die Männer besuchen sie nur über Nacht in sogenannter „Besuchs-Ehe". Diese Bindungen folgen der spontanen Erotik und sind nicht sehr dauerhaft. Sie sind „frei" in dem Sinne, dass sie nur solange anhalten, wie die Liebeslust anhält. Daher wechseln die Liebesbeziehungen oft, was positiv bewertet wird (12).

Hier taucht die Frage auf, ob bei den wechselnden Beziehungen nicht Eifersucht aufkommt. Das ist ein Thema, das Menschen in patriarchalen Liebes- und Familienmustern sehr beschäftigt, denn im allgemeinen sind hier Abhängigkeiten wirtschaftlicher und emotionaler Art mit im Spiel. Erst diese Abhängigkeiten zweier Personen voneinander erzeugt jedoch die Verlustangst, die allgemein „Eifersucht" genannt wird. In matriarchalen Gesellschaften findet jede Person, ob Frau oder Mann, persönliche Sicherheit und Geborgenheit im eigenen mütterlichen Clan, deshalb können Abhängigkeiten, gepaart mit Verlustangst, nicht entstehen. Doch es gibt natürliche Gefühle des Schmerzes und der Traurigkeit, wenn eine Frau oder ein Mann die geliebte Person verliert. Junge Mosuo-Frauen gaben mir bei der Forschung vor Ort darauf eindeutige Antworten: Wenn zwei Männer sich in dieselbe Frau verlieben, gibt es keinen Streit, weil in matriarchalen Gesellschaften stets die Frau die Wählende ist. Sollte der Nicht-Erwählte – der vielleicht bisher der Geliebte war – Eifersucht zeigen, so gilt das als verächtlich, weil er die Wahl der Frau nicht respektiert, sondern eine Art Besitzanspruch erhebt, den man auf Menschen nicht haben kann. Wenn hingegen zwei Frauen sich in denselben Mann verlieben, dann kann der Mann wählen. Auch bei den Frauen gibt es keinen Zank deswegen, denn „wir streiten nicht mit unseren Schwestern wegen eines Mannes!" So lautete die Antwort. Schließlich ist der oder die Nicht-Gewählte nicht allein gelassen, die Schwestern und Brüder des eigenen Clans stehen jeweils tröstend zur Seite. Außerdem gibt es die schöne Aussicht auf eine neue Liebe, weil niemand zeitlebens gebunden ist (13).

Die Kinder aus den wechselnden Liebesbeziehungen bleiben stets im Clan der Mutter und tragen ihren matrilinearen Clannamen. Auch der Mutterbruder trägt denselben Sippennamen, daher gilt er mit den Schwesterkindern als am nächsten verwandt. Der „biologische Vater" in unserem Sinne ist als Geliebter nur ein Gast im Sippenhaus der Frau; er hat gegenüber den Kindern der geliebten Frau keine Pflichten und keine Rechte. Die zärtliche Zuwendung und erzieherische Mitverantwortung eines Mannes gilt daher den Schwesterkindern (nach unserer Terminologie den „Nichten und Neffen"). Die Schwesterkinder werden von ihm mitbetreut und miterzogen, insbesondere ist er für die heranwachsenden Knaben verantwortlich. Auch die Kinder wenden ihrem Mutterbruder (in unserer Terminologie dem „Onkel mütterlicherseits") ihre Neigung zu, und so erfüllt ein Mann in der heimischen Sippe keine geringere Rolle als die des „sozialen Vaters". All dies erklärt die innige und tragende Verbindung zwischen Schwester und Bruder in matriarchalen Gesellschaften gegenüber den flüchtigen Beziehungen zu wechselnden Geliebten oder Gatten. Denn Schwester und Bruder waren füreinander in allen Lebenslagen die zuverlässigsten Partner (14).

Auf diese Weise kehrt die klassisch matriarchale Konstellation von Mutter mit Tochter und Sohn (Schwester und Bruder), die schon auf der mythologischen Ebene zu sehen war, auch im gesellschaftlichen Gefüge wieder. Kennzeichnend dafür ist die Abwesenheit von Vätern, seien diese nun biologische oder göttliche Väter, die entweder behaupten, alles aus sich selbst hervorgebracht zu haben, oder die sich als die Besitzer von Frau und Kindern betrachten. Die uns so vertraute, angeblich „naturgegebene" Konstellation der „Heiligen Familie" aus Vater, Mutter, Kind gab es weder im Himmel noch auf Erden.

Jedoch war das Liebes- und Heiratssystem in matriarchalen Gesellschaften noch erheblich komplexer; es konnte noch weit mehr als die freie Wahl der Liebespartner auf der Grundlage der Geborgenheit im eigenen Clan umfassen. Darauf weist die Heiratsregel der sogenannten „Sippen-Polygamie" hin, die zwei matriarchale Sippen dauerhaft miteinander verband. Es gibt eine Reihe Hinweise, dass sie früher bei matriarchalen Gesellschaften allgemein üblich war. Bei dieser Sippen-Polygamie heiratete eine Gruppe von jungen Frauen aus der einen Sippe, die Schwestern waren, eine Gruppe von Männern aus der anderen Sippe, die Brüder waren. Es war eine Gemeinschaftsehe, keine Individualehe, und sie festigte von Generation zu Generation das Bündnis dieser beiden Sippen. Die Hochzeitszeremonie wurde von der ältesten Schwester und dem ältesten Bruder stellvertretend für die anderen vollzogen, die ebenfalls in vollem Hochzeitsschmuck anwesend waren (Stellvertreterhochzeit). Durch die Stellvertreterhochzeit waren nun die Gruppe der Schwestern und die Gruppe der Brüder gemeinsam miteinander vermählt, das heißt, alle jüngeren Schwestern hatten gleichzeitig Anspruch auf die Gatten der ältesten Schwester und alle jüngeren Brüder genauso auf die Gattinnen des ältesten Bruders. Die jüngeren Brüder wurden von der ältesten Schwester zu „Helfer-Gatten" ernannt, die der Reihe nach einsprangen, wenn der jeweils ältere Bruder aus dem anderen Clan abwesend war. Hatte die älteste Schwester gerade einen von ihnen in ihrer Kammer im mütterlichen Sippenhaus als Gast empfangen, so stand es jeder jüngeren Schwester frei, jeweils einen der jüngeren Brüder zu sich einzuladen. Es gab die feste Regel, der oder dem jeweils Älteren den Vortritt zu lassen; auf diese Weise kam es nicht zu Streit. In diesem Sippen-Heiratssystem gab es keine „Ledigen" als Verlassene oder gar Unversorgte, Frauen und Männer hatten stets Partner und Partnerinnen und Helfer, denn dieses Heiratssystem war ein gegenseitiges Hilfssystem. Es verband gegen alle Nöte des Lebens je zwei Clans zu einem dauerhaften Bündnis.

So fest die matriarchale Sippen-Polygamie als gegenseitiges Hilfssystem war, bei dem die PartnerInnen schon von Kindheit an als miteinander verlobt galten, so wenig zwängte es die Liebe in ein starres Korsett oder sperrte sie gar in ein kollektives Gefängnis. Denn dieses System schloss individuelle erotische Beziehungen außerhalb keineswegs aus, das heißt, „Seitensprünge" waren erlaubt. Weder waren vor-eheliche Jungfräulichkeit noch sexuelle Ausschließlichkeit in der Ehe Ideale im Matriarchat, trotz des festen Gefüges der Sippen-Polygamie. Die jugendlichen Experimente vor der Ehe wurden als Spielerei zum Erwachsenwerden betrachtet, und die gelegentlichen Rendezvous mit Außenstehenden während der Ehe galten als unverbindliche Romanzen. Niemand regte sich darüber auf. Allerdings gab es die Regel, diese außenstehenden Geliebten nicht in die Sippen-Polygamie zu bringen, denn sie gehörten nicht ins Gefüge der gegenseitigen Verpflichtungen zwischen zwei Clans (15).

Eine spätere Form der alten Sippen-Polygamie war dann die Individualehe zwischen einer Frau und einem Mann aus den beiden verbündeten Heiratsclans. Diese Form gibt es bei etlichen matriarchalen Völkern bis heute. Doch auch diese Verbindung ist nicht mit „Ehe" im patriarchalen Sinne zu vergleichen, bei der zwei junge Menschen verpflichtet werden, ihr Leben lang zusammen zu bleiben, auf Gedeih und Verderb und meist allein gelassen – was selten gut ausgeht. In matriarchalen Gesellschaften konnten beide Eheleute die „Ehe" bald wieder verlassen und andere Liebesbeziehungen eingehen. Das Bündnis zwischen den zwei Sippen blieb davon unberührt. Allerdings wurde die Heiratszeremonie nicht wiederholt, denn sie symbolisierte in der Vermählung der beiden jungen Menschen viel eher das Bündnis der zwei Sippen als das zwischen diesen beiden Individuen. Und dieses Sippenbündnis war ja, unter Aufbietung aller Vorräte und Schätze beider Clans, bei der Hochzeit festlich erneuert worden (16).

Das offenste matriarchale Liebessystem ist jenes, das ich bei den Mosuo kennen lernte, dass nämlich gar keine Ehe-Zeremonie mehr besteht, sondern allein die freie Liebeswahl gilt. Diese wird insbesondere bei den großen Tanzfesten im Sommer zu Ehren der Berg- und Liebesgöttin Gan Mu praktiziert, wobei die jungen Frauen einen neuen Liebespartner wählen können – oder den bisherigen – und ihre Wahl mit einem kleinen Geschenk bekunden. Nimmt der gewählte Mann die Gabe an, so hat er ihre Liebe angenommen und wird sie in ihrer Kammer besuchen kommen; wünscht er diese Liebesbeziehung jedoch nicht, so weist er das Geschenk zurück. Wenn eine Liebesbeziehung zerbricht, noch bevor das nächste sommerliche Tanzfest kommt, so lädt sie ihn einfach nicht mehr in ihre Kammer ein, oder er kommt einfach nicht mehr zu ihr (17). Scheidungsprobleme oder eine Scheidungszeremonie – die in patriarchalen Gesellschaften in der Regel vor Gericht stattfindet – gibt es in matriarchalen Gesellschaften nicht.

## *Schlussbemerkungen*

Es ist schon erstaunlich, auf welch drastische Weise von christlichen Missionaren, bürgerlichen Ethnologen und patriarchalen Ideologen dieses höchst sinnvolle Liebes- und Heiratssystem bei matriarchalen Völkern missverstanden und negativ bewertet wurde. Dabei liegt das Problem nicht in diesem System, sondern in den von der westlichen Zivilisation geprägten Beobachtern, die sich regelmäßig über die offenen Liebesbeziehungen, insbesondere über die „sexuelle Freiheit" der Frauen, aufregten. Mit der „Freizügigkeit" oder „Leichtfertigkeit" der Sitten war die Primitivität dieser Völker erwiesen, und früherer missionarischer Zorn ließ sich gar zu dem Ausspruch hinreißen: „Sie lebten wie die Tiere!"

Für die Sippen-Polygamie gab es eine spezifische Blindheit, denn es wurde gewaltsam individuelle Monogamie hinein interpretiert. Ebenso mühsam und mit falschen Vorstellungen besetzt erscheinen auch die Versuche von ethnologischer Seite, den Begriff „Ehe" für das matriarchale Liebessystem zu retten. So heißt das gegenseitige Verpflichtungssystem zwischen zwei matriarchalen Clans „Sippen-Polygamie" (siehe oben), was „Sippen-Vielehe" heißt. Dabei handelt es sich bei näherer Betrachtung nicht in erster Linie um Ehe, sondern um ein Sippen-Bündnis. Absurd werden diese Bemühungen bei der Einführung des Begriffs „Besuchsehe" (siehe oben), der auf völlig offene Liebesbeziehungen angewendet wird, die keine Ehe-Ähnlichkeit mehr haben. Wenn bei diesem Arrangement der Liebhaber einer Frau, weil er sich mit dem Heimgang am Morgen verspätet hat, gelegentlich unsanft von ihren Brüdern aus dem mütterlichen Clanhaus hinausbefördert wird, so überstrapaziert dies auch den Begriff des „Besuchs".

Auch die umgekehrten, positiven Bewertungen libertinärer Sexual-Ideologen sind angesichts der matriarchalen Liebesformen verfehlt. Denn hier wird geglaubt, matriarchale Völker praktizierten ein „Erlaubt ist, was gefällt" und hätten damit ein wunderbar ausgeglichenes Triebleben. Hier werden die Arrangements des Heiratssystems völlig übersehen, das zwar keine „Zwangsmoral", aber dennoch ein paar feste Regeln kennt. Am übelsten verhält es sich mit männlichen Matriarchats-Touristen, die annehmen, dass dort völlige Freiheit in sexuellen Angelegenheiten herrsche und jede Frau auch für Außenstehende „zu haben wäre", eine Haltung, welche die Würde matriarchaler Frauen zutiefst verletzt.

Daher ist es nötig, die matriarchale Gesellschaftsstruktur insgesamt zu erkennen. Denn erst auf diesem Hintergrund werden die Heiratsregeln, die „Ehe"-Formen, die freien erotischen Beziehungen einerseits und die tiefen emotionalen Bindungen andererseits, welche matriarchale Menschen haben, in ihrem Zusammenhang sichtbar und in ihrer Bedeutung verständlich.

*Anmerkungen und Literaturhinweise*

1) Der Ausdruck „Polarität" wurde hier absichtlich gewählt, denn zwei Polaritäten beziehen sich aufeinander wie die zwei Pole derselben Sache. Er hat damit eine andere Bedeutung als der Begriff „Dualität", der einen scharfen, sogar kämpferischen Gegensatz zwischen zwei Wesen bezeichnet. Einen derartigen Dualismus gibt es im matriarchalen Denken nicht, da alles als miteinander verbunden vorgestellt wird. Daher ist bei zwei verschiedenen, aber aufeinander bezogenen Wesen der Begriff „Polarität" dem matriarchalen Weltbild angemessen.
2) Vgl. Heide Göttner-Abendroth: *Die Göttin und ihr Heros. Die matriarchalen Religionen in Mythos, Märchen, Dichtung*, Stuttgart 2011, 1. Teil; Edwin O. James: *Der Kult der Großen Göttin*, Bern 2003 (zuerst London 1959). Lao-tse: *Tao Te King*, übersetzt und kommentiert von Victor von Strauss, Hg./W. Y. Tonn (Bearb.), Zürich [8]1987.
3) Vgl. Heide Göttner-Abendroth: *Das Matriarchat II,1. Stammesgesellschaften in Ostasien, Indonesien, Ozeanien*, Stuttgart 1991, S. 33 und 123.
4) Vgl. Heide Göttner-Abendroth: *Das Matriarchat II,1*, a. a. O., S. 121, 122.
5) Vgl. Heide Göttner-Abendroth: *Die Göttin und ihr Heros*, a. a. O., 1. Teil.
6) Siehe dazu und dem Folgenden: Heide Göttner-Abendroth: *Die Göttin und ihr Heros*, a. a. O., 2. Teil; dies.: „Tochter der Göttin, Schwester des Mannes. Matriarchale Muster in den Zaubermärchen", Beitrag in diesem Buch.
7) Jacob und Wilhelm Grimm: *Kinder- und Hausmärchen* (KHM), Göttingen 1856.
8) Siehe die Märchengruppe „Die zwölf Brüder", „Die sieben Raben", „Die sechs Schwäne" (KHM 9/25/49), „Brüderchen und Schwesterchen" (KHM 11).
9) Siehe dazu und dem Folgenden: Heide Göttner-Abendroth: *Die Göttin und ihr Heros*, a. a. O., 3. Teil.
10) Vgl. zu den Trobriand-Insulanern Bronislaw Malinowski: *Das Geschlechtsleben der Wilden in Nordwest-Melanesien*, Frankfurt a. M. 1979 (zuerst New York 1930); vgl. zu den Themen von Sexualität, Geburt und Familie das Werk von Robert Briffault: *The Mothers. A Study of the Origins of Sentiments and Institutions*, 3 Bände, New York 1996 (zuerst New York, London 1927).

11) Vgl. Heide Göttner-Abendroth: *Das Matriarchat II,1*, a. a. O., Kap. 7.3, bes. S. 160–162.

12) Vgl. Heide Göttner-Abendroth: *Das Matriarchat II,1*, a. a. O.; dies.: *Das Matriarchat II,2. Stammesgesellschaften in Amerika, Indien, Afrika*, Stuttgart 2000.

13) Vgl. Heide Göttner-Abendroth: *Matriarchat in Südchina. Eine Forschungsreise zu den Mosuo*, Stuttgart 1998.

14) Vgl. zur starken, lebenslangen Bindung zwischen Schwester und Bruder in matriarchalen Gesellschaften: Taimalieutu Kiwi Tamasese (indigene Forscherin aus Samoa): „Restoring Liberative Elements of our Cultural Gender Arrangements", in: Goettner-Abendroth, Heide (Hg.): *Societies of Peace. Matriarchies Past, Present and Future*, Toronto 2009.

15) Vgl. dazu und zum Vorigen Heide Göttner-Abendroth: *Das Matriarchat II,1*, a. a. O.; bes. Kap. 3; ebenso Robert Briffault: *The Mothers*, a. a. O.

16) Vgl. dazu die traditionelle Kultur der Hopi, in: Heide Göttner-Abendroth: *Das Matriarchat II,2*, a. a. O., Kap. 3.

17) Vgl. Heide Göttner-Abendroth: *Matriarchat in Südchina*, a. a. O.

# III Matriarchale Kunst und Kultur

## 13 Prinzipien matriarchaler Landschaftsformung und Baukunst

### *Matriarchale Landschaftsformung*

Die jungsteinzeitlichen Erfindungen von Pflanzenzucht, Ackerbau und Hausbau sind die ersten menschlichen Tätigkeiten, durch die Landschaft geformt wurde. Sie sind zur Basis für alle späteren Kulturen geworden. Das Weltbild der jungsteinzeitlichen Pflanzerinnen und Ackerbäuerinnen war tief spirituell, was sich in ihrer Sicht auf die Landschaft und ihrem Gefühl für sie auswirkte, ebenso in der Art, wie sie ihre Bauwerke darin einfügten. So hatte die früheste Formung von Landschaft immer sakrale Bedeutung, da die matriarchalen Gesellschaften seit der Steinzeit *sakrale Kulturen* waren, und diese Formung war die Basis jeder späteren Umformung durch nachfolgende Gesellschaften.

Matriarchale Menschen nahmen der Erde gegenüber eine spirituelle Handlung ein. Sie wandten sich ihr als der einen Urgöttin, der Mutter alles Lebendigen, zu. Genauso war die Astronomie-Astrologie im matriarchalen Zusammenhang begleitet von einer spirituellen Sichtweise, denn man betrachtete den Kosmos als die andere Urgöttin, die umfassende Schöpferin. Die Menschen versuchten, sowohl die eine wie die andere zu erkennen, ihre Erscheinungen tiefer zu verstehen und die eigenen kulturellen Schöpfungen nach ihrem Bild zu formen. Sie folgten dabei dem matriarchalen Makrokosmos-Mikrokosmos-Prinzip, gemäß dem die Menschen im Kleinen nachbilden, was ihnen die Erde und der Kosmos im Großen zeigen.

Da die Erde jedoch eine große, nicht zu überschauende Göttin ist, nahmen die Menschen ihre begrenzteren Erscheinungen wie einen Berg, ein Tal, einen See, einen Stein als Pars pro Toto, als Teil für das Ganze, der ihnen nahe war. Sie konnten sich darauf bewegen, auch darin oder daneben wohnen, was ihrer Verehrung keinen Abbruch tat. Bevorzugt wurden dabei Teile der Erde mit ausgeprägt weiblichen Zügen, d. h. mit Formen, die symbolisch als weiblich gelesen werden konnten. Hier zeigte sich die Erde für die Menschen dann sinnfällig als Große Frau und Mutter, solche Plätze und Landschaften galten als heilig, sie wurden Kult-Orte oder besonders begehrte Wohnplätze. In tausend Formen konnte die Göttin Erde den Menschen auf diese Weise erscheinen: als Tal in Form eines weiblichen Schoßes, als zwei gleichförmige Berge oder Zwillingshügel als ihre Brüste, als halbkreisförmige Schlucht als ihre Vulva, aus der eine oder mehrere Quellen als das heilige Schoßwasser entspringen, als mächtiger Findlingsstein oder schoßartiger Quellstein in der Landschaft, als Bergkette in Gestalt einer liegenden Frau. Solche Beispiele für den matriarchalen Blick auf die Göttin Erde gibt es aus allen Kontinenten. Doch trotz der Vielfalt dieser Erscheinungen wussten die Menschen, dass es sich nur um Eine Göttin handelt, denn die Erde war für sie die „Eine mit den tausend Gesichtern".

Wenn eine Landschaft mit Berg, Hügeln oder Schlucht in irgendeiner Form die Weiblichkeit und Mütterlichkeit der Göttin Erde manifestierte, wurde sie zur konkreten Landschaftsgöttin mit einem konkreten Namen. Die frühesten SiedlerInnen richteten ihre Häuser nach ihr aus, sie konnten buchstäblich „im Schoß der Erde" oder „am Busen der Natur" ruhen; hier fühlten sie sich am meisten geborgen. Solche Landschaftszüge konnten sie leicht erkennen, denn ihnen kam die Landschaft noch „unverbaut" entgegen. Sie waren ja die ersten Menschen, die sich sesshaft niederließen und die Landschaften bewohnten.

Beim Anschauen und Bewohnen beließen sie es jedoch nicht, sondern sie wurden auch die ersten, die begannen, solche Landschaftszüge nachzuformen und durch ihre eigenen Bauten zu betonen. Durch die vorhergehende altsteinzeitliche Kultur wurde Landschaft nicht umgeformt. Dieses Nachformen war eine sakrale Handlung, und die Bauten, durch die sie dies taten, Kultbauten, die in vielen Varianten als Megalithbauten oder großräumige Erdbilder noch teilweise erhalten sind. Durch diese Kultbauten verstärkten sie einen bestimmten, weiblichen Zug der Landschaft, das heißt, der Erdgöttin, so wie sie sich am jeweiligen Ort manifestierte. Zusätzlich wurden die Kultbauten durch Linien verbunden. Diese waren entweder schnurgerade Kultlinien, die zugleich als Sichtlinien dienten, oder sie waren gebogene Linien, die durch ihre Verbindung der Kultplätze ein großes Landschaftsbild erzeugten, das wiederum ein Nachbild der Göttin war. Auf diese Weise entstanden die sakralen Landschaften, die „Landschaftstempel", die immer Tempel der Urgöttin Erde waren.

Auf diese Weise schufen sie Landschaft zu einem symbolischen Raum gemäß ihren Vorstellungen um. Und jede Landschaft war für sie ein *heiliges Ganzes*, denn nichts Geringeres als ein lebendiges Antlitz der Erde. Jede ernsthafte Bemühung, Landschaft wieder als einen ganzheitlichen Raum zu erfassen, führt uns deshalb auf die Wurzel dieser Wahrnehmungsweise zurück, welche die matriarchalen Kulturen besaßen.

## *Matriarchale Architektur*

Matriarchale Menschen folgten bestimmten Prinzipien, nach denen sie ihre Bauten in die Landschaft einbetteten. Diese Prinzipien sind von mir in einem Abstraktionsschritt aus der Fülle an archäologischen Plätzen und Kultplätzen gewonnen worden, die ich in drei Jahrzehnten Forschungsarbeit gesehen habe. Es fiel mir auf, dass man sie nie nur als isolierte Monumente betrachten kann, sondern stets ist es nötig, auch ihre Bezüge zur Landschaft wahrzunehmen. Diese Beispiele gelten für die Epoche der matriarchalen Kultur auch außerhalb Europas, obwohl ich mich hier auf einige wenige aus Europa beschränke.

*Erstes Prinzip: Keine Trennung zwischen Sakralem und Profanem*

Als erstes Grundprinzip gilt, dass es in matriarchalen Gesellschaften keine Trennung zwischen Sakralem und Profanem gibt. Das kennzeichnet diese Kulturform als durchgängig spirituell. Daher lassen sich, wenn man nichts über matriarchale Spiritualität weiß, weder ihre weltanschaulichen, noch ihre politischen, sozialen oder ökonomischen Muster verstehen.

Dieses Prinzip wirkt sich so aus, dass – abgesehen von den religiösen Festen – auch jede praktische Handlung im Alltag wie z. B. Säen, Ernten, Töpfern, Weben zugleich ein Ritual ist und dass jeder praktische Gegenstand wie z. B. ein Pflug, eine Spindel, ein Vorratsgefäß zugleich eine symbolische Bedeutung hat. Das gilt auch für die Baukunst: Trotz räumlicher Trennung von Bautypen gibt es keine ausschließlichen Sakralbauten oder Profanbauten, wie bei uns z. B. Kathedrale und Bankhaus. Denn jedes Bauwerk ist zugleich profan und sakral. So sind die Sippenhäuser nicht nur der Wohnort der matrilinearen Sippen, sondern zugleich Verehrungsstätte für AhnInnen und Göttinnen. Ihr Kult findet am Heiligen Herd im großen Raum in der Mitte des Hauses statt oder an der zentralen Säule, die das Dach trägt und die zugleich die konkrete hiesige „Achse der Welt" darstellt. Damit bildet das Haus im Kleinen die Welt im Großen ab und wird auf diese Weise sakralisiert.

Umgekehrt sind Bauten, die wir für rein sakral halten, keineswegs nur „Tempel". Sie sind zugleich Wohnstätten für die Priesterinnen und Heiligen Könige der matriarchalen Kultur, weshalb ich für sie den Begriff *Wohntempel* geprägt habe. Das gilt ebenso für die sogenannten „Paläste" auf der Insel Kreta, die zugleich umfangreiche Tempel waren, wie für die sogenannten „Tempel" auf der Insel Malta, die zugleich Wohnstätten waren. Dieses Prinzip findet sich schon bei dem Baukomplex von Chatal Hüyük (Türkei), einer sehr frühen neolithischen Stadt, deren kubenförmige Häuser alle aneinandergebaut sind. Die Ausgräber haben hier keine „Tempel" gefunden. Dafür enthielt etwa jeder dritte der kubusförmigen Räume religiöse Symbole wie Göttinnenfiguren in Gebärhaltung und Kuh- oder Stierhörner. Diese Sakralräume lagen völlig regellos Tür an Tür mit den Wohnräumen. Das heißt, die Leute von Chatal Hüyük traten durch die Stubentür sozusagen in die „Kirche" ein und durch die nächste Tür wieder ins „Wohnhaus". In diesen sog. Wohnräumen fanden die Archäologen zudem gemauerte Podeste als Liegestätten, unter denen die Gebeine der Toten begraben waren. Handelt es sich in diesen Räumen nun um profane „Schlafzimmer" oder heilige „Friedhöfe" oder um beides zugleich? Tatsächlich handelt es sich hier um eine Art der AhnInnenverehrung, bei der die Lebenden wünschten, dass die AhnInnen ganz nahe bei ihnen ruhten.

Diese Haltung ist logisch, weil die matriarchale Spiritualität keine religiöse Transzendenz mit einem unsichtbaren Gott kennt, der strikt von der „Welt" getrennt ist und demgegenüber sie abgewertet wird. Der matriarchale Begriff von Göttlichkeit ist immanent, denn die gesamte Welt wird als göttlich betrachtet: Die Welt *ist* die Göttin, weshalb auch alles in ihr Göttlichkeit besitzt.

*Zweites Prinzip: Betonung des Innenraums statt des Außenraums*

Für die matriarchale Kultur gilt, dass Innenräume betont werden statt der Außenräume. Es werden niemals Außenräume und Fassaden ins Zentrum der Aufmerksamkeit gerückt. Monumente, die dominant in der Landschaft stehen, deutlich erkennbar und mit einem einzigen Blick zu erfassen – als Denkmäler von patriarchalen Heldentaten oder von verschiedenen Formen des Größenwahns – gibt es nicht. Stattdessen gilt das Interesse matriarchaler Menschen den Innenräumen, den Hohlräumen. Sie sahen optisch die Innen- und Hohlräume, die wir meist gar nicht wahrnehmen, während die Fassade und Außenseite für sie keine Bedeutung hatte. Denn diese wurde meist in der Erde vergraben. Der Innenraum enthält Inhalt, während die Außenseite nichts enthalten kann, sondern nur abgrenzt und zurückstößt. Der eigentliche Inhalt ist der Prozess des Lebens selbst, genauso wie im mütterlichen Schoß, dem weiblichen Innenraum, Leben entsteht. Jeder natürliche Hohlraum wie eine Höhle und jeder architektonisch gebaute Hohlraum bedeuten in der matriarchalen Kultur deshalb grundsätzlich den Mutterschoß, sei es der Schoß der Göttin Erde oder der Frau. Denn nach matriarchaler Auffassung ist der Ursprung aller Dinge der weibliche Schoß – und nicht der Krieg, wie ein griechischer Philosoph behauptet hat.

So sind z. B. sämtliche Dolmengräber der großartigen neolithischen Megalithkultur, die weltweit verbreitet ist, als Hohlräume gedacht und gebaut. Von außen wurden sie mit einem Erdhügel überdeckt, der von der Baukunst im Inneren, mit der die Grabkammern aus gewaltigen Steinen konstruiert und oft sorgsam geglättet und mit Gravuren verziert waren, nichts mehr erkennen ließ. Denn es ist der Innenraum der Gräber, auf den es ankommt: Dieser stellt eine Höhle, eine Grotte dar, eben das Innere der Erde, ihren mütterlichen Schoß. Hier wurden die Toten eines matriarchalen Clans bestattet und Rituale der Totenspeisung und Ahnenverehrung gefeiert in der Hoffnung, dass die Ahnin oder der Ahn bald aus dem Schoß der Erde ins Leben zurückkehren würde, um als kleines Kind im eigenen Clan wiedergeboren zu werden. Auf diesen Glauben weist auch die sogenannte „Hockerstellung“ hin, in der die Toten bestattet wurden, denn es ist die Embryonalhaltung eines ungeborenen Kindes. Wie der Embryo im Mutterleib ruhen die Toten im Schoß der Erde bis zur Wiedergeburt. Sinnfälliger kann man nicht zeigen, dass der Hohlraum als Gefäß des Lebens galt. Darum ist verständlich, dass alle Sorgfalt der Baukunst dem Innenraum gewidmet wurde.

*Drittes Prinzip: Abbilden der Weltvorstellung*

Als drittes Prinzip matriarchaler Baukunst und Landschaftsformung zeigt sich, dass die Menschen ihre Grundvorstellung vom Aufbau der Welt abbilden. Die Welt besteht für sie aus den drei Bereichen Himmel, Erde und Unterwelt. Jede Region wird von der Göttin bewohnt gedacht, die im entwickelten Matriarchat eine dreifache Gestalt hat, denn sie ist die Große Göttin des Himmels, der Erde und der Unterwelt. Im Aspekt der jugendlichen Weißen Göttin ist sie die Herrin des Himmels und Lichtbringerin. Im Aspekt der Roten Göttin ist sie die voll erblühte Frau, die Herrin der Erde und Bringerin der Liebe und Fruchtbarkeit. Im Aspekt der Schwarzen Göttin als der weisen Alten ist sie die Herrin der Unterwelt und Bringerin von Tod, Verwandlung und Wiedergeburt (1).

Im sogenannten Palast von Knossos tritt dieses Prinzip deutlich hervor, denn er ist diesem Dreistockwerk-Weltbild entsprechend dreigeschossig gebaut. Gemäß seiner archäologischen Rekonstruktion hatte das oberste Geschoss mit den hochgelegenen Propyläen und Galerien weißbemalte Säulen. Außerdem trugen die Dachfirste riesige, stilisierte, weiße Kuhhörner, ein Mond- und Himmelssymbol, wobei diese Hörner wie Peilmarken auch zur Gestirnsbeobachtung gedient haben dürften. Das mittlere Stockwerk mit seinen Hallen und Thronsälen, meist ebenerdig gelegen, war mit rotbemalten Säulen geschmückt. Hier war der Bereich des Hoflebens, der sakralen Feste, der kultisch-repräsentativen und politisch-praktischen Aufgaben, der auf die Erde mit Land und Meer bezogene Bereich. Das unterste Stockwerk liegt meist unterirdisch, gewundene Treppen führten in die Erde hinein zu den ausgedehnten Vorratsräumen und zu Sakralräumen mit Kultbecken. Hier waren die Säulen schwarz bemalt, und man fand in einer unterirdischen Kammer die kleinen Göttinnenskulpturen aus Fayence, Schlangen in den Händen haltend. Schlangen sind Symbole von Heilung, Tod und Wiedergeburt. – Allein schon diese exquisite, symbolische Baukunst macht deutlich, dass es sich im Baukomplex von Knossos nicht nur um einen „Palast" gehandelt haben kann, sondern um ein sakrales Gebäude, eben einen Wohntempel.

Genauso deutlich tritt dieses Prinzip von der Dreigliederung der Welt in der Landschaftsformung hervor. Denn Heiligtümer der Weißen Göttin als Himmelsherrin wurden auf Bergspitzen und Hügelkuppen erbaut. Heiligtümer der Roten Göttin standen hingegen in fruchtbaren Tälern, in Flußauen und Schwemmland-Ebenen, besonders da, wo sich zwei Flüsse V-förmig vereinigen, das heißt, das heilige Schoßdreieck formen. Heiligtümer der Schwarzen Göttin befanden sich in Höhlen und Schluchten oder waren mit Teichen, Brunnen, Quellen und Seen als Eingang zur Unterwelt verknüpft.

*Viertes Prinzip: Ausdrückliche Gestaltung der Weiblich-Männlich-Polarität*

In die umfassende Weiblichkeit der Urgöttinnen Kosmos und Erde eingebettet, entwickelt sich nach matriarchaler Vorstellung jede dynamische Polarität wie Licht und Dunkel, Sommer und Winter, Bewegung und Ruhe, auch die der weiblichen und männlichen Kräfte. Dabei wird diesen komplementären Entsprechungen keine Wertung untergeschoben, wie es später in der patriarchalen Philosophie geschah. Als viertes Prinzip ist daher die Gestaltung der weiblichen und männlichen Qualität als gleichwertiger Polarität in Architektur und Landschaftsformung zu nennen.

Einmal abgesehen von dem uralten *Yoni-Lingam-Symbol* in Indien, das aus liegenden Steinen in Form einer Vulva und einem darin stehenden, phallischen Stein gebildet wird und für sich allein steht, finden sich ähnliche symbolische Steinsetzungen auch in der Architektur. Dies trifft insbesondere für die komplexen neolithischen Megalithanlagen zu. So sind z. B. die Steinkreise der großen Anlage von Avebury (Südengland) aus weiblichen und männlichen Steinen erbaut. Dabei gilt ein Stein mit geraden, senkrechten Kanten, der schlank aufragt, als „männlich", hingegen gilt ein Stein mit schräggestellten Kanten, breit gelagert in Rauten- oder Diamantform, als „weiblich". Die gesamte Anlage von Avebury ist ausschließlich aus solchen einzeln stehenden, tonnenschweren, weiblichen und männlichen Riesensteinen errichtet, von denen heute leider ein großer Teil verloren gegangen ist. Häufig wechseln sich sogar je ein männlicher und ein weiblicher Stein ab. An der zentralen Stelle *The Cove* im nördlichen Innenkreis stehen sie sogar als Paar.

Auch bei Megalithgräbern fällt diese polare Symbolik auf. Die dolmenartige Grabkammer entspricht dem weiblichen Element, denn sie symbolisiert den Mutterschoß. Am Eingang solcher Grabkammern sieht man manchmal mächtige, hochragende Steine stehen, die schützend davor aufgestellt wurden, wie z. B. auf bei Dolmenanlagen auf Rügen oder in Südengland (*Wayland's Smithy*). Sie sind „Wächtersteine" und symbolisieren das männliche Element der Anlage. Das ganze Arrangement entspricht der Idee eines matriarchalen Clans und der Funktion der Männer darin: Die Frauen sind die Schöpferinnen des Clans und verlängern sein Dasein durch Geburten, da Verwandtschaft in der Mutterlinie gilt, die auch „uterine" Verwandtschaft heißt. Die Männer haben als Brüder, Söhne und Enkel der Clanmutter denselben Clannamen. Die Mutterbrüder jeder Generation spielen im Clan eine wichtige Rolle, sie sind die Schützer und Helfer der Frauen und tragen Mitverantwortung für die Schwesterkinder. Daher stehen sie symbolisch in Stein als „Wächter" vor dem heiligen Schoß der Stamm-Mutter oder Ahnfrau, die durch den Dolmen repräsentiert wird.

Auch in der Landschaft werden oft komplementäre weibliche und männliche Züge gesehen, und sie werden häufig durch entsprechende Bauten betont. Ein solches Beispiel erforschte ich in der Schweiz. Die symbolischen Hauptpfeiler des Oberhalbsteiner Tals (Surses) in Graubünden sind zwei heilige Berge, die sich in Ost-West-Richtung genau gegenüberliegen: Piz Toissa und Piz Mitgel. Die Toissa zeigt mit zwei Gipfelspitzen als Brüsten und einem runden, inneren Kar als Schoß überaus weibliche Züge. Außerdem erscheint sie, aus mittlerer Höhe betrachtet, wie eine halb liegende, halb sitzende Frau in der Geburt, zwischen deren Knien der Kindskopf hervortritt. Diese bemerkenswerten Züge ließen sie einst zur Landschaftsgöttin des Tals werden. Ihr gegenüber thront, mit prächtiger Felswand und steil gebogenem, phallusartigem Gipfel, der (später verchristlichte) Mitgel als ihr männlicher Partner. Eine Serie von Kulthügeln, heute von Kirchen und Burg überbaut, betont die Ost-West-Achse zwischen diesem polaren Paar von Bergen, während eine andere Serie von Kulthügeln, im rechten Winkel die erste Kultlinie schneidend, die Nord-Süd-Achse kennzeichnet. Auf diese Weise wurde hier mithilfe des Prinzips der Weiblich-Männlich-Polarität ein Landschaftstempel geformt.

*Fünftes Prinzip: Darstellung von Göttinnen in Bauwerken*

Das Prinzip, Göttinnen als Bauwerke darzustellen, drückt sich in jenen besonderen Bauten aus, die in stilisierter weiblicher Gestalt geformt sind. Die Gestalt der Göttin wird hierbei in der Regel durch die Innenräume als Hohlformbild geschaffen, wie es z. B. bei den Wohntempeln von Malta und Gozo der Fall ist oder bei dem „besonderen Haus" im Komplex von Skara Brae auf den Orkneys in Schottland. Jedes Mal ist der Innenraum betont, während diese Bauwerke außen zugleich von Erde ummantelt waren. Dabei ist dieser Innenraum mehrfach gegliedert und stellt nicht nur den Schoß der Göttin dar wie die Dolmengräber, sondern bildet mit fünf Apsiden ihren ganzen Leib ab – runder Kopf, zwei ausladende Brüste zur Rechten und Linken, zwei ebenso ausladende Hüften rechts und links. Eingang und Ausgang führen direkt durch die Vulva in ihren Leib. Jeder dieser Wohntempel ist damit ein unmittelbares Abbild der Großen Mutter, der lebensschöpferischen Göttin.

Eine andere Umsetzung dieses Prinzips ist Silbury Hill (Südengland), innen äußerst kunstvoll als kreisrunde, siebenstufige Pyramide errichtet, was man wegen der ebenmäßigen Erdaufschüttung von außen nicht sieht. Im Inneren birgt dieser schöne, künstliche Hügel wieder einen Grabkammer-Schoß. Dieses Bauwerk wird jedoch durch eine Erdformung in die Landschaft hinein verlängert, denn um Silbury Hill liegt eine Bodensenke, die sich zur Zeit der Schneeschmelze mit Wasser füllt, so dass um den Hügel herum ein flacher See entsteht. Diese Senke ist vermutlich ebenfalls künstlich geformt worden, sie stellt nämlich zusammen mit dem Hügel ein Bild dar. Es ist das Bild einer liegenden Göttin, das die Umrisse des Sees zeichnen, wobei der Hügel wie eine ausladende Hüfte oder ein schwangerer Bauch dreidimensional hervortritt (2).

*Sechstes Prinzip: Einbeziehung des Kosmos durch die Himmelsrichtungen*

Das sechste Prinzip ist die Einbeziehung des Himmels anhand der Himmelsrichtungen. Bekanntlich sind Megalithanlagen so gebaut, dass sie in bestimmten, symbolisch verstandenen Himmelsrichtungen liegen und viele von ihnen sich obendrein für die Beobachtung der Gestirne eignen. So sind die Öffnungen von Megalithgräbern häufig nach Südosten gerichtet, genau dorthin, wo zur Wintersonnwende die Sonne aufgeht. Dieses Datum ist symbolträchtig, denn es bedeutet die Wiedergeburt des Lichts und des Lebens.

Einfache Steinkreise machen einfache Gestirnsbeobachtungen möglich. Komplexe Anlagen wie Avebury und Stonehenge erlauben vielfältige Beobachtungen, die nicht nur die Bewegungen der Sonne einschließen, sondern auch die des Monds. Dabei dienen die Steine als Peilmarken, in deren Zwischenräumen die Gestirne erscheinen. Nun eignet sich nicht jede beliebige Landschaft als Standort für ein solches archaisches Observatorium, denn nur ein tischebener Horizont, wie etwa am Meer, gestattet die Beobachtung der exakten Auf- und Untergänge von Gestirnen. Hingegen verzerrt ein hügeliger oder gar bergiger Horizont die Beobachtung beträchtlich. Das heißt, die natürliche Umgebung muss von vornherein in die Planung des Bauwerks einbezogen sein. Sie ist damit als Teil des Bauwerks gedacht, und umgekehrt ist das Bauwerk als Teil der Landschaft gedacht, die hier in den Himmel hinein verlängert wird.

Um gute Beobachtungsverhältnisse auch im Binnenland zu erreichen, muss ein Horizont in der Ebene gewählt werden oder ein Horizont von einem Hügel, um den sich das andere Hügelland scheinbar absenkt. In alpiner Landschaft ist es am schwierigsten, dieses Prinzip umzusetzen. Deshalb wurde der Kalender, der aus der Gestirnsbeobachtung gewonnen wurde, vermutlich von einem bekannten Beobachtungszentrum auf diese Landschaft übertragen, wobei nun bestimmte Bergspitzen als Peilmarken dienen und die Menhire ersetzen können. Auf diese Weise kann eine gesamte Landschaft mit ihren Eigenheiten als Kalendersystem fungieren, was solche Bergnamen belegen wie „Neuner(spitze)", „Zehner(spitze)", „Elfer(spitze)", „Zwölfer(spitze)", wie sie in den Dolomiten (Südtirol) und auch anderswo vorkommen. Solche „Kalenderberge" haben eine Aura von Heiligkeit und genießen ihrerseits Verehrung.

*Siebtes Prinzip: Formung von Landschaftsbildern durch Kombination von Bauten*

Bei diesem Prinzip wird am deutlichsten, dass Bauwerke als Teile der Landschaft verstanden wurden, indem sie deren natürliche Züge betonen und durch Kombination von mehreren Kultstätten großräumige Landschaftsbilder schaffen. Diese wurden der Landschaft aber nicht aufgezwungen, sondern verstärkten lediglich das Bild, das die Landschaft den Menschen, die sie symbolisch betrachteten, von selbst bietet. Das Ergebnis ist ein überaus harmonisches Zusammenspiel von Landschaft und Bauten, das einen hohen ästhetischen und spirituellen Rang besitzt.

Diese Landschaftsbilder können abstrakt sein oder auch konkrete Formen darstellen, aber in jedem Fall geben sie eine abstrakte oder konkrete Vorstellung von der Göttin wieder. Auch ein solches in die Landschaft gebautes Bild kann zur Landschaftsgöttin dieser Gegend werden. Um als Beispiel nochmals Avebury (Südengland) zu nennen: Diese großartige Anlage zeigt gemäß der Rekonstruktion des Forschers und Zeichners W. Stukeley eine breite, kreisrunde Wallanlage mit tiefem Graben, sie schafft das innere Plateau. Dieses runde Plateau wurde vollständig von einem Steinkreis umringt, dem weiten äußeren Kreis, der seinerseits wieder zwei Steinkreise einschloss, die in konzentrischen Ringen jeweils doppelt gebaut waren. Nach Osten und Westen bogen von dieser komplexen Anlage zwei kilometerlange, schlangenförmige Steinalleen ab, jede mündete ihrerseits wieder in einem kleineren Steinkreis, die in exakter Ost-West-Achse zueinander liegen. Damit noch nicht genug: Silbury Hill liegt genau in der Mitte zwischen den beiden Armen der Steinalleen, dieser Hügel befindet sich in genauer Nord-Süd-Achse zur Kreisanlage von Avebury. Avebury und Silbury Hill gehören deutlich zusammen und bilden ein genaues Achsenkreuz der Haupthimmelsrichtungen.

Avebury und Silbury Hill formen zusammen ein riesiges Landschaftsbild, ein über Kilometer reichendes, großangelegtes Symbol. Avebury sieht aus wie ein kreisrunder Uterus mit Zwillingsgebilden darinnen – ähnlich dem ostasiatischen *Yin-Yang-Symbol.* Von diesem Uterus gehen zwei lange Eileiter (Steinalleen) aus, die in die beiden Eierstöcke (äußere Steinringe) münden. Das könnte den großen, fruchtbaren Schoß der Erdmutter bedeutet haben, die als hiesige Landschaftsgöttin in dem gebauten Bild erscheint. Bei ihr ruhen die Toten, denn in dieser Landschaft befinden sich zahlreiche ältere Megalithgräber. In der exakten Achse zu diesem riesigen Bild des weiblichen Organs liegt Silbury Hill, im Verhältnis klein und rund wie ein soeben geborenes Kind. Silbury Hill ist ein weißer Mondhügel und könnte im Verhältnis zu dem großen Schoß der Erdmutter die Mondtochter bedeutet haben, welche die Erdgöttin gemäß matriarchaler Mythologie jeden Abend gebiert (3).

So entstand auch durch menschliche Baukunst eine heilige Landschaft. Der wesentliche Zug matriarchaler Architektur und Landschaftsformung ist dabei, dass Landschaft ausnahmslos geheiligt wurde als *Göttin-Raum.* Im Göttin-Raum bewegen sich die Menschen auf der Erde ja schon immer. Nur war matriarchalen Menschen diese unlösbare Verbundenheit mit der Erde stets bewusst gewesen, und sie hoben sie durch ihre Bauweise ausdrücklich hervor. Der patriarchalisierten Menschheit dagegen ist dieses elementare Wissen, dass sie Teil der Erde ist, verloren gegangen – sehr zu ihrem eigenen Schaden (4).

### *Anmerkungen und Literaturhinweise*


1) Vgl. Robert von Ranke-Graves: *Griechische Mythologie. Quellen und Deutung*, Reinbek bei Hamburg 1984; Heide Göttner-Abendroth: *Die Göttin und ihr Heros. Die matriarchalen Religionen in Mythos, Märchen, Dichtung*, Stuttgart 2011 (zuerst München 1980).
2) Michael Dames: *The Silbury Treasure. The Great Goddess rediscovered*, London 1976.
3) Michael Dames: *The Avebury Cycle*, London [2] 1996; ebenso Kurt Derungs: *Landschaften der Göttin.* Avebury, Silbury, Lenzburg, Bern 2000.
4) Ich habe diese Prinzipen matriarchaler Baukunst und Landschaftsformung ausführlicher und mit Bildern dargestellt in einem Kapitel meines Buchs *Für Brigida*, Frankfurt a. M. 2000.

# 14 Die neun Musen
## Archaischer Göttinkult und Musik

Archaische Göttinkulte sind nicht unabhängig von einer bestimmten Gesellschaftsform, die mit Sicherheit keine klassisch patriarchale ist. Denn darin spielen Göttinnen keine Rolle mehr, sondern strafende Vatergötter, bis zum Absolutheitsanspruch gesteigert, beherrschen die Szene. In frühpatriarchalen Gesellschaften kommen Göttinnen zwar vor, aber nicht als unabhängige Herrinnen ihrer selbst und ihrer Künste, sondern als herabgewürdigte Ehefrauen herrschender Vatergötter, z. B. Hera und Zeus, oder als deren gehorsame Töchter, z. B. Athene und Zeus, oder als entrechtete und in die Unterwelt verbannte „Hexen", z. B. Hekate in Griechenland. Wenn hier aber von einem Göttinkult ohne Götter die Rede ist, dann bewegen wir uns in Zeiten weit vor der patriarchalen Kulturepoche, die in Europa erst um ca. 4000–3000 vor u. Z. begann. Diese vorpatriarchale Kulturepoche wird in der modernen Matriarchatsforschung als „matriarchal" bezeichnet, ein Begriff, der durch Studien zu noch existierenden matriarchalen Gesellschaften genau definiert worden ist (1).

Aus diesen ethnologisch-anthropologischen Studien ging hervor, dass matriarchale Menschen in einem spirituellen Weltbild von großem Bedeutungsreichtum leben, in das alles integriert ist: die Individuen, die Gesellschaft und die kosmisch verstandene Natur (2). Die kultischen Handlungen wie Rituale, Zeremonien und große Feste als rituelle Dramen sind der Ausdruck dieser Spiritualität. Sie finden auch nicht abgetrennt vom alltäglichen Leben statt, sondern sind ein Teil davon. Im Kult sind ebenso Tanz, Musik und die anderen Künste ungetrennt, die nicht als einzelne artifizielle Gattungen ausgeübt werden, sondern als Teil des spirituellen Kontinuums. Diese Erkenntnisse dürfen auch als gültig für geschichtliche matriarchale Gesellschaften betrachtet werden.

In patriarchalen Religionen hingegen wurden die bildnerische Kunst, auch der Tanz und die Musik als „heidnisch" verachtet und teilweise sogar verboten, wie z. B. im Islam und in frühen Phasen des Christentums. Diejenigen, die sie dennoch ausübten, gehörten zu den unterdrückten niederen Schichten und wurden im Extremfall als „Hexen" verfolgt und zu Tode gebracht.

### *Mondtänze*

Ein Hauptmerkmal der matriarchalen Kulte weltweit ist der Tanz. Tanz seinerseits ist ohne Musik nicht denkbar. Tanz und Musik waren dabei nicht nur ausdrucksvolles Gebet, sie waren zugleich die wichtigste magische Praktik überhaupt. Die Schamanin und der Schamane tanzen bei ihren Heilungen zur Musik von Trommeln und Zimbeln, die großen Volksfeste sind getanzte Dramen zur Musik, die mitten im geordneten Gewühl ertönt. Tanz und Musik sind die ältesten und elementarsten Formen der religiösen Äußerung, sie sind Magie als getanztes Ritual. Daraus entwickelte sich jede andere Ausdrucksform, die wir uns heute „Kunst" zu nennen angewöhnt haben (3).

Um die weitreichende Bedeutung von Tanz und Musik in matriarchalen Gesellschaften zu verstehen, müssen wir zuerst die Grundzüge ihrer Kosmologie verstehen. Das ganze Universum mit den Gestirnen darin war für matriarchale Menschen Tanz und Musik der Sphären. In sich ausrollender und einrollender Spirale tanzen die Himmelslichter scheinbar um die Erde, darum wurde das Universum auch das „Silberne Rad" oder das „Silberne Schloss" genannt, das sich um sich selbst dreht (4).

Wahrnehmbar ist dieses „Silberne Rad" natürlich nur in der Nacht, denn am Tag überstrahlt es die Sonne. Die Göttin der Nacht ist der Mond, sie steht als Pars pro Toto für das ganze Universum und zeigt in ihren Phasen das Gesetz der ewigen Verwandlung. Für die frühe Menschheit war sie die erste Zeitgeberin, denn nach ihr konnten überall auf der Erde die Woche, der Monat und das Mondjahr genau bestimmt werden (Mondkalender im frühen Europa, im frühen Ägypten, bei den Maya, in Ozeanien). Demgegenüber weist die Sonne in den verschiedenen Jahreszeiten und den verschiedenen Breitengraden viel zu große Schwankungen mit ihren Auf- und Untergängen auf, so dass sie anfangs nicht zu einem universellen Kalender diente.

Auch den Reigen der Planeten mit ihren spezifischen Bewegungen scheint die Mondgöttin in der Nacht anzuführen, und von diesem komplexen Zusammenspiel hängen Wetter und Klima auf der Erde ab. Die Mondgöttin bewegt das Meer in Gezeiten, lässt Flüsse und Quellen steigen und sinken, sendet den Regen und die Überschwemmungen, in deren Folge das Land fruchtbar wird – wie am Indus, an Euphrat und Tigris, am Nil, an der Donau. Vom Wasser, das sie sendet, hängt das Pflanzenwachstum ab, die Grundlage der matriarchalen Ackerbaukulturen.

Daher verwundert es nicht, dass die Mondgöttin in der matriarchalen Kulturepoche auf der ganzen Welt höchste Verehrung genoss. Als die „Weiße Göttin" war sie auch in Alteuropa die Große Göttin der europäischen matriarchalen Kulturen.

Außerdem war die Mondgöttin für die matriarchale Menschheit der Frühgeschichte nicht nur Zeitgeberin und Wettermacherin, sondern sie zeigte ihnen am Himmel auch die Gesetze des Lebens. Jeden Monat vollzog sie vor den Augen der Menschen das Wunder zu wachsen, voll und rund zu werden, abzunehmen, zu verschwinden und wiederzukehren. Sie wechselte monatlich vom Leben zum Tod und wieder ins Leben zurück, woran die Menschen den großen Kreislauf von Wachsen, Reifen, Welken, Tod und Wiedergeburt ablasen. Die Vegetation bildete in ihren Augen denselben Zyklus im Laufe des Jahres auf der Erde nach, deshalb sahen sie alle Lebewesen in die natürlichen Gesetze eingebunden, die das Leben durch die Verwandlungen hindurch niemals aufhören lassen.

In diesem Sinne wurde die Mondgöttin in dreifacher Gestalt als die Große Dreifaltigkeit des Matriarchats verehrt: als die weiße Göttin, das Mädchen mit dem silbernen Bogen (zunehmende Mondsichel); als die rote Göttin, die Frau, die Land und Meer fruchtbar macht (Vollmond); als die schwarze Göttin, die weise Alte, die das Schicksal bringt (abnehmende Mondsichel und Schwarzmond). Indem sie wie die Schlange die Haut abstreift und sich wieder verjüngt, verwandelt sich die Mondgöttin von der alten wieder in die junge Frau und zeigt damit das Mysterium der ewigen Wiederkehr (5).

Die Mondgöttin war in den matriarchalen Kulturen weltweit die umfassendste Göttin überhaupt, sie war den Menschen Spiegel der Zeit, des Lebens, der Welt, die Große Himmelsmutter. In Europa wurden in der Epoche der Christianisierung manche Eigenschaften der Mondgöttin, besonders in ihrer Mädchengestalt, auf die christliche Maria übertragen, was viele ihrer Bilder und Skulpturen deutlich zeigen: Maria mit der Sternenkrone, auf der Mondsichel stehend (weitverbreitet in Bayern und Österreich, ohne viel Glaubwürdigkeit aus der Apokalypse abgeleitet). Doch das geschah erst, nachdem die Göttin zuvor zur Menschenfrau und „Magd des Herrn" erniedrigt und dem neuen patriarchalen Vatergott unterworfen worden war.

Daraus ist verständlich, dass kultischer Tanz und Musik im Matriarchat in erster Linie der Mondgöttin galten. Die neun Musen waren einst Mondpriesterinnen und tanzten für die Weiße Göttin. Dabei bildete ihr Tanz die komplexen Bewegungen des Monds und der Planeten nach (heute noch tradiert in manchen Tänzen in Osteuropa und in denen der Derwische).

Wie im Himmel, so auf Erden – das war das Prinzip, nach dem sich die Menschen mit dem göttlichen Universum in Einklang brachten. Denn nur die Harmonie zwischen dem Makrokosmos des Universums und dem Mikrokosmos der Menschenwelt garantierte, dass die Welt nicht aus den Fugen geriet. So taten sie aktiv ihren Teil, um diese Balance aufrecht zu erhalten, und das nannten sie „Magie" (6).

Tanzend vollzogen sie dieselben Bewegungen wie die Gestirne am Himmel, und damit hielten sie magisch die Welt im Gleichgewicht. Wenn alles mit allem verknüpft ist, darf es keinen Teil geben, der aus dem Tanz der Welt herausfällt – das ist es, was sie erkannten. Wissend vollzogen sie deshalb dieses Gesetz der Einfügung auch ihrer selbst ins große Ganze, eine Weisheit, die der späteren, patriarchalisierten Menschheit verloren ging.

*Die neun Musen*

Hier beziehe ich mich nicht auf das reduzierte Bild der neun Musen als Damen, welche Künstler küssen und von denen man sonst nichts Genaues weiß. So wird es im Patriarchat verzerrt überliefert. Auf dem Hintergrund meiner kulturgeschichtlichen Studien entwerfe ich ein anderes Bild. Es stellt das dar, was die neun Musen in ihrem ursprünglich matriarchalen Kontext wahrscheinlich gewesen sind. Damit ist gleichzeitig das Bild der kulturschöpferischen Frauen des Matriarchats mitgemeint, denn es waren matriarchale Priesterinnen der prähellenischen Kulte von den Bergen Parnass und Helikon, welche die neun Musen verkörpert haben (7).

Die Muse *Urania* hat als die Anführerin der Neun gegolten. Ihr Aufgabenbereich war der vornehmste, sie war die Muse der Astronomie. Sie maß nach den Gestirnen die Zeit, sie schuf den Kalender und spiegelte damit die Ordnung des Himmels auf der Erde wider. Sie kannte die Gesetze des Kosmos und bestimmte den Tänzen den richtigen Zeitpunkt.

Die Muse des Tanzes *Terpsichore* schuf nach den Bewegungen der Gestirne die Formen der Tänze. Die von ihr geschaffenen choreografischen Muster, als Schrittspuren auf dem Boden sichtbar, wurden zur steinernen Architektur der Tanzplätze entwickelt. Kreise, Spiralen, Labyrinthe, erbaut aus großen Steinen, geben noch heute – wie eingefroren durch die Jahrtausende – diese Muster wieder (jungsteinzeitliche Megalith-Kultur).

Die Musen tanzten nach ihren eigenen rhythmischen Gesängen, dabei führte sie *Polyhymnia* an, die Muse des Chorgesanges. Ihre Gesänge hatten gewiss nicht die Art disziplinierter, statuarischer Männerchöre, sondern waren ekstatisches Rufen, Preisen, Beschwören, das nur der gemeinsame Rhythmus zusammenhielt.

Diese Rhythmen sind die Metren, die „Vers-Füße" im wahrsten Sinne des Worts, denn mit ihren Füßen gaben sie sich selbst den Takt. Auf diese Weise skandierten sie die Sprache und maßen zugleich ihre Verslänge ab: Trimeter, Pentameter, Hexameter (Dreimaß, Fünfmaß, Sechsmaß), so wurde die Sprache selbst zur Musik. Zwei Stimmungen kannten diese Gesänge: Sie waren fröhliche Liebeslyrik, welche die Muse *Erato* anstimmte, vielleicht zur Zeit des Vollmonds oder des wachsenden Sonnenlichts und der wachsenden Vegetation. Oder sie waren Elegien, Trauergesänge, intoniert von der Muse *Kalliope*, wenn der Mond verschwand, das Sonnenlicht verblasste und die Vegetation verwelkte.

Sie tanzten aber auch nach instrumentaler Musik, der die Muse *Euterpe* vorstand, und die Instrumente dazu waren ihre Erfindung. Bereits in den Athene-Mythen spielen zwei Instrumente weiblicher Herkunft eine große Rolle: die Trommel oder das Tamburin und die Doppelflöte, der Aulos.

Die prähellenische Athene der pelasgischen Kultur soll die Doppelflöte erfunden haben; aber achtlos warf sie diese weg, weil sie sich angeblich mit den aufgeblasenen Backen nicht gefiel. Darauf fand ein Satyr die Flöte, oder der Gott Hermes „erfand" sie neu. Beide traten damit zum Wettstreit gegen Apoll an, den beide gegen diesen verloren. Aber Hermes fing es schlau an, er schloss mit Apoll einen Pakt und tauschte dessen Hirtenstab gegen die Flöte ein; dem dummen Satyr hingegen zog Apoll nach dem Flötenspiel die Haut ab. Als Pan vor Apoll seine Panflöte spielte, erging es ihm nicht besser (8).

Die Ethnologie bestätigt, dass die ältesten Instrumente vieler Völker Trommeln und Flöten sind, wobei meist die Trommeln von Frauen gespielt und die Flöten von Männern geblasen werden, was eine erotische Assoziation aufdeckt: Trommel als weiblicher Leib, Flöte als männlicher Phallus. Dies gilt für die traditionelle Kultur der Anden-Indianer (Aimara, Ketchua) und hat sich über Mittelamerika bis hin zu den Pueblo-Kulturen in Arizona erhalten. So gibt es bei den matriarchalen Hopi-Indianern den „Kokopelli", den „buckligen Flötenspieler", eine Kachina-Figur, die bei den Zeremonien verkörpert wird. Es heißt, wenn Frauen schwanger werden wollen, so sollten sie ihm begegnen, aber wenn sie das nicht wünschen, so sollten sie dem „Kokopelli" mit seiner magischen Flöte aus dem Wege gehen (9).

Auch bei den matriarchalen Mosuo in den Gebirgen in Chinas Südwesten (in den Provinzen Yünnan und Szetschuan) werden Flöten nur von Männern gespielt. Sie spielen beim Begegnungsfest der jungen Leute zum Reigen der Frauen auf, die in ihren langen, schwingenden Röcken tanzen. Wenn die Frauen der Mosuo über den Lugu-See rudern, singen sie im Takt der Ruder, und diese Lieder sind Gebete. Sie gelten den Göttinnen des Landes, dem heiligen Berg Gan mu und dem Lugu-See selbst, der für sie ebenfalls eine Muttergöttin ist (10).

In Afrika gehört in den ältesten Traditionen die Trommel den Frauen, bevor sie in den Händen von Männern zur Nachrichten- und Kriegstrommel wurde. So spielen in der traditionellen matriarchalen Kultur der Bissiago auf den Inseln vor der Küste Westafrikas nur Frauen die Trommeln. Auch bei den Tuareg, den Wüsten-Berbern in der Sahara, gebrauchen allein die Frauen die Trommeln beim Tindé, dem Sprechgesang. Kein Mann rührt eine Trommel an. Die zu poetischen Versen gespielte Imzad-Musik – das Imzad ist eine Art Monochord – wird ebenfalls nur von Frauen entwickelt und vorgetragen. Auch die Verskunst ist ihre Sache. Sie allein sind die Dichterinnen, Musikerinnen und Aufführenden, denn das ist Frauenkultur bei den Tuareg, die nur an Frauen weitergegeben wird. Die Tuareg-Männer sind die Zuhörer bei diesen Aufführungen, die sie brennend lieben und die Spielerinnen und Sängerinnen hoch verehren (11).

Kulturgeschichtlich finden wir Trommeln und Zimbeln (Schellen oder Glöckchen) in der Kybele-Religion von Kleinasien bis Rom als wesentliche Elemente wieder, sie wurden bei allen Ritualen und Prozessionen gebraucht. Ihren Klang begleiteten syrische Doppelflöten, deren aufreizender Ton die Verehrer der Göttin zur Ekstase trieb. Im patriarchalen Rom, wohin die Kybele-Religion gelangte und als Subkultur eindrang, versuchte der Senat sie zu verbieten und die Kybele-Prozessionen zu unterdrücken – was allerdings nicht gelang, weil das Volk daran festhielt (12).

In Alt-Ägypten war das Spiel auf Saiteninstrumenten in der Hand von Musikerinnen eine sakrale Handlung (siehe die zahlreichen Bilder von ägyptischen Wandmalereien und aus dem Totenbuch). Die siebensaitige Leier stellte ein Ergebnis der damaligen Himmelskunde, der Astronomie, dar. Die antike Astronomie kannte nur sieben Himmelslichter, die mit dem bloßen Auge beobachtet werden konnten und die (scheinbar) um die Erde kreisen: Sonne und Mond, Merkur, Venus und Mars, Jupiter und Saturn. Jede Saite auf der Leier war einem dieser Himmelskörper geweiht, und wenn die Priesterin darauf spielte, ließ sie wörtlich die Harmonie der himmlischen Sphären erklingen. Deshalb hat eine Oktave sieben

Töne – genauso wie eine Woche sieben Tage hat, von denen jeder einem der damals bekannten Himmelskörper gewidmet ist: Sonnen-Tag, Mond-Tag, Mars-Tag, Merkur-Tag, Jupiter-Tag, Venus-Tag, Saturn-Tag (was aus den Benennungen in den verschiedenen europäischen Sprachen hervorgeht). Die ägyptische Harfe, die mehrere Oktaven umfasste, war in der Hand der Priesterin ein höchst mystisches Instrument, denn der ganze Kosmos kam auf ihr zum Tönen. In Griechenland ist es dann die achtsaitige Leier (Lyra), die als sakrales Instrument zu den Priesterinnen gehörte. Nur matriarchale Heroskönige durften sie spielen bei den heiligen Ritualen, in die sie einbezogen waren.

Da Musik Magie war, geschahen, wenn sie erklang, die seltsamsten Dinge: Pflanzen entfalteten sich prächtig, wilde Tiere wurden zahm, Delphine kamen zu Hilfe, Steine rollten herbei, um sich zu Schutzmauern zu türmen. Sogar die Pforten der Unterwelt öffneten sich vor ihrer Macht. Durch solche Zaubertaten wurden die leierspielenden, matriarchalen Heroskönige Amphion und Orpheus berühmt (13).

Aber auch in jenem Kulturkreis, der später keltisch wurde, wohnten der Harfe und den Glöckchen magische Kräfte inne. Ihr Spiel erklang in der Anderswelt, die ein Paradies der Feen war. Hier ließen vergöttlichte Heroskönige, wie z. B. Dagda, auf den Inseln der Seligen diese Klänge ertönen. Die Harfenmusik war so mächtig, dass sie lachen und weinen lassen konnte, zum Schlaf führte und wieder erweckte, wobei mit dem „Schlaf" ein sanfter Tod gemeint ist und mit dem „Wiedererwachen" die Wiedergeburt (14).

Auch die Erfindung der Leier als ein kosmologisch-magisches Instrument wird der Athene der Pelasger zugeschrieben. Sie brachte die Instrumente Doppelflöte und Leier aus ihrer nordafrikanischen Heimat nach Griechenland mit, nach Athen, wo sie selbst als Göttin der Kunst und Wissenschaft galt, das heißt, als eine Art Muse. Die späteren patriarchalen Götter Griechenlands gingen hingegen anders damit um: Respektlos nahm der unbescheidene Hermes auch diese Erfindung für sich in Anspruch und tauschte sie wiederum mit dem patriarchalen Apoll, diesmal gegen dessen goldene Kühe (15). Auf diese Weise wurde aus dem ehemaligen Kuhhirt Apoll der spätere arrogante Gott der Kunst. Doch um der Wahrheit die Ehre zu geben: Es war die Muse Euterpe, der sie die Erfindung und die Ausübung der Musik verdankten – warum sonst würden ihr diese zugeschrieben?

Die kunstvollen Tänze zu kunstvollen Gesängen, mit oder ohne instrumentale Begleitung, vollführt auf den kunstvollen Tanzplätzen aus Megalith-Steinen, hatten keineswegs beliebigen Inhalt. Sie waren die Gestaltung und Ausübung der großen jahreszeitlichen Kultfeste mit den ewigen Themen: Initiation im Frühling, Heilige Hochzeit (*hieros gamos*) im Sommer, glückliche Jenseitsreise zur Göttin in der Tiefe im Herbst, zuletzt Wiederkehr oder Wiedergeburt durch die Göttin im Winter. Wenn diese Feste fröhlichen Charakter hatten und von Lachen, Liebe, überschwänglicher Freude und Lust geprägt waren – wie bei den Festen der hellen Jahreshälfte –, so wurden sie von der Muse der Heiterkeit und der Komödie *Thalia* gestaltet. In der dunklen Jahreshälfte hingegen hatten sie ernsten, schweren Charakter, es war die Zeit der Umwandlung, des Übergangs in die Anderswelt und der

Rückkehr von dort. Diese Feste mit ihren tiefen Mysterien lagen in der Hand der Muse der Tragödie, *Melpomene.*

„Komödie" heißt deshalb „ausgelassener Gesang", während „Tragödie" als „Bocksgesang" übersetzt wird. Denn die Tragödie galt dem Heros in Gestalt des heiligen Ziegenbocks, in welcher er beim Herbstfest symbolisch zerrissen und in die Unterwelt gesandt wurde. So jedenfalls sollen es die wilden Mänaden mit ihrem göttlichen Heros Dionysos einmal jährlich getan haben, wonach er in der Tiefe von seiner Großmutter Rhea wieder zusammengesetzt und im Frühling ins Leben auf die Oberwelt zurückgesandt wurde (16).

Komödie und Tragödie waren daher nichts anderes als Kultfeste im Zyklus der Jahreszeiten. Sie wurden als die Mysterienfeste des Dionysos gefeiert, in dessen Schicksal sich der Kreislauf allen Lebens von Geburt, Höhepunkt, Tod und Wiedergeburt spiegelte. Später wurden sie zum Ursprung des antiken Theaters, doch unter der Herrschaft des Patriarchats wurden diese Inhalte verändert, verzerrt und fiktionalisiert. Mithilfe des Fiktionalitätsprinzips, das die magisch-mystischen Ereignisse zu Szenen bloßer Schauspielerei herabwürdigte und ihnen jeden Realitätsgehalt nahm, degenerierte ihr ritueller Ernst zur bloßen Imitation, die etwas vorgab, was nicht geschah. Die älteste schriftliche Poetik, die des Philosophen Aristoteles, vielgerühmt und verbindlich bis in die Neuzeit, zerstörte zuletzt die Struktur der matriarchalen Jahreszeiten-Feste vollständig. Denn sie schnürte sie ins Korsett der Regeln von den „Drei Einheiten": An *einem* Ort müsse ein Schauspiel stattfinden, an *einem* Tag und mit *einem* Handlungsablauf, sonst sei es nicht „natürlich" (17).

Nichts ist unnatürlicher als das! Denn die matriarchalen Kultdramen entwickelten sich, den Stadien der Natur folgend, im Verlauf eines ganzen Jahres. Statt einer Handlung kannten sie mindestens vier, nämlich die großen Stadien des Lebens: Initiation, Heilige Hochzeit, Tod und Wiederkehr. Statt an einem Ort ereigneten sie sich in allen drei Regionen der Welt, in denen die Göttin wohnte: im Himmel, auf der Erde und in der Unterwelt. Sie waren kosmische Dramen, welche die Natur und den Menschen als Teil von ihr umfassten, das heißt, die ganze Welt wurde in ihnen gefeiert. Doch mit voller Absicht geschah durch die künstliche Poetik des Aristoteles die Zerstörung dieses Zusammenhangs, denn es kämpfte in jener Zeit der neue patriarchale Geist gegen die uralte matriarchale Weisheit.

Es ist nun deutlich geworden, auf welche Weise die neun Musen alle späteren Kunstgattungen verbanden: Musik, Dichtung, Theater, Baukunst und Bildkunst, sie schufen das „Gesamtkunstwerk" im wahrsten Sinne des Worts. Darüber hinaus verschmolzen sie Kunst und Wissenschaft, denn ihre Feste waren zugleich ein getanzter Kalender. Nur so erfüllten die Tänze ihren magischen Zweck, nämlich die Phasen der Mondgöttin, den Kreislauf der Sonne und das Wachstum auf der Erde zu begleiten und aktiv in Verbindung mit diesen Ereignissen der kosmischen und irdischen Natur zu sein.

Aber diese Kultfeste waren nicht nur ein getanzter Kalender, sie waren auch ein getanztes Weltbild. Die gesamte mythologische Weltanschauung der matriarchalen Völker kam in ihnen zum Ausdruck. Denn ihre Mythen waren kein in Büchern nachzulesendes Bildungsgut, sondern sie waren figur- und symbolgewordene Weltvorstellung und fanden jährlich in den Festen ihre spirituelle Neuinszenierung.

Diese Kultfeste stellten außerdem die Geschichte der matriarchalen Völker dar, ihre mythische Geschichte in sinnfälliger Repräsentation. Geschichte dachten sie sich nicht linear, als monotone Abfolge von Herrscherdynastien und Reichen. Sie dachten Geschichte im Kreislauf, der bei allmählicher Weiterentwicklung die Form einer Spirale annimmt.

Unter den neun Musen war es *Klio*, welche diese Geschichte erzählte, als Zyklen von Clangenerationen und Schicksalen von Clans, die sich zu einer matriarchalen Gesellschaft verbunden hatten, als Geschichte der Gründungsköniginnen und ihrer Heroskönige. Die Mythologie selbst enthielt die Geschichte dieser Völker im Gewand von Bildern, und diese rezitierte oder sang Klio als den großartigen Hintergrund zu jedem Fest (vgl. dazu ethnologische Beispiele von geschichtlichen Ereignissen, die in Kultfesten inszeniert werden, z. B. bei den Newar in Nepal und bei den Hopi in Arizona) (18).

Mit den Eroberungen durch fremde Kriegerkönige in der frühpatriarchalen Epoche änderte sich dieses gesamte Gefüge, die matriarchale Gesellschaft und Kultur Alteuropas wurden zerstört (19). Die freien Musen wurden unterworfen und abhängig gemacht, sie erhielten einen „Vortänzer", der ihnen vorschrieb, wie sie nun zu tanzen hatten. Es war – wie wir wissen – der frühpatriarchale Gott Apoll, der ihren Kult auf dem heiligen Berg Parnass eroberte, das Neuner-Kollegium der Mondpriesterinnen entmachtete und seinen königlichen Rivalen, den Heroskönig der Musen, tötete (20). Unter seiner Herrschaft verblassten die Musen schließlich zu bloßen Allegorien.

Diese Rollenverteilung spiegelt von jetzt an die patriarchale Sozialstruktur mit dem Mann als Oberhaupt im hierarchischen Staat der frühen Kriegerkönige, der die matriarchale Thea-kratie (Reich der Göttin) ablöste. Das sinnreiche Gefüge aus Gesellschaftsmustern, Wissenschaft und Kunst, das die matriarchalen Kultfeste darstellten, löste sich auf. An die Stelle der ekstatischen Einheit aller Künste traten nun einzelne Gebiete mit strengen formalen Regeln, die lange eingeübt werden mussten, damit man diese Gebiete „beherrschen" konnte.

Von da an gab es „Kunst" als artifizielles Können und schönen, dekorativen Schein (21). So fristete sie nun ihr Dasein an den Höfen, in den Theatern, in den Museen und Galerien der herrschenden Schicht, eingesperrt in ein Ghetto und ungefährlich. Oder sie sank, wenn sie sich nicht zum Ornament fügen wollte und die alten mythisch-matriarchalen Gehalte beibehielt, herab zu den unterdrückten Schichten und Randgruppen in der neuen Gesellschaft. Dort lebte sie lange weiter, denn sie wurde nun zu der von den Gebildeten verachteten „Volks-Kunst" und „Volks-Musik", die zunehmend unbewusst matriarchale Elemente noch mitführte. Das geschah so lange, bis eben diese Gebildeten in der Romantik aufbrachen, um die Zeugnisse einer angeblichen „Volks-Seele" zu retten – die jedoch Reste sehr alter, vor-patriarchaler Traditionen waren. Doch auch dadurch wurden ihr spiritueller Gehalt und ihre archaische Würde nicht wiederhergestellt. Denn allmählich geriet nun diese sogenannte „Volks-Kunst" zur bunten, sinnentleerten Folklore, die heute in aller Welt als museales Versatzstück für den Tourismus vermarktet wird.

In diesen wenig geachteten Bereichen einer abgesunkenen „Volks-Kunst" darf die Frau in patriarchalen Gesellschaften vielleicht noch eine Rolle in der Mitte spielen. In Matriarchaten war sie hingegen die Mitte der ganzen Gesellschaft und Kultur.

### *Anmerkungen und Literaturhinweise*

1) Vgl. dazu: Heide Göttner-Abendroth: „Matriarchat – was ist das?", Beitrag in diesem Buch.
2) Vgl. Heide Göttner-Abendroth: *Das Matriarchat II,1. Stammesgesellschaften in Ostasien, Indonesien, Ozeanien*, Stuttgart [2]1999; dies.: *Das Matriarchat II,2. Stammesgesellschaften in Amerika, Indien, Afrika*, Stuttgart 2000.
3) Vgl. Heide Göttner-Abendroth: „Matriarchale Ästhetik, ein ganzheitlicher Prozess", Beitrag in diesem Buch.
4) Vgl. Jan de Vries: *Keltische Religion*, Stuttgart 1961.
5) Vgl. Robert von Ranke-Graves: *Griechische Mythologie. Quellen und Deutung*, Reinbek bei Hamburg 1984; ders.: *Die weiße Göttin. Sprache des Mythos*, Berlin 1981; Heide Göttner-Abendroth: *Die Göttin und ihr Heros. Die matriarchalen Religionen in Mythos, Märchen, Dichtung*, Stuttgart 2011 (zuerst München 1980).
6) Vgl. zum Magie-Begriff Bronislaw Malinowski: *Magie, Wissenschaft und Religion*, Frankfurt a. M. 1973; Claude Lévi-Strauss: „Der Zauberer und seine Magie" und „Die Wirksamkeit der Symbole", in: *Strukturale Anthropologie I*, Frankfurt a. M. 1973.
7) Vgl. Robert von Ranke-Graves: *Die Weiße Göttin*, a. a. O.; Heide Göttner-Abendroth: *Die tanzende Göttin. Prinzipen einer matriarchalen Ästhetik*, München [6]2001 (zuerst 1982).
8) Vgl. Robert von Ranke-Graves: *Griechische Mythologie*, a. a. O., S. 52 ff, 65 ff, S. 84 ff und S. 88 ff.
9) Vgl. Heide Göttner-Abendroth: *Das Matriarchat II,2*, a. a. O., und eigene Feldforschung.
10) Vgl. Heide Göttner-Abendroth: *Matriarchat in Südchina. Eine Forschungsreise zu den Mosuo*, Stuttgart 1998, basierend auf eigener Feldforschung.
11) Heide Göttner-Abendroth: *Das Matriarchat II,2*, a. a. O., siehe dort auch die angegebene Literatur zu den Tuareg-Stämmen.
12) Vgl. E. O. James: *Der Kult der Großen Göttin*, Bern 2003 (zuerst London 1959).
13) Vgl. Robert von Ranke-Graves: *Griechische Mythologie*, a. a. O., S. 77, S. 98 ff.
14) Vgl. E. O James: *Der Kult der Großen Göttin*, a. a. O.; und Jan de Vries: *Keltische Religion*, a. a. O.; und Heide Göttner-Abendroth: *Die Göttin und ihr Heros*, a. a. O.
15) Vgl. Robert von Ranke-Graves: *Griechische Mythologie*, a. a. O., S. 52 ff, S. 65 ff, S. 84 ff und S. 88 ff.
16) Vgl. Robert von Ranke-Graves: *Griechische Mythologie*, a. a. O., S. 46 ff und S. 91 ff.
17) Vgl. Aristoteles, *Hauptwerke*, Stuttgart 1953, S. 336 ff.

18) Vgl. diese Beispiele in Heide Göttner-Abendroth: *Das Matriarchat II,1* (Kultfeste der Newar) und *Das Matriarchat II,2* (Kultfeste der Hopi), a. a. O.
19) Vgl. Marija Gimbutas: *Die Zivilisation der Göttin*, Frankfurt a. M. 1996.
20) Vgl. Robert von Ranke-Graves: *Griechische Mythologie*, a. a. O., S. 56 ff.
21) Siehe dazu die kritische Analyse der Rolle der Kunst im Patriarchat in: Heide Göttner-Abendroth: *Die tanzende Göttin*, a. a. O.

# 15 Matriarchale Ästhetik, ein ganzheitlicher Prozess

Was ist matriarchale Ästhetik? Diese Frage ist nicht mit einer einfachen Formel zu beantworten, denn sie verlangt eine ganze Reihe Voraussetzungen, die ich hier nicht ausführen, nur andeuten kann. Auf dem Boden meiner Forschung zu matriarchalen Gesellschaften (1) und, davon abgeleitet, ihren Formen der Kunst und Kultur habe ich eine Vorstellung von matriarchaler Ästhetik gewinnen können. In matriarchalen Kulturen durchdringen sich Weltbild und soziale sowie ökonomische Praxis auf einzigartige Weise; das ist die Voraussetzung dafür, dass ihre großen Feste im Zyklus der Jahreszeiten im Mittelpunkt des gesellschaftlichen Lebens stehen. In einer Gesamtheit von künstlerischen Ausdrucksformen wurden hier die Ereignisse der Natur, der Umwelt, des Sozialgefüges und der Ökonomie in ein Netz von Beziehungen gebracht, das den Menschen erlaubte, alle Dinge und sich selbst in einer heilenden Ganzheit zu sehen und zu bewältigen. Dahinter steht eine hohe Fähigkeit zur Integration.

Ein Hauptmerkmal aller matriarchalen Feste war und ist der Tanz. Der Tanz ist dabei mehr als augenblicklicher Gefühlsüberschwang; er ist ein sehr ausdrucksvolles Gebet und damit die wichtigste magische Praktik überhaupt. Der Tanz ist die älteste und elementarste Form der spirituellen Äußerung, er ist Magie als getanztes Ritual. Aus ihm entwickelte sich jede andere künstlerische Ausdrucksform.

Alles, was wir heute als *Kunst* bezeichnen, ging aus den ekstatischen Tänzen der Priesterinnen-Schamaninnen in matriarchalen Kulturen hervor. Denn ihr Tanz war nicht regellos, sondern er war ein kunstvolles Ganzes. Die Priesterinnen tanzten auch nicht irgendwie im Gelände, sondern auf bestimmten, gebauten Tanzplätzen. Diese waren Steinkreise verschiedener Größe, verschiedener Komplexität bis hin zur reichen Form des Labyrinths. Diese Steinkreise waren zugleich Mond- und Sonnenkalender, wobei die Positionen der Steine die Aufgänge von Sonne, Mond und Planeten markierten. In diesen Tanzplätzen und ihrer Himmelsgeometrie steckten bereits die astronomische Wissenschaft und das Weltbild der damaligen Zeit, und es wurde bei den rituellen Tanzfesten sinnfällig verkörpert, dramatisch verlebendigt. Denn die entscheidenden Phasen der Vegetation, im Einklang mit den Bewegungen von Sonne und Mond, wurden in ihren wechselseitigen Bezügen im Verlauf eines Jahres getanzt. Dies geschah nicht aus purer Freude und Vergnügen am Schauspiel, sondern als Mittel der Kommunikation mit der Erde, den Pflanzen und den Gestirnen in einer nicht-verbalen Kommunikation, die man später als „Magie" bezeichnete und noch später – als das Weltbild mechanistisch wurde – als Hokuspokus abqualifizierte (2).

Das sei nur angedeutet, denn ich will mich hier nicht mit der historischen Seite befassen, sondern mich auf die Folgerungen konzentrieren, die ich auf einer reflektiert philosophischen, also nicht der naiv imitatorischen Ebene daraus gezogen habe. Sie haben mich zu dem Konzept der *matriarchalen Ästhetik* geführt, das einen neuen, radikalen Kunstbegriff enthält. Darüber hinaus enthält es auch den Begriff einer radikal anderen Lebensform als derjenigen, die wir heute kennen.

Dieses Konzept der matriarchalen Ästhetik – zuerst formuliert in einem Buch (3) – sei hier mit den zentralen Begriffen und dem wesentlichen Gehalt in Kürze wiedergegeben:

*Erste These*

Matriarchale Kunst steht jenseits des Fiktionalitätsprinzips, als archaische matriarchale Kunst davor, als moderne matriarchale Kunst danach. Das Fiktionalitätsprinzip verweist die Kunst in den Bereich des „schönen Scheins" und spricht ihr damit jeden Bezug zur Realität, jeden politischen oder wissensmäßigen Wahrheitsgehalt ab. Es lässt sich nachweisen, dass diese Fiktionalisierung der Kunst und ihr Einsperren in die Ghettos von Musentempeln und Theatern, von Galerien und stillen Lesekämmerlein mit der endgültigen Durchsetzung patriarchaler Werte, Denk- und Lebensweisen einherging. Das lässt die Vermutung zu, dass mit dieser Definition der Kunst als „schöner Schein" der ihr innewohnende Gehalt aus älteren, nicht-patriarchalen Kulturen entschärft und entpolitisiert werden sollte. Das geschah so gründlich, dass sich die Kunst bis heute nicht von diesem subtilen Ausschluss aus der Realität des Handelns erholt hat. Aber jenseits des Fiktionalitätsprinzips ist Kunst Magie, und das heißt nichts anderes, als dass sie eine wirksame, nicht-verbale Kommunikation zwischen energetischen Kräften von Mensch und Natur, zwischen seelischen Energien von Menschen und zwischen sozialen Energien im Ganzen einer Gesellschaft ist. Das gibt ihr die Wirklichkeit zurück und die Handlungsfähigkeit mit Hilfe von Bildern und Symbolen. Es lässt sie verändernd in die natürliche und menschliche Realität eingreifen und entkleidet sie der falschen Hülle vom „schönen Schein".

*Zweite These*

Matriarchale Kunst hat einen festen vorgegebenen Rahmen: die Struktur matriarchaler Mythologie. Diese Struktur ist universell, weil sie den astronomischen Daten am Himmel folgt, das heißt, den Bewegungen von Sonne, Mond und Planeten, die von matriarchalen Kulturen ringsum den Globus beobachtet und mit Steinsetzungen markiert wurden. Diese Konstanten sind die Basis der Struktur matriarchaler Mythologie.

Aber wie jede Struktur ist auch die Struktur matriarchaler Mythologie unausgefüllt. In den verschiedenen Mythologien (Ritualen, religiösen Lebensformen) der matriarchalen Völker wird sie jeweils verschieden konkret ausgefüllt. Ihre konkreten Formen sind dabei so vielfältig wie die lokalen, sozialen und individuellen Bedingungen der Menschen, welche diese Konkretisationen schaffen. Matriarchale Kunst auf dem Boden der Struktur matriarchaler Mythologie ist daher Vielfalt in der Einheit, wobei die Einheit ohne Dogmatismus und die Vielfalt ohne Subjektivismus ist. Wie Kontrapunkte in der Musik gibt sie einen festen Rahmen, innerhalb dessen jede Stimme, jedes Instrument sich frei entfalten kann.

Die Struktur matriarchaler Mythologie spiegelt ein ganzheitliches Denkens, das alle archaischen Kulturen getragen hat und bei indigenen Völkern in verschiedenen Kontinenten noch verbreitet ist. Es ist die Grundlage des Weltbilds der frühen Stadtkulturen und prägte, von diesen ausgehend, auch die Entwicklung patriarchaler Religion, Philosophie, Kunst und Kultur, obwohl es hier uminterpretiert, verbogen und verzerrt wurde. In sogenannten „Volkstraditionen", das heißt, in Subkulturen und an den Rand gedrängten Kulturen, wirkt es in symbolischen Bildern durch die patriarchalen Jahrtausende bis heute nach.

Diese Allgemeinheit der Struktur verleiht den vielfältigen konkreten Ausgestaltungen matriarchaler Mythologien in den Ritualfesten die Einheit. Sie verhindert, dass diese freie Anverwandlung und Ausgestaltung in subjektive Selbstdarstellung abgleitet. Zugleich ist sie weit genug, der persönlich, sozial und historisch immer neu erforderlichen Anverwandlung genügend Raum zu lassen – das ist wichtig für die heutige praktische Beschäftigung damit. Denn schließlich ist unser historischer Ort nicht mehr derselbe wie zur Zeit der archaischen Matriarchate, und so verlangt er ein hohes Maß an geistiger Umsetzung der archaischen Gehalte auf unsere heutigen Bedingungen. Aber da wir in der Struktur matriarchaler Mythologie ein integrierendes, ganzheitliches Denken vor uns haben, das seit Jahrhunderten, sogar Jahrtausenden, verschüttet worden ist, hat seine Wiederentdeckung gerade in unserer heutigen überspezialisierten, zerrissenen und zerfallenden Gesellschaft mit ihrer zerstörerischen Handlungsweise eine große Bedeutung.

*Dritte These*

Matriarchale Kunst bringt das traditionelle Kommunikationsmodell mit den Faktoren Autor – Text (Kunstprodukt) – Rezipient zum Einsturz. Denn matriarchale Kunst ist kein „Text", sie erschöpft sich nicht in der Herstellung von Kunstprodukten, sondern sie ist ein Prozess, die Konkretisation einer vorgegebenen Struktur im rituellen Tanzfest, an dem alle beteiligt sind. Die Beteiligten schaffen gemeinsam diese Konkretisation, alle sind AutorInnen und RezipientInnen zugleich.

Auch die Struktur matriarchaler Mythologie ist kein „Text", den irgendjemand hergestellt hätte. Als grundlegender Boden und frühhistorische Tradition ist sie gegeben, woraus sich sämtliche späteren religiösen und künstlerischen Formen entwickelt haben. Deshalb entstammt matriarchale Kunst nicht der bloßen Phantasie und fördert kein regelloses Herumhüpfen, kein beliebiges Assoziieren, und sie ist nicht „Kunst" als Rauschersatz für eine verfehlte Wirklichkeit. Diese sind bereits patriarchal verzerrte Haltungen, die aus bestimmten krankhaften patriarchalen Zuständen stammen. Stattdessen ist es die Intuition als die kreative Kraft in den Menschen, als ihre Fähigkeit zur Integration und Ganzheit und damit im tiefsten Sinne zur Heilung. Als diese elementare Kraft folgt Intuition ihren eigenen Regeln und ist in nichts Morbides zu zwingen. Die Regeln dieser Kraft sind in der Struktur matriarchaler Mythologie enthalten; und in ihren verschiedenen Konkretisationen wird dieses höchst sinnreiche Regelgefüge immer wieder kollektiv auf je verschiedene Weise erlebt und zum Ausdruck gebracht. Dabei entfaltet es seine integrierende, heilende Energie.

*Vierte These*
Matriarchale Kunst fordert den Einsatz aller Fähigkeiten der Beteiligten. Da es in ihr keine Trennung von AutorInnen und RezipientInnen gibt – bei welcher die AutorInnen die symbolische Handlung vollziehen und die RezipientInnen sich höchstens gefühlsmäßig damit identifizieren oder theoretisch darüber nachdenken dürfen (patriarchale Rollenverteilung) –, gibt es in ihr auch keine Trennung dieser Kräfte. Alle Beteiligten schaffen gefühlsmäßige Identifikation, theoretische Überlegung und symbolische Handlung zugleich. Dabei verhindert der allgemeine Charakter der Struktur matriarchaler Mythologie, die allen Beteiligten bekannt ist, dass gefühlsmäßige Identifikation zur subjektiven Sentimentalität, Theorie zur abstrakten Willkür und Handlung zur bloßen Affektabfuhr verkommt. Matriarchale Kunst verbindet Identifikation, Denken und Handlung im konkreten mythischen Bild und löst durch diese Gesamt-Aktion bei den Beteiligten die echte Ekstase aus.

Was ist Ekstase? Genauso unklar und vorurteilshaft wie unsere heutigen Vorstellungen von Magie, Ritual und Intuition sind, ist auch unsere Vorstellung von Ekstase. Als die damit verknüpften kulturellen Formen verfielen, zu Beginn des Patriarchats, gingen sie in einem Wust von Polemik und absichtlichen Missverständnissen unter, aus dem wir uns heute noch nicht gelöst haben. So halten die meisten *Ekstase* für eine Art von Delirium, das zur völligen Unzurechnungsfähigkeit führt, oder für eine Art von sanftem Wahnsinn, in jedem Fall aber für etwas durch und durch Irrationales. Das ist falsch.

Die authentische Ekstase ist allerdings schwer zu beschreiben, denn sie ist ein plötzliches Zusammenspiel aller Kräfte des Menschen, der gefühlsmäßigen, geistigen und handlungsfähigen, das wir zwar auslösen, aber keineswegs willentlich erzielen können. Begriffe wie „Inspiration", „Erleuchtung", „intuitive Zusammenschau" spielen zwar auf ihr geistiges Element an, betonen aber die intellektuelle Seite unter Auslassung der aktiven zu sehr. Andererseits kann die Erotik eine wunderbare Aktion sein, ist aber auch keine gute Illustration, denn es fehlt ihr zu oft das geistige Element. Erotische Gefühle spielen auf jeden Fall hinein – aber im umfassenden matriarchalen Sinne verstanden (4). Würden sie als bloß sinnliches Fühlen missverstanden, würde dies in der Übersteigerung tatsächlich nur Affekt und Rausch erzeugen. All das hat nichts gemeinsam mit der großen, energetischen Kraft der Ekstase.

Die echte Ekstase vereinigt die Kräfte *Gefühl*, *Geist* und *Handlungsfähigkeit* auf einem Höhepunkt, auf dem nicht eine zugunsten der anderen eingeschränkt wird. Sie spielen nicht nacheinander, sondern gleichzeitig in voller Stärke zusammen. Die Ekstase ist ihr blitzartiges, unnachahmliches Ineinandergreifen im Augenblick ihrer höchsten Entfaltung.

Wir können das nicht herbeiführen wollen. Wenn aber das Zusammenspiel dieser Kräfte plötzlich geschieht, was immer das Unwahrscheinliche und Seltene ist, ergeben sich die ekstatischen Momente. Sie sind Momente größter Leichtigkeit und Freiheit. Sie sind Akkorde sphärischer Energien auf dem zerbrechlichen Instrument, das Menschen sind. Auch kann sie niemand festhalten, und das ist gut so, denn auf die Dauer wären sie nicht zu ertragen.

Matriarchale Kunst beruht auf diesen ekstatischen Momenten. Sie ist daher als ekstatischer Ablauf keine Zuschauerkunst, keine Kunst für Voyeure. Es gibt, um sie kennenzulernen, keinen anderen Weg, als in ihren Prozess einzusteigen.

*Fünfte These*

Matriarchale Kunst passt auch nicht in ein erweitertes Kommunikationsmodell mit den Faktoren: Autor – Text – Vermarkter – Vermittler – Rezipient. Denn die Instanzen Vermarkter (Kunstmarkt) und Vermittler (Interpret, Kritiker, Übersetzer von einem Medium ins andere, Archivar, Kunstgeschichtler) entfallen. Matriarchale Kunst als Prozess zwischen allen Beteiligten kann weder von außen interpretiert und kritisiert werden, noch kann sie als Ware auf dem Kunstmarkt verkauft und später als verstaubte Ware archiviert und ins Museum der Kunstgeschichte gestellt werden. Denn matriarchale Kunst hat keinen Dingcharakter. Sie ist ein energetischer Prozess mit dem Merkmal der Ekstase und hat realitätsverändernde Wirkung (Magie).

Noch etwas zur realitätsverändernden Wirkung: Da die matriarchale Mythologie eine offene Struktur ist, ist weder vorauszusehen noch vorauszubestimmen, welche Erlebnisse, Erfahrungen, Einsichten, Handlungsweisen von den Beteiligten investiert werden, welche Fragen und Antworten mit den symbolischen Formen entstehen, welche Bedeutungen in sie gelegt werden.

Erst im Prozess der matriarchalen Kunst selbst kristallisieren sich besondere Inhalte und Formen heraus. Das Auftauchen neuer Bedeutungen und die Entstehung neuer Formen sind Ereignisse, die zwar gesucht werden können, aber dennoch völlig überraschend eintreten. Dies macht die innere und als Folge davon auch die äußere Realitätsveränderung im Prozess matriarchaler Kunst aus. Das ist die Magie, die erlebt und getan wird, und deren plötzliche Gestaltungen so ergreifend sein können, dass sie zur Ekstase führen.

*Sechste These*

Matriarchale Kunst kennt, da sie keinen Dingcharakter hat, keine Trennung von Kunstgattungen. Das rituelle Tanzfest ist Musik, Gesang, Dichtung, Bewegung, Verbildlichung, Komödie, Tragödie in einem, wobei alles dem Zweck dient, die Göttin anzurufen, zu beschwören, zu preisen.

Auch die Trennung zwischen Kunst und Nicht-Kunst entfällt. Einerseits hebt matriarchale Kunst die Grenze zwischen Kunst und Theorie auf: Sie verschmilzt als archaische matriarchale Kunst mit Mythologie und Astronomie, als moderne matriarchale Kunst mit Philosophie, Kulturwissenschaften, Sozialwissenschaften. Andererseits hebt sie die Grenze zwischen Kunst und Praxis auf: Sie verschmilzt als archaische matriarchale Kunst mit ritueller Praxis und den praktischen Künsten, als moderne matriarchale Kunst ebenfalls mit den praktischen Künsten und mit gesellschaftsverändernder Praxis. Dies ist ein weiterer Grund, warum Kommunikationsmodelle nicht auf sie passen. Denn matriarchale Kunst ist kein bloßer Kommunikationsprozess, sondern ein Prozess komplexer gesellschaftlicher Praxis, von dem Kommunikation ein Teil ist.

*Siebte These*

Da matriarchale Kunst auf dem Boden der Struktur matriarchaler Mythologie entsteht, die ein völlig anderes Wertesystem besitzt als das patriarchale, enthält auch sie dieses andersartige Wertesystem. Gemeinschaftssinn, Mütterlichkeit und geschwisterliche Liebe zwischen den Geschlechtern sind die Grundwerte der matriarchalen Gesellschaft und nicht väterliche Autorität, Gatten-Herrschaft, Privat- und Gruppen-Egoismus. Spirituelle Liebe und schöpferische Erotik sind die dominierenden Kräfte und nicht Arbeit, Disziplin, Verzicht. Die Fortdauer des Lebens als Zyklus von Wiedergeburten ist das oberste Prinzip und nicht Krieg und Heldentod für abstrakte, unmenschliche Ideale.

Moderne matriarchale Kunst, die heute von Frauen geschaffen wird und diese Werte zum Ausdruck bringt, löst Umwandlungen in der persönlichen und sozialen Sphäre aus. Sie ist in einer patriarchalen Gesellschaft ein Prozess komplexer gesellschaftlicher Gegenpraxis. Sie stellt eine Gegenpraxis dar, die nicht von Herrschaft durchsetzt ist, sie benötigt daher keine verschleiernde Ideologie. Sie ist in jedem Patriarchat eine oppositionelle Kraft mit der Möglichkeit revolutionärer Veränderung.

*Achte These*

Die gesellschaftlichen Veränderungen, die matriarchale Kunst herbeiführt, heben die Gespaltenheit der ästhetischen Dimension auf. Die ästhetische Dimension ist in patriarchalen Gesellschaften gespalten in eine formalistische, elitäre, aber gesellschaftlich wirkungslose Kunst und in eine volkstümliche, weitverbreitete, aber gesellschaftlich verachtete und ghettoisierte Kunst. Die Aufhebung dieser Spaltung würde der Kunst die volle Öffentlichkeit, in die sie gehört, zurückgeben. Sie würde sich als die zentrale gesellschaftliche Praxis offenbaren und durch ihre verändernden Prozesse die Ästhetisierung der ganzen Gesellschaft herbeiführen. Die Ästhetisierung der Gesellschaft durch eine solche Kunst heißt, die Vielfalt und Vollständigkeit jedes einzelnen zuzulassen und die Vielfalt und Vollständigkeit der Gesellschaft durch ein sinnvolles soziales Zusammenleben zu schaffen. Kunst ist in dieser Perspektive nicht mehr eine spezielle Technik, ein besonderes Können, sondern die Fähigkeit, persönlich und gesellschaftlich ein lebenswertes Leben zu gestalten. Sie ist selber Energie, Leben, eine Triebkraft zur Integration der Gesellschaft. Sie kann nicht mehr aus der vielfältigen, gesellschaftlichen Praxis als isolierte *Kunst* herausgelöst werden, denn sie ist das Zentrum dieser Praxis selbst.

*Neunte These*
Matriarchale Kunst ist nicht *Kunst*. Denn *Kunst* wurde ja gerade durch die Fiktionalität definiert, und das Fiktionalitätsprinzip ist die oberste Voraussetzung jeder patriarchalen Kunsttheorie oder Ästhetik. *Kunst* als Begriff und als Gegenstände gibt es erst seit der Spaltung der ästhetischen Dimension. *Kunst* ist daher immer künstliche und denaturierte Kunst.

Matriarchale Kunst ist so eng verwoben mit matriarchaler Spiritualität, dass beide nicht zu trennen sind. Wenn die darin enthaltenen matriarchalen Werte gestaltet, gelebt werden, jenseits des „schönen Scheins", des Ghettos, in das die patriarchalen Gesellschaften sie verbannten, dann wird matriarchale Kunst-Spiritualität eine Herausforderung ersten Ranges. Die patriarchalen Gesellschaften werden sie bekämpfen, weil sie sich weder formal noch sozial domestizieren lässt. Damit befindet sich diese Kunst-Spiritualität mitten in der politischen Auseinandersetzung, ohne diese gesucht zu haben, ohne die Formen politischen Kampfs mit denselben Formen zu erwidern. Sie hat ihre eigenen Formen, die völlig unüblich sind, völlig überraschend für den Gegner. Der Kampf wäre kein Austauschen von Aggressionen, sondern ein unaufhörliches Zurückweichen und Wiederauftauchen, eine wachsende, ungreifbare Symbolisierung, ein Schaffen ganz neuer Zusammenhänge mitten in dieser die Menschen isolierenden, zerfallenden Welt. Diese Symbolisierung ist nicht voraussehbar, nicht ihre Stufen, nicht ihre Ausdehnung, nicht ihre Formen, die fortwährend wechseln. Was wollte der Gegner bei diesem Vexierspiel angreifen? Er würde sich in den Irrgärten des Unbekannten verlaufen.

Es gibt keine Waffen gegen eine komplexe gesellschaftliche „Gegenpraxis", die gar nicht dagegen ist, weil ihr die herrschende gesellschaftliche Praxis gleichgültig ist. Sie ist eine Lebensform, die in sich ruht, denn sie ist zwanglose Integration nach den Spielregeln der Vielfalt und Vollständigkeit des Einzelnen wie der Gesellschaft. Denn das ist Schönheit – nicht als Ware. Diese Schönheit ist in einer patriarchalen Gesellschaft die Opposition par excellence, ohne dass sie Wert darauf legt, Opposition zu sein. Denn in erster Linie ist sie ganz sie selbst.

Matriarchale Kunst-Spiritualität (Ästhetik) lässt sich niemals in Institutionen verfestigen, sondern sie ist eine Bewegung mit politischer Essenz im Sinne eines anderen Weltbilds, was *systemüberschreitende* Politik bewirkt. Das System, das dabei überschritten wird, ist das mechanistische, vereinseitigende, hierarchische Denken und Handeln des Patriarchats. Matriarchale Ästhetik achtet die Vielheit, den Wandel, die dynamische, lebendige Bewegung, die keine Verfestigung und Verkrustung duldet. Sie respektiert und fördert die Verbindung des menschlichen Innenlebens – das von der patriarchalen Politik jeder Schattierung ausgeblendet wird – mit dem Außenleben, dem Wohlbefinden in der natürlichen Umwelt – das die patriarchalen Religionen und Spiritualismen stets ausgeblendet haben. Sie hebt jeden Dualismus auf, der als Mittel patriarchaler Politik durch die Jahrtausende zur Herrschaftssicherung gedient hat. Dabei ist es gleichgültig, ob dieser Dualismus nun das Geistige/Geistliche über alles stellt und den Körper – insbesondere den der

Frau – verachtet und mit Gebärzwang und unbezahlter Arbeit kolonialisiert, oder ob in Umkehrung dazu alles Heil im Materialismus und Ökonomismus gesucht wird, der jegliche spirituelle Äußerung – in falscher Parallelisierung zum Charakter patriarchaler Religionen – als überflüssiges oder gar unterdrückerisches „Opium fürs Volk" (Marx) erklärt. Dualismen, gleich welcher Art, sind grundverschieden von der systemüberschreitenden Politik der matriarchalen Ästhetik (5).

Das Ethos der matriarchalen Ästhetik ist der lebendigen Vielfalt, dem lebendigen Prozess, dem Leben selbst verpflichtet. Wenn die Göttin, die uns fördert und trägt, in den natürlichen, lebensfördernden Zusammenhängen auf dieser Erde für uns sichtbar und greifbar ist, wenn sie in uns selbst als unsere besten Kräften wirksam ist, dann antworten wir ihr mit unserer spirituellen Liebe. Diese Liebe ist nicht aufs Jenseits, sondern auf unser konkretes Dasein gerichtet. Denn das Göttliche ist im Diesseits. Das erlaubt keine Vertröstungsideologie und kein Ausweichen in die weltfremde Beschaulichkeit von Klöstern. Rückzug ist nur soweit akzeptiert, wie wir uns regenerieren möchten und müssen, um in den Auseinandersetzungen mit dieser Welt ganze und heile Personen zu werden und zu bleiben. Aus diesem immer wiederkehrenden, aber zeitlich begrenzten Rückzug gewinnen wir die Kraft, mitten in diesem Leben, in unseren Beziehungen zu anderen Menschen, in unseren Familien, in unserer Arbeitswelt, in unserem jetzigen gesellschaftlichen Zusammenhang und in der erweiterten Biosphäre im Denken und im Handeln zu wirken, dieser konkreten Göttin verpflichtet.

Nichts daran ermuntert zur Weltflucht in eine falsch verstandene Mystik, aber alles zum verantwortlichen Eingreifen in die gegenwärtigen Probleme. Denn die Konsequenzen falscher, lebensfeindlicher Handlungen tragen wir kollektiv, niemand von außerhalb nimmt uns diese Verantwortlichkeit ab. Das Ethos der matriarchalen Ästhetik motiviert uns deshalb, uns leidenschaftlich für die Integration und Heilung des Menschen in sich selbst, für die Integration und Gerechtigkeit in der menschlichen Gesellschaft und für die Integration und Heilung des Gleichgewichts in unserer Biosphäre einzusetzen. Der leidenschaftlichste Einsatz geht gegen jede Gewalt und jeden Krieg, gleich welcher Provenienz. Das ist die Folge davon, das Göttliche als immanent, als in der Welt anwesend zu sehen. Dann verlangt alles Leben, da es heilig ist, volle Teilnahme. Kein übermenschliches Wesen nimmt uns diese Verantwortung ab, aber uns wird auch kein übermenschlicher Standard aufgezwungen. Wir sind menschlich und fehlbar, aber wir machen uns keine Schuldgefühle und keinen Selbsthass. Denn mitten im Leben stehend, mitten in der menschlichen Gemeinschaft, versuchen wir, unsere Verantwortlichkeit für alles Lebendige nach Kräften zu realisieren. Ein solches Leben aus dem Ethos der matriarchalen Ästhetik verlangt Ehrlichkeit, Integrität, Mut und vor allem Liebe (6).

Daraus ergibt sich, dass die Ganzheit der einzelnen Person in der matriarchalen Ästhetik nicht billig erreicht werden kann, etwa indem einfach alle gewaltsamen Tatsachen in dieser Welt, der Hunger, die Unterdrückung, die Verseuchung, ausgeblendet werden. Diese Harmonie zum Preis fast völliger Taub- und Blindheit ist undenkbar. Matriarchale Ästhetik ist in ihrer Spiritualität und ihren damit verknüpften Kunstformen ein Zufluchtsort der Hoffnung und damit ein ständiger Protest, der sich niemals abfindet mit der bestehenden Unmenschlichkeit und Unnatürlichkeit. Das Ganze, das Liebevolle, die gerechte Gesellschaft, die Natur im Gleichgewicht mit den Menschen werden dem Kaputten, Gespaltenen, Bedrohenden, Furchtbaren durch symbolische Bilder und politische Handlungen beständig entgegengestellt und überschreiten es. Die Sehnsucht klagt dies alles ein, indem sie an vielen Orten immer wieder ihre konkrete, im Einzelnen bereits gelebte Vision dieser unheilen Wirklichkeit vor Augen führt. Diese Vision einer anderen Welt ist in der matriarchalen Ästhetik enthalten, aus der wir Bilder, Symbole und Gestaltungen als „Vorschein“ (Marcuse) für eine gewalt- und herrschaftsfreie Zukunft schöpfen.

### *Anmerkungen und Literaturhinweise*

1) Heide Göttner-Abendroth: *Das Matriarchat II,1. Stammesgesellschaften in Ostasien, Indonesien, Ozeanien*, Stuttgart 1991; dies.: *Das Matriarchat II,2. Stammesgesellschaften in Amerika, Indien, Afrika*, Stuttgart 2000. Siehe auch meine Forschung vor Ort in: *Matriarchat in Südchina. Eine Forschungsreise zu den Mosuo*, Stuttgart 1998.
2) Siehe Heide Göttner-Abendroth: „Magie in matriarchalen Kulturen“, Beitrag in diesem Buch.
3) Vgl. Heide Göttner-Abendroth: *Die tanzende Göttin. Prinzipien einer matriarchalen Ästhetik*, Neuerscheinung München 2001 (zuerst München 1982).
4) Vgl. Heide Göttner-Abendroth: „Zur Erotik in matriarchalen Gesellschaften“, Beitrag in diesem Buch.
5) Vgl. dazu Charlene Spretnak (Hg.): *The Politics of Women's Spirituality*, New York 1982.
6) Vgl. Starhawk: „Ethics and Justice in Goddess Religion“, in: Charlene Spretnak (Hg.): *The Politics of Women's Spirituality*, a. a. O., S. 415 ff; dies.: „Consciousness, Politics, and Magic“, in: Charlene Spretnak (Hg.): *The Politics of Women's Spirituality*, a. a. O., S. 172 ff.

# IV Matriarchatspolitik – auf dem Weg in eine Lebens Werte Gesellschaft

## 16 Thesen zur Matriarchatsforschung und Matriarchatspolitik

*Zur modernen Matriarchatsforschung, kurz gefasst*

Die moderne Matriarchatsforschung fördert ein Wissen von nicht-patriarchalen, *grundsätzlich egalitären* gesellschaftlichen Mustern ans Licht, das wir in dieser global destruktiven Phase des Spätpatriarchats dringend brauchen. Denn Matriarchate waren in ihrer langen geschichtlichen Epoche und sind in ihren letzten, heute noch existenten Beispielen Gesellschaften, die ohne Herrschaft, ohne Hierarchie, ohne Eroberungskriege und organisiertes Töten ausgekommen sind. Sie kennen insbesondere keine Gewalt gegen Frauen und Kinder.

Der Bereich der Matriarchatsforschung umfasst die matriarchalen Gesellschaften in Vergangenheit und Gegenwart, die von den westlichen Sozialwissenschaften in der Regel nicht erkannt oder nur verzerrt wahrgenommen und dargestellt werden. Insofern ist die moderne Matriarchatsforschung nicht nur grundsätzlich interdisziplinär, sondern auch ideologiekritisch gegenüber der patriarchalen Ideologie zu diesem Thema – was von der traditionellen bürgerlichen Matriarchatsforschung seit J. J. Bachofen nicht behauptet werden kann (1).

Es wurden in der modernen Matriarchatsforschung erstmals unverzichtbare wissenschaftstheoretische Bestandteile formuliert, die in der herkömmlichen Matriarchatsforschung fehlen:

1. die Formulierung einer von der konkreten Forschung getragenen, zunehmend genaueren Definition von „Matriarchat", die als strukturelle Definition die Tiefenstruktur dieser Gesellschaftsform erfasst;
2. die Entwicklung einer eigenen Methodologie, welche den Untersuchungsbereich angemessen erfassen kann; hierher gehören insbesondere die methodische Interdisziplinarität und methodische Ideologiekritik;
3. die Entwicklung eines theoretischen Rahmens, welcher die enorme historische und geographische Reichweite und Vielfalt matriarchaler Gesellschaften und Elemente erfassen kann.

Aus alledem geht hervor, dass es sich bei der modernen Matriarchatsforschung nicht nur um eine neue Wissenschaft, sondern auch um eine neue Theorie handelt, die Matriarchatstheorie, die ein neues geschichtliches und gesellschaftliches Paradigma darstellt (2).

Ich präsentiere nun in Kürze ein paar Ergebnisse der modernen Matriarchatsforschung, insbesondere die zentral wichtige strukturelle Definition. Diese Definition konnte nicht anhand der Kulturgeschichte gewonnen werden, denn wir haben es dort nur noch mit Relikten und Fragmenten zu tun, die weitgehende Deutungen nicht zulassen. Deshalb war der methodische Weg über die Anthropologie-Ethnologie notwendig, um zu einem differenzieren Bild des Lebens in matriarchalen Gesellschaften zu kommen (3).

Grundsätzlich stellte sich heraus, dass es sich bei matriarchalen Gesellschaften – entgegen der gängigen Diffamierung – nicht um „Frauen- oder Mütterherrschaft" handelt, sondern dass Matriarchate Gesellschaften mit komplementärer Gleichheit zwischen den Geschlechtern und Generationen sind. Ihr zentrales Prinzip ist das der Balance, die zwischen den Geschlechtern, den Generationen und zwischen Menschen und der nicht-menschlichen Natur gewahrt bzw. immer wieder hergestellt wird. Dabei gilt die Mutter als Prototyp, denn vom mütterlichen Verhalten sind die tragenden Werte der Gesellschaft abgeleitet: Fürsorge, Nähren und Pflegen, gegenseitige Unterstützung, Friedenssicherung. Diese Werte gelten für Mütter und Nicht-Mütter, für Frauen und Männer gleichermaßen.

Die Tiefenstruktur der matriarchalen Gesellschaftsform wird in der modernen Matriarchatsforschung auf vier Ebenen definiert, der ökonomischen, der sozialen, der politischen und der kulturellen:

Auf der ökonomischen Ebene sind Matriarchate meistens, aber nicht ausschließlich, Gartenbau- und Ackerbaugesellschaften. Es wird Subsistenzwirtschaft mit lokaler und regionaler Unabhängigkeit praktiziert (4). Land und Häuser sind Eigentum des Clans im Sinne von Nutzungsrecht; Privatbesitz und territoriale Ansprüche sind unbekannt. Die Frauen halten die wichtigsten Lebensgüter in den Händen: Felder, Häuser, Nahrungsmittel. Dabei ist die Sippenmutter die Verwalterin des Clanschatzes und verantwortlich für die gerechte Verteilung sowie den Schutz aller Clanmitglieder.

Verschiedene Ebenen von Wohlstand werden fortwährend ausgeglichen, das heißt: Die Güter sind in einem lebhaften Kreislauf des Verteilens, der den Verwandtschaftslinien, Heiratsregeln und den zahlreichen Festen folgt. Das System dieses Kreislaufs von Geschenken verhindert, dass Güter bei einem Clan oder bei einer Person akkumuliert werden können. Das Ideal ist Verteilung und Gegenseitigkeit, nicht Akkumulation.

Ich definiere sie daher als *ökonomische Ausgleichsgesellschaften, auf der Basis eine Ökonomie des Schenkens* (5).

Auf der sozialen Ebene beruhen matriarchale Gesellschaften auf dem Clan. Matriarchale Clans sind nach dem Prinzip der Matrilinearität aufgebaut. Das heißt, der Clanname, alle sozialen Würden und politischen Titel werden in der mütterlichen Linie vererbt.

Ein Matri-Clan lebt im großen Clanhaus zusammen, das wenige oder sehr viele Personen je nach Größe und architektonischem Stil umfassen kann: Prinzip der Matrilokalität.

Es gibt die Wechselheirat zwischen je zwei Clans, wobei die Gatten oder Geliebten in sogenannter „Besuchsehe" nur über Nacht zu den Frauen kommen oder kurzfristig bei ihnen in deren Mutterhaus wohnen und dort mithelfen. Zusätzlich besteht sexuelle Freiheit für beide Geschlechter auch außerhalb der Wechselheirat zwischen zwei Clans. Vaterschaft ist unbekannt oder bedeutungslos; die Kinder bleiben im Clan der Mutter, wo die Mutterbrüder als soziale Väter Mitverantwortung übernehmen.

Die Verbindung der Clans durch Wechselheirat untereinander bewirkt, dass alle Mitglieder der Gemeinschaft näher oder ferner miteinander verwandt sind. Diese Verwandtschaft stellt ein gegenseitiges Hilfssystem dar. Auf diese Weise wird eine nicht-hierarchisch organisierte, horizontale und egalitäre Gesellschaft erzeugt, die sich als ein großer Clan mit allen wechselseitigen Hilfsverpflichtungen versteht.

Deshalb definiere ich Matriarchate auf der sozialen Ebene als *horizontale matrilineare Verwandtschaftsgesellschaften*.

Auf der politischen Ebene wird die Entscheidungsfindung durch Prozesse der Konsensbildung von allen Frauen und Männern getragen, bis Einstimmigkeit erreicht ist. Dafür sind matriarchale Gesellschaften bestens organisiert.

Basis jeder Entscheidungsfindung ist der Rat in den einzelnen Clanhäusern, in denen alle Menschen der Gesellschaft leben. Der Konsens, der dort gebildet wird, berührt sämtliche weiteren Entscheidungen auch im Dorfrat und im regionalen Rat. Denn auf den größeren Ratsversammlungen im Dorf oder der Region treffen sich gewählte Delegierte der einzelnen Clanhäuser, die keine Entscheidungsträger, sondern nur Informationsträger über die Beschlüsse in den Clanhäusern bzw. Dörfern sind. Sie halten das Kommunikationssystem aufrecht und gehen so lange zwischen den verschiedenen Ratsversammlungen hin und her, bis Konsens im Dorf bzw. der ganzen Region gefunden ist.

Bei dieser Organisation der Konsensfindung durch ein System von Räten können sich Hierarchien und Klassen nicht bilden. Ein Machtgefälle zwischen den Geschlechtern oder zwischen den Generationen kann ebenfalls nicht entstehen. Auf der politischen Ebene definiere ich Matriarchate daher als *egalitäre Konsensgesellschaften*.

Auf der spirituell-kulturellen Ebene kennen matriarchale Gesellschaften keine religiöse Transzendenz mit einem unsichtbaren, ungreifbaren, un-begreifbaren, aber allmächtigen Gott, demgegenüber die Welt dämonisiert und abgewertet wird. Der matriarchale Begriff von Göttlichkeit ist immanent, denn die gesamte irdische und kosmische Welt wird als göttlich betrachtet, und zwar als weiblich göttlich. Sie ist „Frau Welt". Dies belegen die alten Vorstellungen von der Göttin als Universum, die Schöpferin ist, und der Mutter Erde, die alles Lebendige hervorbringt.

Tod und Leben werden als zyklisch wiederkehrend aufgefasst. Der Kult der Ahninnen und Ahnen ist mit dem Glaube an konkrete Wiedergeburt der Ahnen im selben Clan verknüpft.

In einer solchen Kultur ist alles Teil einer spirituell-symbolischen Ordnung, die nicht nur sämtliche Ebenen der Gesellschaft durchdringt, sondern über die Gesellschaft hinausreicht und die gesamte Welt umfasst. Die zahlreichen Feste, die den kosmischen und irdischen Zyklen folgen und die Gesellschaft abbilden, sind hierfür der rituelle Ausdruck.

Auf der spirituellen Ebene definiere ich Matriarchate daher als *sakrale Gesellschaften und Göttinkulturen.*

### *Zur Matriarchatspolitik als Weg in eine neue Gesellschaft*

Was besagen diese Ergebnisse der Matriarchatsforschung nun für den Weg in eine neue Gesellschaftsform jenseits des Patriarchats? Bei meinen Überlegungen dazu gehe ich von den Prinzipien und Werten der matriarchalen Gesellschaftsform aus, nicht von ihren Mustern im einzelnen, die zum Teil historisch vergangen sind (6). Außerdem sind meine Bemerkungen nur als Anregungen zu verstehen. Sie sind jedoch nicht nur bloße Vorschläge, denn Elemente von ihnen werden an vielen verschiedenen Orten bereits praktiziert.

So eröffnet sich auf der ökonomischen Ebene – gegen die Herrschaft der transnationalen Konzerne und des Geldes – als konsequent ökologischer Weg die Subsistenzperspektive als Wirtschaftsform der kleinen und regionalen Einheiten. Diese wirtschaften so weit wie möglich unabhängig, wobei die Lebensqualität vor der Quantität unbedingten Vorrang hat. Weltweit geht es darum, die Strukturen von Subsistenzwirtschaft und Tausch- und Schenke-Ökonomie, die es noch gibt und in denen meistens *Frauen, insbesondere Mütter*, die Wirtschaftsträgerinnen sind, zu stärken und zur Grundlage zu machen. Denn Mütter sind es, die in vielen Ländern auf der Erde als Subsistenzbäuerinnen ihre Familien ernähren. Dabei muss es zur konsequenten Regionalisierung kommen, die nur kulturelle Grenzen hat, aber keine territorialen mehr. Diese Regionalisierung mit Frauen als den Trägerinnen der Wirtschaft ist ein matriarchales Prinzip.

Auf der sozialen Ebene geht es darum, aus der weiteren „Atomisierung" der Gesellschaft herauszukommen, welche die Menschen immer tiefer in Vereinzelung und Vereinsamung treibt und sie krank und destruktiv werden lässt. Es geht um die Bildung wahlverwandter Gemeinschaften verschiedener Art, seien diese nun Lebensgemeinschaften oder Nachbarschaftsgemeinschaften oder Netzwerke. Wahlverwandtschaft bildet sich aber nicht durch bloße Interessengemeinschaft, solche Gruppen entstehen schnell und zerfallen schnell. Sondern Wahlverwandtschaft entsteht nur auf dem Boden einer geistig-spirituellen Übereinstimmung, und durch sie werden *symbolische Clans* gebildet, die mehr Verbindlichkeit haben als bloße Interessengruppen. Denn in ihnen betrachten sich die Menschen als wahlverwandte Schwestern und Brüder.

Das matriarchale Prinzip daran ist, dass solche wahlverwandten Clans grundsätzlich von *Frauen als Müttern* initiiert, getragen und geleitet werden. Der Maßstab sind nämlich die Bedürfnisse von Müttern und Kindern, welche die Zukunft der Menschheit sind, und nicht die Macht- und Potenzwünsche von patriarchalen Männern. Diese haben zu den patriarchalen Großfamilien und politischen Männerbünden geführt, die auf der Ausbeutung der Arbeit der Frauen bei ihrer gleichzeitigen Unterdrückung (in Großfamilien) oder ihrem Ausschluss (in Männerbünden) aufbauen. In die neuen Matri-Clans werden Männer hingegen von den Frauen integriert, aber gemäß einem anderen Wertesystem, nämlich der Orientierung an den mütterlichen Werten der gegenseitigen Fürsorge, statt an den Werten von Größe und Macht.

Auf der Ebene der politischen Entscheidungsfindung ist das *matriarchale Konsens-Prinzip* für eine zukünftige egalitäre Gesellschaft unverzichtbar. Es kann hier und jetzt, sofort und überall eingeübt werden und ist das impulsgebende Prinzip für matriarchale Gemeinschaftsbildungen überhaupt. Zugleich verhindert es bei neuen symbolischen Clans verschiedenster Art die Herrschaftsbildung von Einzelnen oder Gruppen. Es stellt die Balance zwischen Frauen und Männern her, aber auch zwischen den Generationen, denn sowohl die alten Menschen wie auch die Jugendlichen kommen dabei vollgültig zu Wort. Es ist zudem das eigentlich demokratische Prinzip, denn es löst ein, was die formale Demokratie verspricht, aber nicht hält.

Gemäß diesem Prinzip sind die Einheiten der neuen Matri-Clans die tatsächlichen Entscheidungsträger, aber es ist nur bis zur Größe von Regionen ausweitbar. Selbstverwaltete Regionen sind jedoch das politische Ziel, denn sie entsprechen dem menschlichen Maß und gewährleisten Transparenz. Demgegenüber sind die immer größeren Institutionen der Macht wie Nationalstaaten, Staatenbünde und Supermächte überflüssig.

Auf der spirituell-kulturellen Ebene gilt es, alle hierarchischen Religionen mit transzendentem Gottesbegriff und Theorien mit absolutem Wahrheitsanspruch zu verlassen. Sie haben die Welt, die Erde, die Menschen, insbesondere die Frauen, tief herabgewürdigt. Stattdessen geht es um eine neue *Heiligung der Welt*, gemäß der matriarchalen Vorstellung, dass die ganze Welt mit allem, was darin und darauf ist, mütterlich-göttlich ist. Das führt dazu, den „Reichtum der Vielfalt" zu achten und alles auf eine kreative, freie Weise in der alltäglichen Arbeit zu ehren und in Festen zu feiern.

„Kreativ und frei" heißt dabei, dass es für die Ausübung der matriarchalen Spiritualität keine sie bestimmende Institution gibt. Hier zeigt sich das Prinzip der matriarchalen Toleranz: Niemand muss an etwas „glauben". Denn matriarchale Spiritualität ist keine dogmatische Lehre, sondern die unaufhörliche, vielfältige Feier des Lebens und der sichtbaren Welt.

*Anmerkungen und Literaturhinweise*


1) Johann Jakob Bachofen: *Das Mutterrecht*, Stuttgart 1861, Neuausgabe in Auswahl durch H. J. Heinrichs, Frankfurt a. M. 1975.
2) Zur ersten theoretischen Formulierung siehe Heide Göttner-Abendroth: „Zur Methodologie der Frauenforschung am Beispiel einer Theorie des Matriarchats", in: *Dokumentation der Tagung „Frauenforschung in den Sozialwissenschaften"*, München 1978, Deutsches Jugendinstitut (DJI); zur theoretischen Weiterentwicklung, dies.: *Das Matriarchat I. Geschichte seiner Erforschung*, Stuttgart 1988; dies.: „Matriarchal Society: Definition and Theory", in: Genevieve Vaughan (Hg.): *The Gift*, Rom 2004.
3) Heide Göttner-Abendroth: Ma*triarchat in Südchina. Eine Forschungsreise zu den Mosuo*, Stuttgart 1998; dies.: *Das Matriarchat II,1. Stammesgesellschaften in Ostasien, Indonesien, Ozeanien*, Stuttgart 1991; dies.: *Das Matriarchat II,2. Stammesgesellschaften in Amerika, Indien, Afrika*, Stuttgart 2000.
4) Vgl. zur Theorie der Subsistenz Veronika Bennholdt-Thomsen/Maria Mies: *Eine Kuh für Hillary. Die Subsistenzperspektive*, München 1997; Veronika Bennholdt-Thomsen/ Mechthild Müser/Cornelia Suhan (Hg.): *FrauenWirtschaft. Juchitàn – Mexikos Stadt der Frauen*, München 2000; Andrea Baier/Veronika Bennholdt-Thomsen/Brigitte Holzer: *Ohne Menschen keine Wirtschaft*, München 2005.
5) Genevieve Vaughan: *For-Giving. Schenken und Vergeben*, Königstein/Taunus 2008, (zuerst Austin 1997); dies. (Hg.): *Women and the Gift Economy*, Toronto/Kanada 2007.
6) Für weiterführende Gedanken siehe Heide Göttner-Abendroth: *Der Weg zu einer egalitären Gesellschaft. Prinzipien und Praxis der Matriarchatspolitik*, Klein Jasedow 2008.

# 17 Die Macht von Frauen

## *Was ist „Macht"?*

Noch heute schrecken viele Frauen vor der Vorstellung zurück, selber Macht zu haben. Steckt dahinter ein psychisches Problem? Dies dachten ein paar mutige Feministinnen, die daraufhin eine witzige Aktion starteten, die den Namen trug: „Lieber Macht als Ohnmacht!" (1).

Ja, lieber Macht als Ohnmacht! Das dachten sicherlich auch einzelne außerordentliche Frauen der letzten Jahrzehnte, die an exponierter Stelle Macht ausgeübt haben bzw. ausüben, wie einst Golda Meir (Israel), Margret Thatcher (England), Indira Ghandi (Indien), heute Angela Merkel (Deutschland) und Hillary Clinton (USA), die sogar nach der größten Macht strebte, die in der Gegenwart zu vergeben ist, nach der Präsidentschaft in den USA. Außerdem gibt es viele bemerkenswerte Frauen, die auf weniger hohen Rängen Macht ausüben – sie können hier gar nicht alle genannt werden.

Ist das nun die „Macht von Frauen"? Droht uns ein „Matriarchat", wenn immer mehr Frauen auf die höchsten Posten im Staat drängen und sie auch einnehmen werden? Das scheinen die meisten Männer zu meinen, denn in regelmäßigen Abständen wird in der Boulevard-Presse das Thema „Die Angst der Männer vor der Macht der Frauen" proklamiert. Von der Angst der Frauen vor der realen Macht der Männer ist dabei allerdings nie die Rede, obwohl Männermacht auf dieser Welt im militärischen, finanziellen, politischen, gesellschaftlichen und religiösen Bereich erdrückend ist.

Liegt soviel Unklarheit in den Vorstellungen und Gefühlen zum Thema „Macht" an der Macht selbst, oder entsteht die Unklarheit etwa durch einen diffusen Begriff? In der Regel kommen die Diskutierenden bei diesem Thema ins Schwimmen, weil unter „Macht" vieles Verschiedene verstanden wird. Oft verbindet sich mit „Macht" ein negatives Gefühl, das sich aber eigentlich nur auf den Missbrauch von Macht bezieht. Was aber ist Macht, wenn sie nicht missbraucht wird? Ist sie dann etwas Positives, und löst sie positive Gefühle aus?

Hier zeigt sich eine Ungenauigkeit und Ambivalenz im Begriff „Macht", die geklärt werden muss, wenn wir uns zu diesem Thema fruchtbare, weiterführende Diskussionen wünschen. Denn unter „Macht" wird zweierlei verstanden, das nicht unbedingt miteinander vereinbar ist. Einerseits kann „Macht" soviel wie „Herrschaft" bedeuten, andererseits kann der Begriff so etwas meinen wie „natürliche Autorität, Stärke, Würde haben". In der linken Anti-Autoritäts-Diskussion in der 68er Zeit wurden „Macht" und „Autorität" fälschlich in eins gesetzt. Um weitere Missverständnisse zu vermeiden, ist es deshalb nötig, auch „Autorität" näher zu bestimmen. Deshalb trenne ich „angemaßte Autorität", die der Herrschaft gleichkommt und welche die linken Studenten wohl meinten, von „natürlicher Autorität“, die ganz anderen Spielregeln folgt.

Was also ist „Herrschaft“, und was ist „natürliche Autorität“? Beides sind Machtstrukturen. Wie können diese beiden Strukturen genauer bestimmt werden, um Verwechslungen und Vermischungen zu vermeiden? Denn klares Handeln – sowohl im alltäglichen wie im politischen Bereich – fängt mit klarem Denken an.

Die Struktur von Herrschaft wurde am besten definiert als die Relation von Befehlen auf der einen Seite und Gehorchen auf der anderen Seite. Nun gehorcht niemand freiwillig Befehlen, sondern der Befehlende erreicht Gehorsam auf der anderen Seite nur durch Zwang. Damit er Gehorsam erzwingen kann, braucht er einen Erzwingungsstab, nämlich Personen und Institutionen, die seine Befehle mit Gewalt bei den anderen Menschen durchsetzen (2). Solche Erzwingungsstäbe sind: Krieger, Militär, Polizei, Behörden mit Kontrollfunktion wie zum Beispiel Finanzamt, Arbeitsamt, Baubehörde usw., ferner Strafanstalten wie Justiz und Gefängnisse. Daran wird deutlich, dass mit „Gewalt“ nicht nur diejenige gemeint ist, die über Faust, Speer, Schwert, Gewehr und Bomben durchgesetzt wird; dies ist die direkte Gewalt. Sondern damit ist auch die verdeckte und legalisierte Gewalt gemeint, die alltäglich Menschen – insbesondere Frauen – dazu zwingt, Dinge zu tun, die sie eigentlich nicht tun wollen; dies ist die strukturelle Gewalt. Die Existenz eines solchen vielschichtigen Erzwingungsstabs in einer Gesellschaft ist das Kennzeichen für Herrschaft, denn damit kann ein Einzelner oder eine Gruppe den eigenen Willen bei den anderen Menschen gewaltsam durchsetzen, das heißt: sie beherrschen. Mit Hilfe solcher Erzwingungsstäbe wird eine Hierarchie des Zwangs von oben nach unten aufgebaut.

Bei Gesellschaften, die von Herrschaft in diesem Sinne durchsetzt sind, handelt es sich um *patriarchale Gesellschaften* in ihren vielen verschiedenen Spielarten. Denn Patriarchate sind grundsätzlich Herrschaftsgesellschaften. Dazu gehören nicht nur die frühen Kriegergesellschaften und Eroberungsreiche, sondern auch die mittelalterlichen Kaiser- und Königreiche, ebenso die modernen, sogenannt „demokratischen“ Nationalstaaten und die gegenwärtigen Staatenbünde und Supermächte. Es macht dabei keinen wesentlichen Unterschied, ob einem solchen Reich in Ausnahmefällen eine Monarchin vorstand, wie zum Beispiel Königin Elisabeth I. von England oder Kaiserin Maria Theresia von Österreich, oder ob Frauen in modernen Staaten ab und zu in die höchsten Ämter gelangen. Sie alle stehen an der Spitze patriarchaler Gesellschaften und üben ihre Macht im patriarchalen Sinne aus, nämlich als Herrschaft mithilfe eines Erzwingungsstabs. Eine solche „Macht für Frauen“ halte ich nicht für erstrebenswert, denn sie hebt patriarchale Strukturen nicht auf, sondern setzt sie nahtlos fort – nur mit einem weiblichen Gesicht. Auf keinen Fall handelt es sich dabei um ein „Matriarchat“, wie die „Angst“ von vielen Männern sich vorgaukelt, sondern um eine pure Projektion.

*Macht von Frauen in matriarchalen Gesellschaften*

„Natürliche Autorität" gründet sich nicht auf einen Erzwingungsstab. Wir sagen oft, eine weise alte Frau oder ein erfahrener alter Mann hat in der Familie eine gewisse Autorität – aber hier gibt es keinen Erzwingungsstab. Auch die Sippenmütter in *matriarchalen Gesellschaften* besaßen und besitzen in ihren Familien und Clans eine natürliche Autorität, aber sie haben keine Krieger an ihrer Seite und keine Polizeitruppe, die das, was sie sagen, mit Gewalt durchsetzen würden. Natürliche Autorität wirkt anders: Sie ist die Relation des Ratgebens auf der einen Seite und des freiwilligen Akzeptierens dieses Rats auf der anderen Seite. Da sie auf Freiwilligkeit beruht, kann das Annehmen des Rats auch unterlassen werden. Die Folge davon ist eine ganz andere Gesellschaftsordnung, die nach anderen Regeln organisiert ist als der von Herrschaft und Hierarchie durchzogene patriarchale Staat.

In matriarchalen Gesellschaften werden die Ratschläge der Sippenmütter oder anderer weiser Frauen (und Männer) in der Regel angenommen. Die Basis dafür ist Vertrauen. Diese weisen Ältesten genießen bei den Mitgliedern ihrer Familien und Sippen so großes Vertrauen, dass, wenn sie Rat geben, die Akzeptanz außerordentlich hoch ist. Eine Hierarchie kann aber nicht aufgebaut werden, denn wenn ein Rat den anderen nicht gut erscheint, wird er nicht angenommen. Die Sippenmutter kann nichts dagegen tun, sie kann noch nicht einmal ihre Autorität als Druckmittel geltend machen – das würde nur das Vertrauen in sie untergraben.

Warum ist die Akzeptanz des Rats der ältesten, weisen Frauen in matriarchalen Gesellschaften so hoch? Auch in unseren Gesellschaften gibt es doch weise, ältere Frauen (und Männer), die guten Rat geben können – aber man hört meistens nicht auf sie. Was bildet das große Vertrauen?

Der erste Grund ist, dass in matriarchalen Gesellschaften die älteste Frau die Mutter und Großmutter aller im Hause wohnenden Töchter, Söhne, Enkelinnen und Enkel ist. Denn in einem matriarchalen Clanhaus leben nur die in der Mutterlinie verwandten Menschen zusammen. Diese nehmen nicht an, dass die Frau, die sie geboren, genährt und geschützt hat, etwas gegen sie unternehmen will – hier spielt das *familiäre Band* eine entscheidende Rolle. Im familiären Bereich muss Vertrauen nicht erst hergestellt werden, denn die Mitglieder der blutsverwandte Gemeinschaft leben jeden Tag miteinander und kennen sich bestens. Das ist bei Gesellschaften, die aus Gruppen von untereinander fremden Personen bestehen, anders, hier müssen ständig „vertrauensbildende Maßnamen" erfunden werden – die in der Regel nicht funktionieren. Matriarchate sind jedoch Verwandtschaftsgesellschaften, das heißt, sie sind in allen Bereichen nach der Verwandtschaft in der Mutterlinie organisiert: im sozialen, im ökonomischen, im politischen und im kulturell-spirituellen Bereich. Diese Matrilinearität ist das tragende Rückgrat der ganzen Gesellschaft. Sie bewirkt, dass sich alle Menschen im Gefüge der Sippen eines Dorfs, einer Stadt und eines Stamms als miteinander verwandt und verschwägert betrachten, und sie pflegen diese Beziehungen mit viel Aufwand. Alle sind sich gegenseitig „Mutter“ oder „Schwester“ oder „Bruder“, sei es in direkter Blutsverwandtschaft, sei es mit den verschwägerten Sippen oder sei es in symbolischer Verwandtschaft, die den ganzen Stamm oder mehrere Stämme umfassen kann. Das führt zu einem hohen Potential an Vertrauen, das die ganze Gesellschaft durchzieht.

Der zweite Grund ist *Erfahrung und Kompetenz.* Erfahrung erzeugt Wissen, über das die ältesten Frauen und Männer in einer matriarchalen Gemeinschaft verfügen und das jüngere Mitglieder der Sippe und Gesellschaft noch nicht haben können: Wissen über Lebensprozesse und soziales Zusammenwirken, über die Clans und ihre Geschichte, über Vorgänge in der Natur mit ihren Kräften und Lebewesen, ebenso Kenntnisse von speziellen Künsten und Techniken. Daraus entsteht Kompetenz, die zum Schutz und zur Orientierungshilfe für die jüngeren Mitglieder der Gemeinschaft sehr wichtig ist und ohne die sie nicht überleben könnten. Wir finden in matriarchalen Gesellschaften daher immer Achtung und Respekt vor den älteren Menschen.

Der dritte Grund ist *Integrationsfähigkeit.* Denn was weckt Vertrauen, und worin erweist sich der Besitz von Erfahrung? Es ist die Gabe, Probleme lösen zu können, Verhandlungen zu führen, bei denen alle berücksichtigt werden, verschiedene Menschen am richtigen Ort einzusetzen und sie dort in ihrer Weiterentwicklung zu fördern, ein soziales Gefüge wie eine Sippe oder einen großen Clan mit manchmal Hunderten von Mitgliedern zusammenhalten zu können, kurz: die Fähigkeit des Integrierens.

Diese drei Gründe erklären „natürliche Autorität“, denn auf ihnen beruht sie. Sie zeigt sich dabei auch als Macht – aber nicht als Macht durch Zwang, sondern als Macht durch Weisheit und durch Einsicht.

Bei Gesellschaften mit natürlicher Autorität werden Entscheidungen daher anders gefunden als in Herrschaftsgesellschaften. Bei letzteren fällt ein Herrscher oder eine herrschende Gruppe die Entscheidung allein. Er hat niemanden dazu befragt und zwingt seine einsame Entscheidung mithilfe des Erzwingungsstabs den anderen Menschen auf. Bei Gesellschaften mit natürlicher Autorität werden alle in den Vorgang der Entscheidungsfindung einbezogen.

Ein schönes Beispiel dazu finden wir in der matriarchalen Gesellschaft der Minangkabau auf Sumatra in Indonesien: Eine sippenälteste Frau erzählt, wie eine Entscheidung in ihrem Sippenhaus zustande kommt. Zuerst würden sich die Frauen und die Männer in getrennten Gruppen zu einem bestimmten Problem beraten, und sie hörten erst dann auf miteinander zu reden, wenn sie untereinander einig geworden sind, also einen Konsens gefunden hätten. Hier wird klar berücksichtigt, dass Frauen und Männer zu einem Problem durchaus verschiedene Ansichten haben können. Schließlich kämen diese beiden Gruppen zusammen und würden miteinander sprechen, und zwar so lange, bis Frauen und Männer ebenfalls Einigkeit erreicht hätten, das heißt, eine Entscheidung gefunden hätten, die sowohl Frauen wie Männern gerecht wird. Das ist der übliche Vorgang. Sollten sie jedoch ausnahmsweise nicht zu einer Einigung kommen, dann und nur dann – sagt die Sippenmutter und lächelt dabei – fälle sie selbst die letzte Entscheidung als das Zünglein an der Waage (3).

Die Entscheidung der Sippenmutter wird auf dem Boden ihrer natürlichen Autorität von allen akzeptiert. Aber niemand betrachtet dies als ihre einsame Entscheidung, sondern als den Abschluss des gesamten Vorgangs der Entscheidungsfindung, an dem alle Sippenmitglieder teilgenommen haben.

### *Politische Entscheidungsfindung in matriarchalen Gesellschaften*

Ähnlich wie im Sippenhaus verläuft die Entscheidungsfindung auf der Ebene des Dorfs. Frauen und Männer diskutieren die Angelegenheiten getrennt, um sie dann im Dorfrat zusammenzuführen. Im Dorfrat reden nicht alle, sondern die einzelnen, gewählten Sprecher der Sippenhäuser – meist die ältesten Mutterbrüder – vertreten hier den Konsens ihrer Clanhäuser. Allerdings hören alle zu, was diese sagen. Diese Sprecher sind nur Delegierte, die den anderen Delegierten vermitteln, was im eigenen Sippenhaus beschlossen wurde. Es ist ihnen nicht erlaubt, eine Entscheidung zu fällen, denn der Ort für alle Entscheidungen ist das Clanhaus. Stellen die Sprecher fest, dass zu dem betreffenden Problem die Clanhäuser sich bereits einig sind, dann kann der Beschluss gefasst werden. Ist noch keine Einigkeit erreicht, dann kehren sie zu ihrem jeweiligen Clanhaus zurück, um die Sippenmitglieder zu informieren. Nun wird die Sache von allen erneut beraten, wobei die Gesichtspunkte der anderen Clanhäuser einbezogen werden. Die Sprecher gehen solange zwischen ihren Clanhäusern und dem Dorfrat hin und her, bis das ganze Dorf Einigkeit gefunden hat.

Nun sollte man meinen, dass dieser komplexe Vorgang der gemeinsamen Entscheidungsfindung nicht über die Dorfebene hinaus praktiziert werden kann. Matriarchale Gesellschaften fahren damit jedoch bis auf die Ebene des Stamms fort, der eine kleine oder auch sehr große Region bewohnt. Wenn auf regionaler Ebene eine Entscheidung gefunden werden muss, dann beginnt die Beratung wieder in den Clanhäusern. Diese sind die Basis für jede Entscheidung, denn hier wohnen alle Menschen. Ist der Konsens danach auf Dorfebene gefunden worden, wird ein Sprecher für das Dorf gewählt, der auf dem regionalen Stammesrat die Entscheidung seines Dorfs vertritt. Auch diese Sprecher sind nur Delegierte, und sie gehen nun ihrerseits solange zwischen dem regionalen Rat und dem Dorfrat hin und her – und die Sprecher der Sippen zwischen dem Dorfrat und dem Clanrat in den Sippenhäusern –, bis der Konsens auf regionaler Ebene als Einstimmigkeit im ganzen Stamm gefunden worden ist.

Dieses Vorgehen setzt eine hohe Kompetenz der Gesprächsführung, des Verhandelns und des Integrierens voraus, die in matriarchalen Gesellschaften Frauen wie Männer gleichermaßen besitzen. Daher gibt es in diesen Gesellschaften auch eine hohe Kompetenz der Friedenssicherung, die genau denselben Weg nimmt.

Probleme durch Geschrei oder Gewalt lösen zu wollen, gilt als kindisch und verächtlich. Ein solcher Mensch verliert jegliches Ansehen.

In der traditionellen Gesellschaft der Irokesen-Stämme, die klassisch matriarchale Muster besessen haben, gingen die Beratungen vom Clanhaus über das Dorf bis auf die regionale Ebene stets nach den Geschlechtern getrennt vor sich. Auf allen Ebenen gab es Frauenräte und Männerräte. Weder im Clanhaus, noch im Dorf oder im Stamm vermochten die Männerräte etwas zu entscheiden und zu Unternehmen aufzurufen, wenn nicht zuvor die entsprechenden Frauenräte konsultiert und deren Einverständnis eingeholt worden war. Waren sich zuletzt alle einig, dann handelte eine solche Gesellschaft höchst koordiniert – wie eine einzige Person (4).

Wir sehen daran, dass eine matriarchale Gesellschaft aus einem komplexen Gefüge von Räten bestand, in denen die natürliche Autorität der ältesten Frauen und Männer eine große Rolle spielte. Dadurch war es in matriarchalen Gesellschaften möglich, weitreichende Entscheidungen zu treffen und zu handeln, ohne dass irgendjemand etwas befahl oder einen Erzwingungsstab einsetzen musste. Das heißt, matriarchale Gesellschaften sind in diesem Sinne *herrschaftsfrei* und gleichzeitig wohlgeordnet. Wenn wir dieses politische System mit einem modernen Begriff umschreiben wollen, so trifft der Begriff „Basis-Demokratie" am besten darauf zu.

Doch die natürliche Autorität von Frauen hat in matriarchalen Gesellschaften noch einen weiteren, sehr wichtigen Aspekt, denn sie waren auch die Verteilerinnen der lebensnotwendigen Güter, insbesondere der Nahrung. Frauen waren die Ernährerinnen ihrer Kinder, ihrer Clans, ihrer Völker, indem sie entweder alle Früchte und Lebensmittel aus ihrem Ackerbau selbst erarbeiteten oder sie ihnen von den Männern, wenn diese den Ackerbau machten, in die Hände gegeben wurden. Die Sippenmutter hütete diesen Clanschatz und verteilte ihn gerecht und ausgewogen an alle Sippenmitglieder, wobei die Speisung der Ahninnen und Ahnen eingeschlossen war. Deshalb hatten Frauen in matriarchalen Gesellschaften die Ökonomie in der Hand – und das ist eine große Macht!

Aber auch über die Ökonomie als Mittel „beherrschten" die Sippenmütter ihre Gesellschaften nicht. In allen patriarchalen Gesellschaften wird dagegen mithilfe ökonomischer Macht geherrscht, denn Güter und Geld werden hier in den Händen von Wenigen gehortet, was ihnen den Weg zur politischen Herrschaft ebnet. Ökonomische Macht und politische Herrschaft sind im Patriarchat stets eng verknüpft. So häufen herrschende patriarchale Männer Güter aufkosten der anderen Menschen an. Akkumulation von Gütern ist hier ein Wert, selbst dann, wenn die Mehrheit der Menschen dadurch in die Armut getrieben wird.

Matriarchale Frauen dagegen verteilen die Güter, was zum Wohlleben für alle führt. Ihre ökonomische Macht ist die Macht der Verteilung. Verteilung ist hier der leitende Wert, während Akkumulation ein Un-Wert ist und als unsozial und gegen die Gemeinschaft gerichtet gilt.

Eine kritische Frage ist noch unbeantwortet: Können Frauen mit diesen Mustern von matriarchaler Macht „Staat machen"? Die Frage klingt ähnlich wie diejenige, ob Frauen „Geschichte machen" können. Damit ist gemeint, ob Frauen mit Staaten Geschichte gemacht haben oder machen können. Doch um welche Art von Staaten und welche Art von Geschichte handelt es sich hier? Im allgemeinen wollen Frauen sicherlich nicht mit patriarchalen Staaten patriarchale Geschichte machen!

Doch kommen wir zum Kern der Frage: Dahinter steht die Meinung, dass matriarchale Gesellschaften mit ihren politischen Gebilden über die Größenordnung von Dorf und Region offenbar nicht hinausgelangen können, das heißt, dass sie nicht fähig scheinen, richtige Staaten zu bilden. Irgendwie erscheinen sie deshalb in gewisser Hinsicht als „primitiv". Denn Staaten werden – zumindest in der patriarchalen Geschichtsschreibung – als der Inbegriff von Zivilisation betrachtet.

Gibt es so etwas wie matriarchale Staaten, die auf den Formen der eben beschriebenen Frauenmacht als natürlicher Autorität beruhen? Hier ist wiederum die Gesellschaft der Irokesen ein gutes Beispiel: Die Irokesen sind nämlich kein einzelner Stamm, sondern ein politisches Bündnis von fünf, später sechs irokesisch sprechenden Stämmen mit verschiedenen Namen, die ein riesiges Gebiet bewohnten. Es ist die berühmte Irokesen-Liga. Sie reichte von der Atlantikküste bis zu den Großen Seen des nordamerikanischen Kontinents und hatte eine Ausdehnung, in der man den Staat Deutschland zweimal unterbringen könnte. Dennoch gab es keine Hierarchie, keine Regierung an der Spitze und keine „Staatsschützer", sondern dieses ganze System funktionierte wohlgeordnet nach den Regeln der matriarchalen Politik, wie ich sie beschrieben habe. Und darin hatten Frauen mindestens die Hälfte der Macht (5).

Ist das nun kein Staat? Wenn Verhandlungskunst und die Kunst der Friedensfindung als staatliche Fähigkeiten gelten, um große gesellschaftliche Gebilde zu schaffen, dann war die Irokesen-Liga im höchsten Grad ein Staat. Die Liga besaß sogar eine geschriebene Verfassung. Die amerikanischen Gründungsväter unter George Washington fanden die Irokesen-Verfassung – nachdem sie die Liga militärisch zerstört und die Irokesen unterworfen hatten – so gut, dass sie diese für ihre erste demokratische Verfassung Nordamerikas zum Vorbild nahmen. Das geschah natürlich unter Ausschluss der Frauenräte und deren Macht. So entstand die erste Männer-Demokratie, die dann später den europäischen Männer-Demokratien zum Vorbild diente. Matriarchale Gesellschaften hatten dagegen schon Jahrtausende vorher demokratische Staaten – und diese waren tatsächlich demokratisch, weil sie beide Geschlechter gleichwertig einschlossen und niemand aus der Entscheidungsfindung ausgeschlossen war.

Dagegen waren in den ersten modernen Demokratien Europas die Frauen und die ärmeren Schichten anfangs generell ausgeschlossen, was sie zu „Demokratien" der wohlhabenden Bürger machte. Nur sehr langsam und allmählich hat sich das geändert. Aber noch heute schließen sie als Mehrheitsdemokratien die jeweilige

Minderheit aus – wobei diese sogenannte „Minderheit" oft knapp die Hälfte der Bevölkerung umfasst, deren Stimme einfach nicht zählt. So sind diese formalen Demokratien – in denen die Menschen noch nicht einmal mitdiskutieren können – nur eine Hülse von „Demokratie", denn sie erfüllen das demokratische Versprechen, das sie laut propagieren, de facto nicht.

Wenn Frauen heute nun nach der Macht im Staate streben, weil sie nicht mehr „ohnmächtig" bleiben wollen, dann würde ich ihnen die zwei Fragen stellen: Welche Art von „Macht" wollen sie? Und welche Art von „Staat" wollen sie? Denn die Unterstützung patriarchaler Macht in patriarchalen Staaten durch Frauen brauchen wir nicht, das bedeutet nur eine Verdoppelung des Patriarchats. Hingegen brauchen wir dringend mehr Macht von Frauen im matriarchalen Sinne, und wir brauchen in Zukunft herrschaftsfreie matriarchale politische Systeme im Sinne von Basisdemokratien – auch wenn dies heute erst eine Vision ist. Doch diese Vision ist nicht verschwommen, sondern sie ist sehr genau und konkret, und sie hat starke Vorbilder (6).

Wenn aber unter „Staat" unverrückbar jene Herrschaftsgebilde verstanden werden, in denen wir ständig leben müssen, dann ist die Antwort ebenso klar: Wir brauchen in diesem Sinne überhaupt keinen Staat! Denn eins ist gewiss: Ohne solche Staaten hätten alle ein besseres Leben – Frauen, Männer, Kinder und die gesamte lebendige Welt.

### *Anmerkungen und Literaturhinweise*

1) Diese Initiative ging aus von Lidija Milon und Renate Fleisch, den Gründerinnen des Bregenzer Frauenzentrums, das jedoch nicht mehr besteht.
2) Definition von Christian Sigrist: *Regulierte Anarchie*, Frankfurt a. M. 1979.
3) Siehe dazu den Film von Gordian Troeller/Claude Défargue: *Männerherrschaft unbekannt*, CON Film, Bremen. Siehe zu den Minangkabau auch: Heide Göttner-Abendroth: *Das Matriarchat II,1*, Kap. 7, Stuttgart 1991/1999; Peggy Reeves Sanday: *Women at the Center. Life in a Modern Matriarchy*, Ithaca/London 2002.
4) Vgl. zur Gesellschaft der Irokesen-Stämme die grundlegende Forschung von Henry Lewis Morgan: *League of the Hau-dé-no-saunee*, 1851, New York 1901.
5) Vgl. Heide Göttner-Abendroth: *Das Matriarchat II,2*, Kapitel 4, Stuttgart 2000; Barbara Alice Mann: *Iroquoian Women: The Gantowisas*, New York 2002, 2004.
6) Vgl. Heide Göttner-Abendroth: *Der Weg zu einer egalitären Gesellschaft. Prinzipien und Praxis der Matriarchatspolitik*, Klein Jasedow 2008.

# 18 Mutter – Mutterschaft – Mütterlichkeit Was heißt das jenseits des Patriarchats?

(Vortrag auf dem Kongress „Muttergipfel", Karlsruhe 2008)

Vor einigen Jahren wurde ich von österreichischen Feministinnen nach Wien eingeladen, um zum „Rabenmuttertag" zu sprechen. Sie hatten den „Muttertag" auf diese Weise umbenannt, um alle Mütter zu ehren, die nicht völlig „hausfrauisiert" sind, sondern außer dem Muttersein auch ihren Beruf ausüben. Mittlerweile wissen wir ja, dass es diese „Hausfrauisierung" in Europa erst seit ca. 200 Jahren gibt, seit Beginn der industriellen Revolution (1).

Wenn ich mich nun in diesem Saal umsehe, so denke ich, dass hier sehr viele Mütter anwesend sind. Doch sie sind nicht zu Hause geblieben, um sich ausschließlich um ihre Kinder zu kümmern, sondern viele sind sicher auch in verschiedenen Berufen tätig, und außerdem gehen sie für ein paar Tage auf einen feministischen Kongress! Habe ich es hier also mit einem „Rabenmuttergipfel" zu tun?

Um es gleich vorweg zu nehmen: Ich bin auch eine „Rabenmutter". Und was das Matriarchat betrifft, so besteht es nur aus „Rabenmüttern". Denn im Matriarchat gibt es keine Frauen, die den ganzen Tag im Haus sind, um ausschließlich für den Nachwuchs und den Ehemann zu sorgen.

## *Patriarchale Begriffe vom Muttersein*

Damit sind wir gleich bei dem ersten Punkt angekommen, nämlich dem patriarchalen Dilemma mit der Mutterschaft. Wir haben es mit *zwei patriarchalen Mutterbegriffen* zu tun, die beide abwechselnd in den westlichen Industriegesellschaften gebraucht werden – und auf diese Zivilisation beziehe ich mich in meinem Vortrag –, ohne jemals eine Erleichterung für das Los der Mütter im Patriarchat gebracht zu haben.

Der *klassisch patriarchale Begriff* ist, dass die Frau nur Mutter und Hausfrau ist, wobei sie auf ihre Gebärfähigkeit als ihre „Bestimmung" reduziert wird. Es ist die *hausfrauisierte, isolierte Mutter.* Sie lebt im Haus des Mannes, um ihn zu bedienen und „seine" Kinder zu gebären, vor allem seine Söhne. Dabei muss jede Frau zwangsweise Mutter sein, denn außerhalb davon wird ihr keinerlei Wert zugestanden. Daraus entsteht eine überaus unterdrückerische Situation für Frauen, die nicht auszuhalten wäre, wenn nicht dazu eine Ideologie mitgeliefert würde, welche die Situation verschleiert. Diese Ideologie sind die verschiedenen Spielarten des Mutterkults, der den Frauen das zwangsweise Muttersein als etwas Wunderbares vorspiegelt. Nur in Patriarchaten gibt es in diesem Sinne „Mutterkult", während wir in matriarchalen Gesellschaften stattdessen „Mutter-kultur" haben. Als europäische Spielarten des patriarchalen Mutterkults erinnere ich an die christlich-katholische Variante, die in Europa eine sehr lange Tradition hat. Und ich erinnere an den jüngsten, faschistischen Mutterkult im Nazireich, der äußerst rückständig war, weil man damit die Frauen aus dem Berufsleben wieder hinausgedrängt hat.

Der *moderne patriarchale Mutterbegriff* soll dann die Lösung dieses Dilemmas bringen, nämlich die Vorstellung von der Karriere-Frau, die im Berufsleben erfolgreich ist und „nebenbei“ auch noch ihre Kinder pflegt. Es ist das Bild der *Superfrau oder Rabenmutter* – je nach Wertesystem – die alles macht und alles kann, die überall „ihren Mann steht“, doch ganz weiblich auch noch die nächste Generation gebiert und erzieht. In beträchtlicher Untertreibung nennt man das die „Doppelbelastung“ der Frau. Denn eine einzelne Frau kann ihre Kinder weder nur nebenbei erziehen, noch kann sie gleichzeitig voll in Berufsstrukturen einsteigen, die nicht nach ihren Bedürfnissen aufgebaut sind. Die Berufsstrukturen folgen dem Modell des jungen, weißen, dynamischen Mannes, der im Hintergrund seine Hausfrau hat. Auch die vielbeschworene „Partnerschaft“ nützt da wenig, denn sie scheitert in den meisten Fällen an genau diesen Berufsstrukturen, welche selbst die bereitwilligen jungen Männer vollständig absorbieren. Dann wiederum sollen die Kinderkippen und Kindergärten helfen, womit jedoch der Staat eine künstliche Knappheit erzielen und Mütter auf diese Weise manipulieren kann. Dabei haben wir das Problem der Fremderziehung der Kinder durch andere Personen noch gar nicht erwähnt, was nicht immer im Sinne der Mütter ist, aber im Sinne der patriarchalen Ideologie.

So stellt diese Diskrepanz von nicht zusammen passenden Mustern weit mehr als nur eine „Doppelbelastung“ dar. Sie bedeutet eine doppelte Ausnutzung der Frau, nämlich in der Familie, wo sie gratis arbeitet, *und* im Beruf, wo sie in der Regel schlechter bezahlt wird. Das mündet nicht selten in ihrem gesundheitlichen Zusammenbruch.

Dieses Dilemma kehrt in der modernen staatlichen Politik fortlaufend ungelöst wieder. Denn je nach Bedarf werden die Frauen in den westlichen Industriegesellschaften veranlasst, in Zeiten der Vollbeschäftigung ins Berufsleben einzusteigen oder – wenn Rezession und Arbeitslosigkeit drohen – wieder auszusteigen, um an den Familienherd zurückzukehren. Sie werden als „industrielle Reservearmee“ benutzt, als die ständig verschiebbare Masse, was ihre eigenen Lebensentwürfe nach ihren eigenen Bedingungen regelmäßig zunichte macht.

So haben wir erlebt, wie im letzten Jahrzehnt durch die zunehmende Arbeitslosigkeit Frauen wieder aus den Berufen hinausgedrängt und an den Herd zurückverwiesen wurden. Doch mittlerweile stellt man fest, dass es in den folgenden Jahrzehnten zu wenige junge Leute geben und damit ein drohender Mangel an Arbeitskräften entstehen wird – also Frauen wieder hinein in die Berufe! Das alles geschieht im Sinne des kapitalistischen Marktes. Eine solche Politik gegenüber den Frauen, bei der sie nicht die Subjekte, sondern die Objekte der Politik sind, verhindert von vornherein die Lösung des genannten Dilemmas, schärfer gesagt: Eine Lösung ist gar nicht erwünscht.

Die große Verhinderung eines angemessenen, freien Mutterseins ist das Muster der spätbürgerlichen Kleinfamilie, in der Frauen in den heutigen Industriestaaten ihr Muttersein leben müssen. Das heißt, ein isoliertes Dasein zu ertragen, nur mit einem Partner des anderen Geschlechts, der weibliche Bedürfnisse versteht oder auch nicht, sich partnerschaftlich verhält oder auch nicht, je nach Zufall. Wenn Frauen zusätzlich einen Beruf ausüben – was heute die Regel ist – werden die Zufälle dieser sogenannten „Partnerschaft" nur noch verschärft.

Noch schlimmer wird die Situation, wenn diese rudimentäre Form von sozialem Zusammenhang, die Kleinfamilie, auseinander fällt – was ebenfalls immer häufiger ist. Dann ist die berufstätige Mutter auch noch Alleinerziehende. Der zunehmende Zusammenbruch der sozialen Muster in unseren westlichen Industriegesellschaften geht zu Lasten der Frau, die darin allein gelassen wird und als Single-Mutter nicht selten auf die unterste Ebene der Armut gerät.

In diesem Zusammenhang wird neuerdings von der wachsenden „Kinderarmut" geredet. Gibt es die Kinder denn ohne Mütter? Es ist wieder eine Verschleierung der Tatsache, dass die „Kinderarmut" eine Folge der Mütterarmut ist – eine beschämendes Faktum für einen reichen Staat!

Es ist daher nicht erstaunlich, wenn junge Frauen und Frauen, die unabhängig bleiben wollen, zunehmend das Muttersein ablehnen, sogar eine Feindschaft dagegen entwickeln. Diese Haltung ist nicht unbedingt – wie es offiziell dargestellt wird – der Ausdruck eines wachsenden persönlichen Egoismus, sondern einer äußerst mütterfeindlichen, sozial beschränkten, kranken Gesellschaft.

Dabei ist die Fähigkeit von Frauen zum Muttersein für jede Gesellschaft das höchste Gut, denn von Generation zu Generation lebt sie nur durch die Mütter weiter. Allgemein heißt das, dass Frauen noch immer jeder Gesellschaft in der Welt das höchste Gut schenken, nämlich den Fortbestand in der Zukunft.

In Patriarchaten steht diese ganze Sache auf dem Kopf, denn die Wichtigkeit der Frau für das Leben der gesamten Gesellschaft ist hier kein Anlass sie zu achten, sondern sie zu unterdrücken und Muttersein zur rein privaten Angelegenheit zu erklären. Jedoch widerspricht die manisch ausgeübte Kontrolle aller patriarchalen Staaten über die Gebärfähigkeit der Frau dieser angeblichen Nebensächlichkeit. Warum wohl? Gerade weil das, was sie können und tun, so wichtig ist – aber sie sollen es nicht merken!

### *Muttersein, Mutterschaft und Mütterlichkeit im Matriarchat*

Auf der naturgegeben großen Bedeutung der Frau baut das matriarchale Verständnis von Gesellschaft und Kultur auf. Hier wird eine biologische Grundtatsache, nämlich die Gebärfähigkeit der Frau, zu einer kulturellen Schöpfung geformt. Darum verlieren matriarchale Gesellschaften nicht „den Boden unter den Füßen" und sind viel realistischer.

Hier wird der Frau, weil sie die Schenkerin und Erhalterin des Lebens für die ganze Gesellschaft ist, die höchste Achtung entgegengebracht. Eine Frau muss noch nicht einmal persönliche Mutterschaft erleben oder wünschen, um an dieser allgemeinen Verehrung der Frau teilzuhaben. Denn die Vorstellung von Mütterlichkeit trägt und gestaltet die ganze Gesellschaft, es ist ein allgemein gültiger und real umgesetzter Wert – und keine unterdrückerische und sentimentale Schablone nur für Frauen. Deshalb gibt es keinen Mutterkult in Matriarchaten, wohl aber eine grundsätzliche Mutter-kultur.

## *1. Muttersein und Mutterschaft in der Sozialordnung*

Die Grundeinheit der matriarchalen Gesellschaft ist der Clan, der in der Mutterlinie organisiert ist. Die Verwandtschaft in der Mutterlinie ist nun keine exotische Spielart, sondern eine uralte Angelegenheit der Menschheitsgeschichte, die es während ihrer längsten Zeiträume gegeben hat. Demgegenüber ist die Vaterlinie erst relativ spät und unter sehr problematischen Voraussetzungen aufgekommen. Denn während der Jahrzehntausende, sogar Jahrhunderttausende der Frühgeschichte der Menschheit war Monogamie als Lebensform unbekannt. Frauen wie Männer pflegten offene Mehrfachbeziehungen, so wie es die Liebe ihnen eingab. Unter diesen Bedingungen war Mutterschaft durch den Vorgang der Geburt stets mit Gewissheit zu erkennen, Vaterschaft hingegen konnte nicht erkannt werden und spielte auch keine Rolle. Das ist der elementare Grund, warum es die Mutterlinie von Anfang der menschlichen Kulturentwicklung an gewesen ist, nach der die Gesellschaft geordnet wurde.

Die Vaterlinie entstand sehr viel später, aber nicht deswegen, weil Männer unbedingt zärtliche und den Nachwuchs hegende Väter sein wollten, sondern es ging dabei um Herrschaftsangelegenheiten. Die patriarchalen Kriegerkönige, welche die uralten matriarchalen Gesellschaften zerstört und die ersten patriarchalen Reiche gegründet hatten, brauchten Söhne, um sie nach ihrem Vorbild zu erziehen und ihnen ihre Eroberungen zu vererben. Sie mussten eine patrilineare Genealogie bilden, denn sonst hätten die neu gebildeten Herrschaftsmuster keine Dauer gehabt. Das ist der Ursprung der Vaterlinie und nicht irgendwelche sentimentalen Vatergefühle, sie ist von Anfang an von Macht- und Besitzansprüchen geprägt.

In matriarchalen Gesellschaften leben die Kinder hingegen immer bei der Mutter und ihrem Clan, und sie tragen ihren Clannamen. Hier sind sie stets gut aufgehoben, und es gibt keine Scheidungswaisen, auch wenn die Frauen die Liebesbeziehungen wechseln. Die Kinder sind im mütterlichen Clan immer daheim, wo sich alle Sippenmitglieder für sie verantwortlich fühlen.

Bestimmte Heiratsregeln verknüpfen die Clans eines Dorfs oder eines Städtchens miteinander, Liebesverbindungen sind insofern auch eine soziale Verbindung der Clans. „Heirat“ darf dabei nicht als eine Sache auf Dauer verstanden werden, sondern als vorübergehende Verbindung. Durch diese Liebes- und Heiratspolitik in einem Dorf oder in einer Stadt wird ein Netz von Verwandtschaft geschaffen, so dass die *matriarchale Verwandtschaftsgesellschaft* entsteht. Sie ist ein gegenseitiges Hilfssystem, aus dem niemand herausfällt. Deshalb kennen Matriarchate auch keine isolierten Hausfrauen oder verarmten, alleinerziehenden Mütter, keine vereinsamten Alten, keine hilflosen Waisenkinder und keine verwahrlosten Jugendlichen (2).

Eine matriarchale Frau kann deshalb ihre Fähigkeiten frei entfalten. Sie muss nicht zwischen der schlechten Alternative wählen, entweder unterfordert zu Hause bei ihrem Nachwuchs zu bleiben oder aber auf Kinder zu verzichten, um einen Beruf ausüben zu können. Sie muss sich auch nicht in die Zerreißprobe der Überforderung mit Kindern und Beruf gleichzeitig begeben. Mutterschaft ist im Matriarchat *nicht abgespalten* vom öffentlichen Leben.

So üben matriarchale Frauen und Mütter die verschiedensten qualifizierten Berufe in ihren Gesellschaften aus: Sie sind Ackerbäuerinnen, Handwerkerinnen, Händlerinnen, Künstlerinnen, Heilerinnen, Priesterinnen, Politikerinnen und lenken ihre Clans sowie die ganze Gesellschaft, gemeinsam mit den Männern als ihren Brüdern.

Auch bei den Männern gibt es eine gemeinsame natürliche Mitbeteiligung an der Erziehung der Kinder im Clan. Es sind die Brüder der Frau, die sich als am nächsten verwandt mit den Schwesterkindern betrachten, weil sie denselben Clannamen tragen. Also gilt ihre Zuwendung, Fürsorge und erzieherische Mitverantwortung den Schwesterkindern – für die sie die „sozialen Väter" sind – nicht aber den Kindern der Geliebten im anderen Clan. Im anderen Clanhaus hat der Mann keine Rechte, aber auch keine Pflichten. Er kommt in der sogenannten „Besuchsehe" als Gast zu seiner Geliebten über Nacht. Er ist im Clan der Mutter zuhause, dort hat er Rechte und Pflichten und übt sie aus. Die soziale und emotionale Bindung zwischen Schwestern und Brüdern ist daher sehr eng, viel enger als mit den wechselnden Liebhabern. Wenn irgendwo von einer tiefgehenden, ein ganzes Leben andauernden „Partnerschaft" gesprochen werden kann, dann hier: zwischen matriarchalen Schwestern und Brüdern. Und wenn man irgendwo echte väterliche Zuwendung als allgemeines Verhalten der Männer beobachten kann, dann hier statt im Patriarchat (3).

Männer müssen deswegen im Matriarchat auch nicht die Rolle des Hausmannes spielen, während die Frau als Karrierefrau berufstätig ist. Dieses soziale Arrangement überschreitet nicht das Muster der spätbürgerlichen Kleinfamilie, sondern dreht nur die patriarchale Rollenzuweisung um, ohne sie aufzuheben. Es ist keine Lösung des Dilemmas der patriarchalen Mutterschaft.

Matriarchale Frauen kennen auch nicht solche merkwürdigen patriarchalen Vorstellungen, dass ein Mensch Besitzansprüche auf andere Menschen erhebt, wie z. B. der Ehemann, der von „seiner Frau" und „seinen Kindern" redet. Als Folge davon sprechen sie auch als Mütter nicht von „ihren Kindern", als ob diese ihnen allein gehören würden und sie sich an diese klammern könnten, um ihre Einsamkeit auszufüllen. Im Gegensatz dazu kennen sie die *gemeinsame Mutterschaft*, bei welcher die jungen Frauen des Clans, die Schwestern, ihre Kinder als gemeinsame Kinder betrachten. Sie erziehen sie zusammen, und die Kinder betrachten alle Schwestern als ihre Mütter. So muss nicht jede einzelne Frau „ihre eigenen" Kinder haben, um Mutter zu sein. Es reicht, wenn die Schwester Kinder hat, und alle sind gleichzeitig die Mütter von diesen Kindern.

In diesem Sinne eines für die einzelnen Frauen *nicht zwangsweise verordneten und nicht abgespaltenen Mutterseins ist Mutterschaft das tragende soziale und kulturelle Element im Matriarchat.* Mutterschaft wird nämlich nicht biologistisch missverstanden, sondern ist ein symbolisches System, eine gesellschaftlich verwirklichte „symbolische Ordnung der Mutter" (Begriff von Luisa Muraro). Denn auf Mutterschaft beruht die matrilineare Genealogie, die wiederum das ordnende Prinzip der ganzen Gesellschaft ist. Dieser Matrilinearität folgt die Wohnform, folgen die ökonomischen und politischen Muster, folgt die Verteilung politischer und spiritueller Würden, folgen die Vorstellung von der Welt und das religiöse Leben. Nicht weniger als das beinhaltet der Begriff der matrilinearen Verwandtschaftsgesellschaft (4).

## *2. Mütterlichkeit als spirituelles Prinzip*

Auf der Ebene der Religiosität und des Weltbilds sind matriarchale Gesellschaften sakrale Gesellschaften im Sinne von Göttin-Kulturen. Ihre Vorstellung vom Göttlichen beruht auf dem *matriarchalen Prinzip der Mütterlichkeit.*

Die matriarchale Vorstellung vom Göttlichen ist nicht transzendent, sondern immanent. Für sie gibt es keine Gottheit außerhalb der Welt, wobei dort aller Geist sein soll und die Welt zur bloßen, „toten" Materie herabgewürdigt wird. In ihrem Glauben *ist* die Welt göttlich; das Universum und die Erde selbst *sind* die Göttin. Das heißt nicht weniger, als dass alles, was in der Welt erscheint und lebt, göttlich ist. Auch in jeder Frau, jedem Mann, jedem Kind wohnt die Göttin als die universelle Energie, die in allem wirkt.

Der spirituelle Begriff von Mütterlichkeit im Matriarchat hat seine Wurzeln im Bild der zwei Urgöttinnen: der Göttin des Kosmos, der Schöpferin, die das Universum gebiert, und der Göttin Erde als der Mutter alles Lebendigen. Alle Menschen sind Töchter und Söhne der Mutter Erde und deshalb im spirituellen Sinne miteinander verwandt. So unterschiedlich sie als Individuen, Geschlechter, Generationen oder als Ethnien und Völker auch sein mögen – es hat Mutter Erde gefallen, eine solche Vielfalt ihrer Kinder hervorzubringen. Deshalb begegnen matriarchale Menschen auch Andersartigen mit Achtung und Offenheit. Dies führt grundsätzlich zu einer integrierenden Haltung, der solche patriarchalen Auswüchse wie Rassismus und Kriege aus ethnischen und religiösen Gründen fremd sind.

Dieser spirituelle Begriff von Mütterlichkeit gilt nicht nur für Mütter, sondern für alle Frauen insgesamt, die ein Abbild der Göttin Erde sind. Er erstreckt sich auch auf die Männer, die ebenfalls am weiblich Göttlichen teilhaben. Wenn ein Mann in matriarchalen Gesellschaften für hohe Würden ausgewählt wird, wie z. B. Sprecher seines Clans zu sein, dann gibt es ein klares Kriterium für seine

Wahl: „Er muss sein wie eine gute Mutter!" (Sprichwort der Minangkabau, Sumatra).

Die spirituelle Verwandtschaft und Mütterlichkeit erstreckt sich ebenfalls auf Tiere und Pflanzen, denn auch diese sind Kinder der Göttin Erde. Häufig betrachten die Menschen Pflanzen und Tiere selbst als ihre Mütter, wie der Ausdruck „Maismutter" der Hopi in Arizona und die Heilige Kuh als Mutter, ein traditionelles Element in Indien, zeigen. Sie danken ihnen, dass sie von ihnen ernährt werden. Auch solche Clannamen wie „Tigermutter", „Bärenmutter", „Schlangenmutter" usw. (bei den Mosuo in Südchina) weisen darauf hin, dass die Menschen Tiere und Pflanzen als ihre Mütter betrachten und von deren Weisheit lernen. Zumindest sehen sie sich auf gleicher Ebene wie „Schwester Pflanze" und „Bruder Tier" und kennen keine Hierarchie, nach der die Welt des Lebendigen in Höheres und Niedrigeres eingestuft wird. Es ergibt sich daraus ein Verhalten, das wir „ökologisch" nennen würden. Jedoch ist dies bei ihnen kein rationales Konzept, sondern eine spirituelle Verbundenheit mit allem Lebendigen, die aus ihrem umfassenden Begriff von Mütterlichkeit gespeist wird.

### *Überlegungen zur heutigen Situation der Frau*

Was kann uns dieses Wissen über Mutterschaft und Mütterlichkeit in matriarchalen Gesellschaften für die Lösung von gegenwärtigen Problemen nützen? Hier braucht es zunächst Vorsicht und Überlegung, denn wir können nicht einfach matriarchale Muster auf heutige Verhältnisse übertragen. Geschichte und soziale Entwicklungen lassen sich nicht zurückdrehen. Die hohe soziale Intelligenz, die jedoch in den Strukturen matriarchaler Gesellschaften steckt, kann uns vielfältige Anregungen geben, um soziale und kulturelle Muster kreativ zu verändern.

#### *1. Der symbolische Clan*

Wie aus meiner Skizze zur matriarchalen Sozialordnung hervorgeht, ist die Lösung für das Mutterschafts-Problem der *von Frauen nach ihren Bedürfnissen geschaffene Clan.* Dabei ist wesentlich, dass die Frauen die Struktur des Clans selbst bestimmen. Denn patriarchal geprägte Großfamilien, Sippen und Clans dienten und dienen in erster Linie den Herrschafts- und Potenzwünschen des Mannes, aber nicht den Bedürfnissen der Frau. Die Bedürfnisse der Frau sind andere, wie die Matri-Clans zeigen: Es geht hier nicht in platter Umkehrung um die „Herrschaft" der Frau, sondern um den größtmöglichen Schutz der elementaren sozialen Gruppe, durch die jede Gesellschaft lebt, der Mutter-Kind-Beziehung – bei gleichzeitig größtmöglicher Freiheit für die individuelle Frau.

Nun leben die Menschen in modernen Industriestaaten kaum mehr in blutsverwandten Clans, und wo sie dies noch tun – etwa in der bäuerlichen Schicht –, sind diese Clans patriarchal strukturiert und frauenfeindlich. Blutsverwandte

Clans als gesellschaftstragendes Element gehören heute weitgehend zur Vergangenheit in der westlichen Zivilisation. Stattdessen geht es hier um clanartige Gebilde, die aus freier Wahl entstehen, sozusagen einer „Wahl-Verwandtschaft".

Wahlverwandtschaft bildet sich nicht nur durch bloße Interessengemeinschaft, solche Interessengruppen entstehen schnell und zerfallen auch schnell wieder. Sondern Wahlverwandtschaft kann nur auf dem Boden einer spirituell-geistigen Übereinstimmung entstehen, und sie bildet so etwas wie einen „symbolischen Clan". Dieser ist, weil er *symbolisch* ist, weniger eng als ein blutsverwandter Clan, bei dem man sich die Verwandten ja nicht aussuchen kann. Gleichzeitig ist er, weil er *ein Clan* ist, auch wenn er nur symbolisch verstanden wird, mehr als eine bloße Interessengruppe.

In diesem Sinne wäre das patriarchale Dilemma zwischen „isolierter Mutter" oder „Rabenmutter" zu lösen, wenn Frauen heute beginnen würden, solche symbolischen Clans der Wahlverwandtschaft zu bilden – und dabei nicht warten, bis die Männer oder „Vater Staat" es für sie tun. Denn das würde wieder an den tatsächlichen Bedürfnissen der Frauen vorbeigehen, die diese selbst am besten kennen. Wenn Frauen aus Eigeninitiative beginnen, symbolische Wahlverwandtschafts-Clans zu bilden – sei es im selben Haus oder über mehrere Wohnungen und Häuser verteilt – so würden sich alle Vorteile dieser Struktur sofort auswirken:

- die gemeinsame Mutterschaft von symbolischen Schwestern – was die Isolation der Mütter aufhebt, denn alle Frauen sind auf diese Weise „Mütter";
- die gemeinsame Kinderbetreuung durch alle symbolischen Verwandten im Clan – was den Kindern ein sicheres emotionales Zuhause gibt;
- die Wahl, nicht individuell Mutter sein zu müssen und doch symbolisch Kinder zu haben – was jeder Frau die Freiheit lässt.

Wenn ein solcher Clan geschaffen ist, dann können die Frauen auch Männer in diesen Clan hineinwählen. Es werden solche Männer sein, die pro-soziales, das heißt fürsorgliches, „mütterliches" Verhalten zeigen und die Frauen unterstützen; sie werden als die symbolischen Brüder der Frauen Mitglieder im wahlverwandten Clan.

### *2. Generationen, Ökonomie, Spiritualität im symbolischen Clan*

Die Bildung eines symbolischen Clans kann nicht nur von den Frauen einer einzigen Generation, nämlich denjenigen im gebärfähigen Alter, ausgehen. Obwohl diese untereinander symbolische Schwestern sind und ähnliche Probleme haben, die ihrer Altersstufe entsprechen, geht der Weg zu seiner Bildung in zwei weitere Richtungen. Nur dadurch kann er stabil werden.

Einmal muss er in die Richtung der älteren Frauen (und Männer) und zum anderen in die Richtung der Jüngeren, der Kinder und Jugendlichen, gehen, das heißt, hin zu den anderen Generationen. Nur dann kann der symbolische Clan ein reiches Gefüge werden und Dauer gewinnen. Die älteren Frauen können für die jungen Müttern sehr wichtig sein, da sie vieles von einer höhere Warte aus sehen. Sie sind die in den Clan hineingewählten, symbolischen Großmütter (und Großen Brüder), die Rat und konkrete Hilfe geben. Durch ihre größere Lebenserfahrung und Übersicht wissen sie um die Lösung praktischer und emotionaler Probleme, darum sind es gerade sie, die einen symbolischen Clan zusammenhalten können. Vielleicht sind sie auch seine eigentlichen Gründerinnen.

Die andere Richtung des Weges geht zu den Kindern und Jugendlichen, sie brauchen Schutz und Freiheit zugleich für ihre persönliche Entwicklung. Das können sie am besten von den symbolischen Müttern und Großmüttern gemeinsam erhalten, jedoch nicht von einzelnen überforderten Müttern. Sie sind die Kinder und die Jugendlichen von allen Frauen und allen Männern, die in den Clan hineingewählt wurden. Sie wachsen mit einer Vielzahl von Bezugspersonen auf, obwohl sie selbstverständlich ihre individuellen Mütter kennen und sich auf diese stärker beziehen können, wenn sie wollen. Es ist dieses Drei- oder Vier-Generationen-Gefüge, das einem symbolischen Clan nicht nur horizontal in derselben Altersstufe, sondern auch vertikal durch die verschiedenen Altersstufen hindurch Stabilität verleiht.

Die Liebeskontakte finden dabei nicht innerhalb desselben symbolischen Clans statt, denn Liebesprobleme können für jede Gemeinschaft eine störende oder sogar sprengende Wirkung haben. Außerdem ist die erotische Anziehung ein zu flüchtiges Gefühl, um eine soziale Gruppe darauf aufzubauen; dieses Problem ist von der bürgerlichen Kleinfamilie zur Genüge bekannt. Die Zerrüttung oder Auflösung einer Liebe und wechselnde neue Beziehungen würden innerhalb eines Clans ein dauernde Unruhe bewirken, die weder dem Gefüge der Schwestern und Brüder gut täte, insbesondere aber nicht den Kindern. Denn das Clangefüge bürgt für emotionale Geborgenheit und Sicherheit für alle seine Mitglieder. Liebesbeziehungen können deshalb nur zwischen verschiedenen Clans stattfinden – die in nachbarschaftlicher Nähe wohnen – in Form der „Besuchsehe" vonseiten der Männer, die länger oder kürzer sein kann. Auch für solche Liebesbeziehungen gibt es einen großen Vorteil, denn sie sind frei. Sie können ohne Rücksicht auf den eigenen symbolischen Clan eingegangen und wieder gelöst werden; so werden sie nie zur Liebesheuchelei. Insbesondere die Kinder geraten dadurch in keinen Zwiespalt, denn sie sind immer im Clan ihrer Mütter und Mutterbrüder zu Hause (5).

Die matriarchalen Gesellschaften haben mit dieser Lösung in meinen Augen die „Quadratur des Kreises" für soziale Beziehungen gefunden. Denn auf diese Weise lassen sich die zwei menschlichen Grundbedürfnisse: nach Geborgenheit einerseits und nach erotischer Freiheit andererseits, verbinden – eine Lösung, von der wir wissen, dass sie in patriarchalen Sozialformen mit ihrem Zwangscharakter nie gelingt und endlose Beziehungsdramen ausgelöst hat und auslöst.

In wirtschaftlicher Hinsicht beruht ein solcher symbolischer Clan natürlich auf dem Prinzip des gegenseitigen Gebens und Nehmens. Gerade hier kann sich eine „Ökonomie des Schenkens" auf der Basis von Subsistenz-Produktion am besten entwickeln (6). Eine Ökonomie des Schenkens setzt große Vertrautheit und großes Vertrauen voraus. Die am tiefsten sitzende Angst des Menschen im Patriarchat ist die Existenzangst, die sich aus seiner zunehmenden Vereinzelung ergibt. Im symbolischen Clangefüge kann sie Schritt für Schritt überwunden werden, denn hier ist niemand mehr vereinzelt und allein, sondern eingebettet in ein Netz von gegenseitigen Hilfeleistungen. So tritt an die Stelle von Existenzangst die wachsende Solidarität.

Wenn dieser Punkt erreicht ist, dann hat der symbolische Clan bereits ein hohes soziales und geistiges Niveau erreicht. Das kann noch verstärkt werden durch die spirituelle Verbindung mit der mütterliche Erde. Die Frauen im symbolischen Clan können sich als die gemeinsamen Töchter der Erde betrachten, die Männer als ihre gemeinsamen Söhne, das ermöglicht es ihnen, sich gegenseitig in ihrer Verschiedenheit zu respektieren. Verschiedenheit der individuellen Frauen und Männer wird dabei als menschlicher Reichtum in einem Clan aufgefasst, genauso wie die große Verschiedenheit der Lebewesen den Reichtum des Lebendigen auf der Erde ausmacht. Ein tiefes spirituelles Wahrnehmen des Gewebes des Lebens kann daraus entstehen, welches die eigene Person einbezieht und zugleich überschreitet.

Dabei wird der Wert der spirituellen Mütterlichkeit immer stärker wirksam. Spirituelle Mütterlichkeit schenkt aus freiem Herzen, doch sie nimmt ebenso frei die Geschenke der Anderen an, seien diese nun materiell, seelisch oder kommunikativ-kulturell. Ein spiritueller Kreislauf des Gebens und Nehmens entsteht, wofür die Göttin Erde das Vorbild ist.

### *3. Auf dem Weg zu einer neuen matriarchalen Gesellschaft*

Nun klingt das alles nach kleinen Gebilden oder Mikrostrukturen und wird deshalb sogleich abgewertet. Eine solche Beurteilung ist die Folge des allgemein grassierenden Größenwahns! Jedoch ist das menschliche Maß klein, und es ist in der heutigen Situation der Erde nichts dringender, als zum menschlichen Maß zurückzukehren. Das gilt fürs Wirtschaften, für die sozialen Formen und für das geistig-spirituelle Gewahrwerden, wenn wir aus den paranoiden Wahngesellschaften, in denen wir leben müssen, aussteigen wollen. Eine matriarchale Weisheit ist, dass alles wie ein Samenkorn oder ein Schössling oder ein Kind klein anfängt – und nicht groß.

Dennoch gibt es eine Vision, wie die kleinen Gebilde der symbolischen Clans zu einer Gesellschaft, einer Makrostruktur, werden können, aber diese Vorstellung von Gesellschaft ist anders als in der vorherrschenden Gigantomanie. Wenn sich mehr und mehr solcher kleinen Gemeinschaften entwickeln, dann werden sie beginnen, sich zu vernetzen. Netzwerke sind der Weg, und keine vertikalen Hierarchien, denn Netzwerke bilden sich horizontal – genauso wie die traditionellen matriarchalen Gesellschaften ohne zentralistische Herrschaft gewachsen sind. Solche dezentralen Netzwerke können eine ganze Region umspannen, die durch landschaftliche Gegebenheiten gekennzeichnet ist. Größer werden sie nicht und brauchen auch nicht größer zu werden, denn es ist die Region, die für Menschen noch überschaubar ist. Menschen leben von und mit der Erde – und diese hat immer das Gesicht einer bestimmten Region. In der Region kann sich der Kreislauf einer frei verteilenden Schenke-Ökonomie tatsächlich entwickeln, die auf der regionalen Subsistenzwirtschaft beruht. Denn die Basis zum Leben sind die Lebens-mittel und nicht das Geld, und diese Lebensmittel kommen aus der Region. Es ist eine alte Erfahrung, dass eine Region groß genug ist, um alles zu bieten, was Menschen für ihr unmittelbares Leben benötigen.

Gleichzeitig ist eine Region groß genug, dass eine höhere Arbeitsteilung möglich ist, die auch handwerklich und technologisch alles bereitstellen kann, was Menschen heute brauchen – bis hin zum Elektroauto und zum Computer. Deren Herstellung wird heute durch Monopole und transnationale Konzerne diktiert, beides völlig überflüssige und schädliche Gebilde. Aus Profitgier verhindern sie durch die heutigen Produktionsmethoden eine dezentrale Herstellung dieser Güter und sind bestrebt, durch Erschließung von „Märkten" die Menschen überall immer mehr von Geld und Kapital abhängig zu machen. Eine dezentrale Herstellung dieser und anderer technologisch hochentwickelter Güter können unabhängige, blühende Regionen bewältigen und selbst übernehmen. Genau solche unabhängigen Regionen, die durch ein Netz von symbolischen Matri-Clans entstehen, sind das Ziel! Sie entsprechen dem menschlichen Maß, denn in ihnen können die Menschen ihr Leben durch ein miteinander verflochtenes System von Räten selbst verwalten und gestalten.

Keineswegs bedeutet das eine Rückkehr zum herkömmlichen Provinzialimus! Dieser entsteht nur wegen der heutigen Ausbeutung der Regionen als „Hinterland" durch zu große, zentralistische Metropolen und Monster-Städte, wohin Geld und Güter fließen und kaum etwas in die Regionen zurückkommt. Die neuen Regionen verarmen nicht auf diese Weise, denn die Güter bleiben hier und zirkulieren in einem unabhängigen Kreislauf zum Wohl aller Clans und aller Menschen.

Gleichzeitig heißt das nicht, dass die neuen Matri-Clans auch geistig auf die Region beschränkt bleiben müssen. Es geht nach dem Motto: Lokal leben und global denken! Gerade die neuen elektronischen Medien erlauben schon heute eine weltweite Kommunikation. Diese ist notwendig, um einen weltweiten Austausch von Ideen zu ermöglichen, der auf kultureller Verständigung und Bereicherung beruht und nicht auf der zivilisatorischen Vorherrschaft von bestimmten Nationen. So kann eine „Schwesterregion" in Deutschland mit einer anderen „Schwesterregion" in Afrika im Austausch sein, oder eine solche in Indien mit einer anderen in Südamerika, und so weiter. Das bringt ein weltweites Lernen voneinander mit sich, denn alle Lebenswerte, die Menschen irgendwo in ihren vielen Kulturen entwickelt haben, sind heute notwendig für eine weltweite matriarchale Verständigung und Lebensweise. So ist die Liebe zur Erde lokal, denn sie wird lokal gepflegt und gehütet. Und die Liebe zum Geistigen ist global, denn der Geist weht bekanntlich, wo er will (7).

So könnte eine künftige matriarchale Gesellschaft aussehen. Dabei wird klar, was wir alles nicht brauchen: Wir brauchen keinen Vater Staat, sondern wir brauchen Mutterland. Wir brauchen auch keine Staatenbünde, keine Europäische Union und keine Supermächte. Das alles brauchen wir nicht!

Wenn solche Gründungen von symbolischen Matri-Clans und matriarchalen Netzwerken von Clans in Zukunft entstehen und gelingen, dann ist das weit mehr als nur die „Notlösung" des Dauerproblems der patriarchalen Mutterschaft. Sie stärken die Identität der Frauen und ihren Mut, *von Frauen geschaffene und den Bedürfnissen von Frauen entsprechende soziale Strukturen* in die Welt zu setzen und diese selbstbewusst zu leben. Sie sind Neuschöpfungen, die einen hohen sozialen Rang haben und gleichzeitig einen großen Schritt aus dem Patriarchat hinausführen. Denn die Zeit ist reif, mithilfe unseres Wissens zu matriarchalen Gesellschaften das Patriarchat endlich zu verlassen!

*Anmerkungen und Literaturhinweise*

1) Zu Begriff und Theorie der „Hausfrauisierung" siehe Claudia von Werlhof/ Maria Mies/ Veronika Bennholdt-Thomsen: *Frauen, die letzte Kolonie*, Reinbek bei Hamburg 1988.
2) Vgl. dazu und zum Folgenden meine Forschungen vor Ort bei den matriarchalen Mosuo in Südchina in: Heide Göttner-Abendroth: *Matriarchat in Südchina. Eine Forschungsreise zu den Mosuo*, Stuttgart 1998; dies.: *Das Matriarchat II,1. Stammesgesellschaften in Ostasien, Indonesien, Ozeanien*, Stuttgart 1991; dies.: *Das Matriarchat II,2. Stammesgesellschaften in Amerika, Indien, Afrika*, Stuttgart 2000.
3) Vgl. zur starken, lebenslangen Bindung zwischen Schwester und Bruder in matriarchalen Gesellschaften: Taimalieutu Kiwi Tamasese (indigene Forscherin aus Samoa): „Restoring Liberative Elements of our Cultural Gender Arrangements", in: Goettner-Abendroth, Heide (Hg.): *Societies of Peace. Matriarchies Past, Present and Future*, Toronto 2009.
4) Vgl. zur Organisation einer matriarchalen Gesellschaft: Barbara Alice Mann (indigene Forscherin von den Seneca-Irokesen): *Iroquoian Women: The Gantowisas*, New York 2002, 2004.
5) Siehe dazu auch Heide Göttner-Abendroth: „Eine moderne matriarchale Gesellschaft – keine Utopie!", Beitrag in diesem Buch.
6) Vgl. zur Theorie der Subsistenz Veronika Bennholdt-Thomsen/Maria Mies: *Eine Kuh für Hillary. Die Subsistenzperspektive*, München 1997; Veronika Bennholdt-Thomsen/ Mechthild Müser/Cornelia Suhan (Hg.): *FrauenWirtschaft. Juchitàn – Mexikos Stadt der Frauen*, München 2000; Andrea Baier/Veronika Bennholdt-Thomsen/Brigitte Holzer: *Ohne Menschen keine Wirtschaft*, München 2005. Vgl. zur Ökonomie des Schenkens Genevieve Vaughan: *For-Giving. Schenken und Vergeben*, Königstein/Taunus 2008 (zuerst Austin 1997); dies. (Hg.): *Women and the Gift Economy*, Toronto/Kanada 2007.
7) Siehe weiterführend dazu: Heide Göttner-Abendroth: *Der Weg zu einer egalitären Gesellschaft. Prinzipien und Praxis der Matriarchatspolitik*, Klein Jasedow 2008

# 19 Matriarchale Spiritualität und Politik

Heute brechen immer mehr Menschen, insbesondere Frauen, aus alten Mustern und Verhältnissen auf und begeben sich auf den Weg, um ihrer Vision von einer glücklicheren Welt zu folgen. Diese Vision hat zutiefst spirituelle Wurzeln, und ihre Verwirklichung kann auch nur aus spirituellen Kräften geschehen.

Das Wissen über matriarchale Gesellschaften spielt dabei eine große Rolle, denn Matriarchate waren sakrale Gesellschaften. Sie stehen damit im Gegensatz zu den nachfolgenden patriarchalen Gesellschaften verschiedener Ausprägung, in denen sich – nach dem ersten Einbruch des profanierenden, militärisch-strategischen Denkens – das Profane in allen Bereichen ausgebreitet hat. Heute ist es soweit gekommen, dass „nichts mehr heilig ist", während in matriarchalen Gesellschaften buchstäblich alles heilig ist.

## *Ein anderer Begriff vom Göttlichen*

Der Grund dafür, alles als heilig zu betrachten, liegt im immanenten Begriff von Göttlichkeit, den matriarchale Kulturen haben. Für sie gibt es keine transzendente Gottheit außerhalb der Welt, sondern die Welt selbst ist göttlich, und zwar weiblich göttlich. Das belegt die weltweit verbreitete Vorstellung von den beiden Urgöttinnen Kosmos und Erde. Solche kosmischen Urgöttinnen als Schöpferinnen der Welt sind z. B. die ägyptische Nut, die alles aus sich gebar, die mittelmeerische Eurynome, die das Welt-Ei hervorbrachte, aus dem alle Dinge fielen, oder die tibetische Sa-trig er-sans, die „Mutter des leeren Raums", der alles umfasst. Die Erde gilt als ihre Tochter, sie ist als Urmutter alles Lebendigen auch eine Urgöttin, wie z. B. die prä-hellenische Gaia-Rhea, die indische Prithivi, die mittelmeerische Magna Mater, die alteuropäische Dana-Ana zeigen. Diese Urgöttinnen spiegeln die matriarchale Auffassung, dass das Weibliche das Umfassende ist, ein Gedanke, den wir auch in der altchinesischen Lehre vom „Tao" als dem umfassenden Weiblichen wiederfinden. Noch im Mittelalter ist die Rede von „Frau Welt", die wie „Frau Holle" oder „Frau Venus" eine Göttin ist, eine, die alle Wesen umfasst. Deshalb sind wir stets „auf der Welt" oder „in der Welt" und niemals getrennt von ihr.

In dieses umfassende Weibliche eingebettet entwickelt sich alles Weitere in zueinander gehörenden Polaritäten. Solche polaren Paare sind zum Beispiel Licht und Dunkel, Sommer und Winter, Bewegung und Ruhe, das konkrete Weibliche und Männliche, die altchinesische Yin-Yang-Polarität, und ihr Wirken entwickelt sich nicht in Gegensätzen, sondern im dynamischen Wechselspiel. Im Matriarchat wird diesen komplementären Polen keine Wertung untergeschoben, wie es später in den patriarchalen Religionen und Philosophien geschah, in der das Weibliche, das Dunkle usw. als negativ abgewertet wurden. Stattdessen wird die

Welt nur dann als heil betrachtet, wenn die Polaritäten in vollkommener Balance sind.

Damit kann ich *das erste Prinzip* nennen, dem gemäß sich Politik und Spiritualität im matriarchalen Sinne verbinden: Die Welt ist weiblich-göttlich und wird in Balance gehalten, woran die Menschen verantwortlich beteiligt sind.

### *Alltag und Festtag in einer „heiligen Welt"*

Da alle Elemente und Wesen göttlicher Herkunft sind, sind sie auch alle heilig. Was bedeutet dies im Alltag, wie lebt es sich in einer Gesellschaft, in der alles heilig ist? Es gibt hier keine derart scharfe Trennung zwischen „Alltag", an dem gearbeitet, und „Festtag", an dem gebetet wird. Im Matriarchat ist jede alltägliche Verrichtung wie z. B. Säen, Ernten, Kochen, Weben zugleich ein tiefsinniges Ritual, und jeder praktische Gegenstand wie z. B. eine Spindel, ein Vorratsgefäß, ein Pflug, der häusliche Herd hat zugleich symbolische Bedeutung. Arbeit ist zugleich Gebet und wird nicht als „hart, schwer, entfremdend" empfunden, denn sie dient nicht dem eigenen Gelderwerb und dem Profit anderer.

Auch die in den Alltag eingebetteten politischen Handlungen: die kleinen und großen Ratsversammlungen, werden von Zeremonien begleitet und haben selbst spirituellen Charakter. Denn hier kommen verschiedene Auffassungen und Meinungen zusammen, die nicht als „richtig" oder „falsch" bewertet, sondern als verschiedene Aspekte in der Menschenwelt aufgefasst werden. Aus ihnen wird eine wohlausgewogene Konsens-Entscheidung geschaffen, die eine politische Balance darstellt und der Balance in der Welt entspricht – und das ist ein spiritueller Prozess.

So gibt es keine Trennung von Spiritualität und praktischer Politik. Diese Trennung setzte erst dann ein, als Politik im Gefolge von militärischen Eroberungen in patriarchalen Gesellschaften eine profane Angelegenheit wurde.

Diese ständig stattfindenden rituellen Handlungen werden an den zahlreichen Festtagen zu großen Zeremonien und Kultdramen gesteigert, an denen die ganze Gemeinschaft beteiligt ist. Auch jetzt wird nichts anderes gefeiert, als was im Alltag ohnehin präsent ist. Denn matriarchale Menschen feiern keine transzendenten Götter, keine Hierarchien von unsichtbaren Geistwesen und keine hoch über den normalen Menschen stehenden Heiligen, sondern sie feiern die Vielfalt der konkreten Welt und sich selbst mitten darin. Sie feiern, was sie umgibt und was sie selber sind und tun. Deshalb durchdringt ihr spirituelles Handeln Alltag und Festtag, nur dass es wie in einer Wellenbewegung manchmal Höhepunkte und manchmal Wellentäler gibt (1).

Damit benenne ich *das zweite Prinzip* von matriarchaler Politik und Spiritualität: Es gibt keine Trennung von Bereichen, auch keine von Spiritualität und Politik. Jede politische Handlung wird spirituell verstanden und von Zeremonien begleitet; jede spirituelle Handlung ist zugleich politisch, denn sie dient dem Zusammenhalt der Gemeinschaft.

## *Matriarchale Feste: Spiegel der Natur und Gesellschaft*

Daraus geht hervor, dass matriarchale Spiritualität nichts Abstraktes ist, sie kennt keine heiligen Bücher, keine Dogmen, keine Theologie. Sie ist auch keine Institution, in welcher stets genug Platz für die Machtentfaltung einer Priesterkaste bleibt. Im Gegensatz dazu lebt sie konkret in den matriarchalen Festen, und alles, was sie bedeutet, lässt sich an diesen ablesen. Die matriarchalen Feste haben einen großen spirituellen Reichtum und weisen eine enorme Komplexität in ihren Ritualen und Zeremonien auf. Sie stellen das kulturelle Herzstück jeder kleinen oder großen matriarchalen Gemeinschaft dar, weil sie ein „Abbild", „Spiegel" oder „Bilderbuch" aller ihrer Lebensbezüge sind:

- ihrer Sozialordnung hinsichtlich Geschlechtern, Generationen und Clans,
- ihrer Ökonomie,
- ihrer Zeitrechnung und Geschichte,
- und am wichtigsten: ihres Bezugs zur Natur als der umfassenden Großen Mutter.

Grundlegend sind daher die Feste im Zyklus der Jahreszeiten, in denen die ständig sich wandelnde Erscheinung der Welt, verstanden als Kosmos und Erde, gefeiert wird. Sie tritt dabei, personifiziert durch die Priesterinnen oder Schamaninnen, als dreifache Göttin in ihren verschiedenen Aspekten auf. In den mythischen Szenen und Symbolen sind gleichzeitig der Kreis des Jahres wie der Kreis des Lebens enthalten. Das Leben wird dabei nicht linear verstanden, sondern im Wechsel von Leben–Tod–Leben genauso zyklisch wie das Jahr.

So lässt sich an den verschiedenen Mythologien matriarchaler Kulturen, die in ihren Festen inszeniert werden, ihre Auffassung von Natur, eben ihr Weltverständnis ablesen.

Da die Menschen Teil der Natur sind, feiern sie auch sich selbst, die verschiedenen Geschlechter und Generationen, die ebenfalls als Erscheinungen des Göttlichen aufgefasst werden: die Kinder und die Jugendlichen, die erwachsenen Frauen und Männer, die weisen Großmütter und die Ältesten beiderlei Geschlechts, ebenso die Ahninnen und Ahnen, denn auch sie gehören zum Clan. Die Verstorbenen sind nicht verschwunden, denn die Anderswelt, in der sie wohnen, ist nicht außerhalb der Welt, sondern benachbart – als lokale Toteninsel oder als Ahnenwald oder als Megalithstätte. Ohnehin kehren die Ahninnen und Ahnen nach matriarchaler Auffassung gern und bald als neugeborene Kinder in die Gemeinschaft der Lebenden zurück.

Natur und Gesellschaft sind nicht getrennt, sondern miteinander verwoben. Das zeigt sich darin, dass matriarchale Gesellschaften so gestaltet werden, dass sie die Ordnung des Kosmos und der Erde spiegeln: zum Beispiel, dass die Siedlungen in den Himmelsrichtungen gebaut sind, dass die Clans Namen von Tieren und Pflanzen tragen, dass das soziale Gefüge den großen Himmelskörpern und Sternbildern zugeordnet ist.

Damit kann ich *das drittes Prinzip* von matriarchaler Politik und Spiritualität nennen: Natur und Gesellschaft sind nicht getrennt. Sie sind nach dem Mikrokosmos-Makrokosmos-Prinzip miteinander verwoben, d. h. der Mikrokosmos der Menschenwelt spiegelt den Makrokosmos der Natur wider.

### *Matriarchale Feste: Kalender und Geschichtsbuch*

Auch die matriarchale Ökonomie wird in den Festen sichtbar, sowohl symbolisch als auch praktisch. Praktisch geht es dabei um die Feste als Motor der matriarchalen Ausgleichsökonomie oder Schenke-Ökonomie. Symbolisch tauchen alle ökonomischen Tätigkeiten auf, die ja bereits im Alltag rituell ausgeführt werden, denn die großen Jahreszeitenfeste sind zugleich Feste der Aussaat, des Keimens und Wachsens, des Reifens und der Ernte. Damit stellen sie einen agrarischen Kalender dar, der auf astronomischer Beobachtung der Bewegungen von Sonne, Mond und Gestirnen beruht.

In diese Ökonomie spielen auch Elemente von Hirtentum und Handel hinein, denn matriarchale Ökonomie war nicht rein agrarisch. So sind die Feste auch Feiern zur Geburt junger Tiere, zum Weide-Auftrieb oder Weide-Abtrieb und zum rituellen Schlachten einzelner Tiere im Herbst. Auch Handelszüge waren niemals nur profan, sondern zugleich spirituelle Pilgerfahrten zu bestimmten Zeiten im Jahr.

Damit zeigt sich, dass die matriarchale Ökonomie – gleich welcher Ausprägung – von spirituellen Prinzipien durchdrungen ist und genauso wenig wie die Politik von der Spiritualität getrennt werden kann.

Matriarchale Menschen brauchen auch keine Geschichtsbücher, denn sie können ihre Geschichte an den Festen ablesen. Unter Geschichte verstehen sie ganz konkret die Geschichte ihrer Gründungs-Ahnfrauen und die Entwicklung ihrer Clans. Diese Ereignisse ihrer Geschichte werden in den Festen in symbolischen Szenen dargestellt als die Schicksale ihrer Ahnfrauen, Ahnen und Clans, die sie in mythologischen Erzählungen bewahren.

Diese Art, Geschichte zu vermitteln, ist nicht langweilig, im Gegenteil, sie ist bunt, dramatisch, turbulent, und mitwirkende Eingriffe sind erlaubt. Auf diese Weise ist Geschichte nicht nur Vergangenheit, sondern ständig neu, denn sie geschieht im Hier und Jetzt der rituell handelnden Personen. Die rituellen Eingriffe können sogar das Vergangene in der Gegenwart verändern und damit die Zukunft beeinflussen, denn Zeit wird nicht linear, sondern als zyklische Wiederkehr aufgefasst.

Sogar Ereignisse der modernen Welt finden ihre Darstellung, wie z. B. patriarchale Übergriffe, die manchmal durch politische Kompromisse gelöst werden konnten – oder auch nicht. Ein Beispiel für das erstere ist der Einbruch des Hinduismus in die matriarchale Volkskultur in Nepal; hier kam es zu einem politisch-kulturellen Kompromiss. Jedes Jahr wird Vergangenes als immer Gegenwärtiges inszeniert und damit der rettende Kompromiss erneut bestätigt (2). Ein Beispiel für das letztere ist die Eroberung des nordamerikanischen Kontinents durch die Weißen, welche die matriarchalen Stammeskulturen der indigenen Völker unterwarfen. Hier gab es keinen politischen Kompromiss. Doch bei manchen Zeremonien werden die Weißen als Karikatur inszeniert – eine listige Magie, die den kulturellen Widerstand stärkt (3).

Damit kann ich *das vierte Prinzip* von matriarchaler Politik und Spiritualität formulieren:

Auch Ökonomie und Spiritualität sind nicht getrennt; als heiliger Kalender geht der Makrokosmos in den Mikrokosmos der Ökonomie ein. Ebenso gehören Geschichte und Spiritualität untrennbar zusammen durch den zyklischen Charakter der Zeit.

## *Matriarchale Toleranz*

Am bemerkenswertesten an matriarchaler Spiritualität ist ihr Prinzip der Toleranz. Da die Urgöttin Erde als die „Eine mit den tausend Gesichtern" aufgefasst wird, ist es nur folgerichtig, dass sie in tausend verschiedenen, konkreten Gestalten verehrt wird. So kann ein Volk im Gebirge sie in Gestalt einer Berggöttin verehren und ein Volk am Meer in Gestalt einer Meeresgöttin. Trotz der Vielfalt ihrer Erscheinungen geht dennoch nicht das Bewusstsein von der Einheit der Urgöttin verloren. Aber da diese Einheit nicht abstrakt ist – die Erde ist eine Göttin zum Anschauen und Anfassen – muss niemand die anderen missionieren und zu seinem Begriff von Einheit oder Einziger Gottheit zwingen. So würde es dem matriarchalen Volk im Gebirge völlig unsinnig vorkommen, das Volk am Meer zu seiner Berggöttin zu bekehren.

Die matriarchale Toleranz führt soweit, dass sogar Götter aus patriarchalen Religionen freundlich in den heimischen Glauben integriert werden, wie z. B. Jesus und Maria, aber nicht, weil sie so überzeugend wären, sondern weil sie den christlichen Missionaren so viel bedeuten. Der christliche Ausschließlichkeitsanspruch geht dabei allerdings verloren, denn matriarchale Menschen verstehen ihn nicht. Da sie Vielfalt als den Reichtum der Welt betrachten, gehören die Missionare für sie auch zur mütterlichen Welt dazu – was diese wiederum nicht verstehen.

Die matriarchale Spiritualität ist keine Religion als Institution und feste Lehre, denn niemand muss etwas „glauben". Sondern sie ist die unaufhörliche Feier des Lebens und der Welt. Um dies auszudrücken, wurde durch die Jahrhunderttausende menschlicher Kulturentwicklung eine vielfältige und differenzierte Symbolsprache geschaffen, von der alle späteren religiösen Symbolsysteme zehren (4). Diese Symbolsprache verlangt keinen „Glauben", denn sie erklärt sich – als Abbild von Kosmos und Erde – aus sich selbst. Sie legt die Dinge und Erscheinungen niemals „fest", sondern lässt die verschiedenen Ebenen der Wirklichkeit durchschimmern, lässt diese sich durchdringen in einem nie festzulegenden Kontinuum.

Damit benenne ich *das fünfte Prinzip* von matriarchaler Politik und Spiritualität:

Matriarchale Spiritualität ist keine Religion, sondern die vielfältige, schöpferische Feier der gesamten Welt. Die Weltsicht der matriarchalen Kulturen wird in einer reichen und differenzierten Symbolsprache artikuliert und in ihren Festen inszeniert.

## *Matriarchale Spiritualität heute*

Es ist ein Faktum, dass heute viele Frauen und auch Männer die matriarchale Spiritualität in ihrem täglichen Leben praktizieren, indem sie die Feste des Jahreszeitenzyklus wiederentdeckt haben und neu feiern. In verschiedener Weise gebrauchen sie dabei matriarchale Symbole. Diese freie, kreative Verehrung der Erde und des Kosmos ist eine dynamische Kraft, welche die Bildung von spirituellen Kreisen, symbolischen Matri-Clans und neuen Gemeinschaften herbeiführen kann.

Wenn Menschen sich gegenseitig in diesem spirituellen Kontext betrachten lernen, können sie ihre Verschiedenheiten als Individuen, Geschlechter, Generationen und Völker als reiche Geschenke der Göttin sehen. Das hat eine heilende und integrierende Wirkung – für eine selbst, für die Beziehung zu den anderen, für die Beziehung von Völkern untereinander. Und das geschieht nicht durch theoretische, moralisierende Diskussion, sondern durch kreatives, erkennendes Feiern miteinander.

Die wichtigste Beziehung ist jedoch die zwischen Menschen und Erde. Denn wir können uns kaum mit Geist, Seele und Leib mit der Erde wieder verbinden, wenn wir sie nicht feiern – so wie es matriarchale Völker taten und noch tun. Das kann die Kraft entfalten, auch die Verletzungen zu heilen, die allen Formen des Lebens durch patriarchale Gewalt zugefügt werden.

Wir können Mutter Erde durch unsere Liebe stärken, indem wir sie berühren und abbilden, und wir verschönern sie durch unsere eigene festliche Erscheinung auf ihr, ebenso durch die schönen Formen unserer spirituellen Feste. Weil wir ein Teil von ihr sind, wird sie sich so selbst sichtbar: Sie sieht sich durch unsere Augen und kommt sich selbst zu Bewusstsein. Denn durch uns „schaut die Natur ihre

Schönheit selber an" – wie der Philosoph Schelling gesagt hat. Oder wie es der neuere Philosoph John Seed ausdrückt: Wir sind der Teil der Erde, der Augen und Bewusstsein entwickelt hat, damit Mutter Erde sich selbst sehen und an sich erfreuen kann.

Das ist der Dialog mit der Göttin in uns und um uns. Ihn zu führen läuft auf eine „Wiederverzauberung" der Welt hinaus, was nur ein anderer Ausdruck dafür ist, die Welt wieder zu heiligen.

Damit nenne ich *das sechste Prinzip* von matriarchaler Politik und Spiritualität: Es geht um die neue Heiligung der Welt, mit allem, was darin und darauf ist.

*Anmerkungen und Literaturhinweise*

1) Siehe zu matriarchalen Gesellschaften in der Gegenwart Heide Göttner-Abendroth: *Das Matriarchat II,1. Stammesgesellschaften in Ostasien, Indonesien, Ozeanien*, Stuttgart 1991/1999; dies.: *Das Matriarchat II,2. Stammesgesellschaften in Amerika, Indien, Afrika*, Stuttgart 2000; dies. (Hg.): *Gesellschaft in Balance*, Stuttgart 2006; dies. (Hg.): *Societies of Peace. Matriarchies Past, Present and Future*, Toronto 2009.
2) Das Beispiel aus der matriarchalen Volkskultur in Nepal befindet sich in: *Das Matriarchat II,1. Stammesgesellschaften in Ostasien, Indonesien, Ozeanien*, a. a. O., Kapitel 2.
3) Das Beispiel aus matriarchalen Stämmen in Nordamerika (hier die Hopi) befindet sich in: *Das Matriarchat II,2. Stammesgesellschaften in Amerika, Indien, Afrika*, a. a. O., Kapitel 3.
4) Zu matriarchaler Mythologie und Symbolsprache siehe Heide Göttner-Abendroth: *Die Göttin und ihr Heros. Die matriarchalen Religionen in Mythen, Märchen, Dichtung*, Stuttgart 2011 (zuerst München 1980); Marie König: *Am Anfang der Kultur. Die Zeichensprache des frühen Menschen*, Berlin 1973; Marija Gimbutas: *Die Sprache der Göttin. Das verschüttete Symbolsystem der westlichen Zivilisation*, Frankfurt a. M. 1995 (zuerst San Francisco 1989).

# 20 Eine moderne matriarchale Gesellschaft – keine Utopie!

Während meines ganzen Lebens bin ich mit der Erforschung der matriarchalen Gesellschaftsform in der Gegenwart und Vergangenheit beschäftigt. Was ist daran so faszinierend, dass es mich – trotz aller Anfeindungen wegen des Themas – nicht mehr losgelassen hat? Die Antwort ist einfach: Ich entdeckte immer mehr, dass Matriarchate in ihrer langen geschichtlichen Epoche und in ihren letzten, heute noch existenten Beispielen Gesellschaften waren, die keine Herrschaft und keine Hierarchie kannten und niemals ein Kriegswesen als organisiertes Töten entwickelt haben. Diese erstaunliche Erscheinung ist obendrein gelebte, praktische Erfahrung über die längsten Zeiträume der Kulturgeschichte hinweg, sie gehört damit zum unverzichtbaren, kulturellen Wissensschatz der Menschheit. Das war es mir wert, sie mehr und mehr ans Licht zu holen, indem ich mich während all der Jahre dem Verstehen ihrer Formen und Regeln widmete.

Ich konnte durch meine Forschungen erkennen, dass diese Regeln, welche die matriarchale Gesellschaftsform tragen, sehr konkret sind und darauf zielen, das menschliche Zusammenleben bedürfnisorientiert, egalitär, gewaltfrei, Frieden sichernd, das heißt schlicht: human zu organisieren. Dabei sind sie keineswegs ein naiv-naturwüchsiges Produkt, sondern stellen eine bewusste Kulturschöpfung dar. Diese Kulturschöpfung beschränkt sich keineswegs auf „primitive" Gruppierungen – was soll das hier heißen? –, sondern sowohl auf einfache wie auf weit entwickelte Gesellschaften, die zum Teil städtischen Charakter haben und eine große Komplexität besitzen.

Daraus geht hervor, dass die matriarchale Gesellschaftsform keine Utopie ist im Sinne von „U-Topie" als einem transzendenten „Nicht-Ort". Das ist sie keineswegs, weder in der „archistischen", das heißt: herrschaftlichen Spielart von Utopie als Verlängerung bestehender Herrschaftsformen – nur mit umgekehrten Gender-Vorzeichen –, noch als ihre „an-archistische", das heißt: herrschaftsfreie Spielart als gegenläufiges Bild zu bestehenden Herrschaftsformen. Stattdessen ist sie „Topie", das heißt: reale Orte im Sinne von gelebten, vielfältigen und wandlungsfähigen Gesellschaften. Diese Orte existieren

- vor der Gesellschaftsform des Patriarchats (geschichtlicher Aspekt),
- außerhalb von patriarchalen Gesellschaften (ethnologischer Aspekt),
- innerhalb patriarchaler Gesellschaften in Relikten oder in neuen, alternativen Kreationen (Aspekt der alternativen Bewegungen).

Damit ist die matriarchale Gesellschaftsform stets der Ort jenseits des Patriarchats und gleichzeitig der Ort, das Patriarchat zu überwinden.

So ist nicht utopische Phantasie gefragt, um Wege aus dem Patriarchat hinaus zu finden, sondern das Studium der konkreten, lebendigen Orte der matriarchalen Gesellschaften, die wir heute noch vorfinden und die es Jahrtausende lang gab, ebenso das Wiederauffinden der matriarchalen Reste, die es in jeder patriarchalen Zivilisation noch gibt. Alles dies zusammen genommen kann uns Hilfen geben, das Patriarchat hinter uns zu lassen. Das gilt insbesondere für die heute noch existierenden matriarchalen Gesellschaften bei indigenen Völkern in Asien, Amerika und Afrika. Durch ihre gelebten Muster geben sie uns eindrückliche Beispiele und vielfältige Anregungen für ein anderes, ein besseres Leben (1).

Matriarchale Elemente sind auch nicht utopisch weit weg, sondern heute längst wieder im Entstehen begriffen in den kreativen Lebensmustern und sozialen Formen, die Menschen in alternativen Bewegungen schaffen. Diese Bewegungen breiten sich, im weltweiten Maßstab gesehen, immer rascher von unten aus. Hier sind zu nennen:

- die verschiedenen sozialen Bewegungen,
- die starken ökologischen Bewegungen,
- die diversen Friedensbewegungen,
- die verschiedenen Frauenbewegungen,
- die unterschiedlichen Bewegungen indigener Völker,
- die zahlreichen Bürgerbewegungen,
- die vielfältigen Gemeinschaftsbewegungen.

Sie alle enthalten unterschiedliche Elemente traditioneller oder neuer matriarchaler Muster, die manchmal bewusst, meistens jedoch unbewusst sind und damit vorerst quasi-matriarchal bleiben – was sich jedoch ändern kann. Sie sind es, welche die sich entwickelnden Orte jenseits des Patriarchats darstellen, insbesondere jenseits von dessen westlicher Spielart.

Solche neuen matriarchalen Muster werden meist aus der Praxis gefunden und dann als Leitideen formuliert; insbesondere werden sie aktiv gelebt und im Versuch-und-Irrtum-Verfahren ausprobiert. Wenn bewusst wird, dass es sich hier um neue matriarchale Muster als etwas besonders Wertvolles, nämlich um erste Schritte aus dem Patriarchat hinaus handelt, hilft dies den Blick zu erweitern, das Geschaffene noch mehr wertzuschätzen und zu festigen. Dafür braucht es in keinem Fall Utopien, abstrakte Gedankengebilde werden für diese Erfahrungen nicht benötigt. Es genügt der viel bescheidenere Begriff der Leitideen, welche die praktischen Aktionen begleiten.

Im Folgenden skizziere ich ein paar wenige matriarchale Leitideen, die praktische Wege aus dem Patriarchat hinaus eröffnen können. Ich habe sie aus meiner Forschung zu lebenden matriarchalen Gesellschaft der Gegenwart gewonnen, wobei es nicht darum geht, deren kulturelle Besonderheiten zu imitieren, sondern ihre Prinzipien und Werte zu erkennen und aufzunehmen. Dabei bin ich mir darüber im Klaren, dass solche matriarchalen Leitideen in den genannten alternativen Bewegungen bereits in die Praxis eingeflossen sind – insofern sind sie nicht nur bloße

Ideen, sondern bereits Keime einer neuen Lebensweise. Das Besondere ist jedoch der matriarchale Zusammenhang, in den ich sie hier stelle: Dieser gibt uns erst das gesamte Bild und die umfassende Vision einer neuen Gesellschaftsform.

Ich kann hier nur einige wenige dieser Leitideen nennen, ihre Vollständigkeit und ihren inneren Zusammenhang zu geben, ist an dieser Stelle nicht möglich. Sie werden zuerst in Bezug auf soziale Mikrostrukturen wie Familien, Clans mit den Beziehungen zwischen den Geschlechtern und Generationen formuliert, danach in Bezug auf soziale Makrostrukturen wie Regionen und Gesellschaft insgesamt.

### *Anregungen für ein modernes matriarchales Sozialgefüge*

Es sind die besonderen Merkmale der familialen Sozialordnung, weshalb nicht-patriarchale Gesellschaften „matriarchal“ genannt werden. Diese Merkmale sind für uns, die wir patriarchale Sozialmuster wie die zweite Natur verinnerlicht haben, sehr brisant. Auf keinen Fall bestätigen sie die gängigen Vorurteile, dass in Matriarchaten „Frauen das Sagen haben“ oder gar „herrschen“. Keine der ernstzunehmenden Matriarchatsforscherinnen hat das jemals behauptet. Solche Vorurteile spiegeln lediglich patriarchale Muster, die nun in platter Umkehrung auf Frauen übertragen werden. Dies zu behaupten zeigt nur zu deutlich, dass Vorstellungen von Herrschaft und Hierarchie das Denken völlig besetzt und verformt haben, so dass Bilder von egalitären Lebensformen, wie Matriarchate es sind, gar nicht mehr in den Sinn kommen. Doch dies können wir übergehen, denn dahinter steht kein Wissen.

Was kann uns das erarbeitete Wissen über die matriarchale Gesellschaftsform für die Lösung von gegenwärtigen Problemen nützen? Hier braucht es zunächst Vorsicht und Überlegung, denn wir können nicht einfach matriarchale Muster auf heutige Verhältnisse übertragen. Geschichte und soziale Entwicklungen lassen sich nicht zurückdrehen. Die hohe soziale Intelligenz, die jedoch in den Formen und Regeln der matriarchalen Gesellschaftsform steckt, kann uns vielfältige Anregungen geben, um soziale und kulturelle Muster kreativ zu verändern.

Es tritt nämlich immer deutlicher hervor, dass viele Probleme der westlichen Welt – und nicht nur da – aus der zunehmenden Vereinzelung und Vereinsamung der Menschen erwachsen, die zu sozialer Verwahrlosung, Radikalisierung und Gewalt führen. Eine solche Lebensweise hat keine Zukunft, weshalb die Bildung und die Weiterentwicklung neuer Gemeinschaften immer wichtiger wird. Denn Menschen leben nicht als Einzelgänger, sondern als soziale Wesen sind sie auf Gemeinschaft angewiesen. Damit kommen wir zu ein paar Überlegungen zu den Mikrostrukturen, die in Richtung eines modernen matriarchalen Sozialgefüges führen.

## *1. Wahlverwandte Matri-Clans*

Matriarchale Gesellschaften bestehen niemals aus einzelnen Individuen, die gegeneinander wetteifern, auch nicht aus spätbürgerlichen Kleinfamilien aus Vater–Mutter–Kind, sondern grundsätzlich aus Gemeinschaften, den matriarchalen Sippen oder Clans. Diese matriarchalen Clans (kurz: Matri-Clans) werden durch die Verwandtschaft in der Mutterlinie zusammen gehalten. Der Grund für diese strukturgebende Mutterlinie oder Matrilinearität ist nicht, dass die Menschen so primitiv gewesen wären, dass sie „nicht einmal die Vaterschaft kannten" (Jargon der Missionare). Die Vaterschaft war zum Teil bekannt, aber sie spielte keine Rolle, weil sie nicht das formgebende Prinzip der Gesellschaft bildete. Zum Teil war sie wegen der Mehrfachbeziehungen im Liebesleben auch unbekannt, denn unter solchen Bedingungen ist Vaterschaft nicht bestimmbar, die Mutterschaft durch Geburt jedoch immer.

Nun können wir die blutsverwandten Matri-Clans nicht ohne weiteres nachbilden – obwohl es sie in einzelnen, eher zufälligen Verhältnissen noch geben mag – sondern wir müssen nach modernen Formen der Clanbildung suchen. Die Bildung neuer Gemeinschaften folgt daher nicht mehr dem Prinzip der Blutsverwandtschaft, sondern der Wahlverwandtschaft. Die blutsverwandte Organisationsform ist, nachdem sie geschichtlich zur patriarchalen Großfamilie und später zur bürgerlichen Kleinfamilie mit krasser Ungleichheit der Geschlechter verbogen wurde, heute im Zerfall begriffen. Wahlverwandtschaft wird hingegen von geistigen Inhalten bestimmt, weshalb man sie auch „Gesinnungsverwandtschaft" nennen könnte. Sie ist offener als die Blutsverwandtschaft, denn sie ist nicht von Geburt an verpflichtend, sondern lässt die Freiheit persönlicher Entscheidung zu. Aber sie ist bindender als zweckgerichtete Interessengemeinschaften, die schnell entstehen und schnell zerfallen. Denn Wahlverwandtschaft schließt einen dauerhaften Zusammenhang mit gegenseitiger Hilfsverpflichtung ein, welcher dem blutsverwandten Clan nachempfunden ist (2).

Nun ist Wahlverwandtschaft ein sehr allgemeiner Begriff, der nicht ausreicht, um eine neue, matriarchal geprägte Gemeinschaft zu bilden oder aus Vorhandenem weiterzuentwickeln. Es muss eine Organisationsform hinzukommen, welche die egalitäre, matriarchale Tendenz verankert. Diese ist der wahlverwandte Matri-Clan. Nach welchem Prinzip bildet dieser sich, da die Blutsverwandtschaft in weiblicher Linie ja entfällt?

Was hingegen nicht entfällt ist, dass es nach wie vor Frauen sind, die auch in neuen Gemeinschaften das junge Leben schenken, sie bilden als Mutter und Kind die elementare soziale Gruppe. Ohne sie gäbe es weder in Gemeinschaften noch in der Gesellschaft die nächste Generation, und damit gäbe es auch keine Zukunft. Frauen mit Kindern sorgen nicht nur für sich, sondern auch für andere, und darin liegt das clan-bildende Prinzip. Deshalb sind Frauen als Mütter der Mittelpunkt, von dem aus der wahlverwandte Matri-Clan gebildet wird.

*2. Bildung eines wahlverwandten Matri-Clans*

Wie das geschieht, skizziere ich hier modellhaft in Kürze: Zunächst wählt sich eine Frau mit Kindern ihre symbolischen „Schwestern", das heißt, einige andere Frauen mit oder ohne Kinder, die mit ihr die gemeinsame Mutterschaft ergreifen wollen. Für die Kinder heißen alle diese Frauen „Mutter", und für die Frauen sind alle diese Kinder „Tochter und Sohn". Da diese symbolische Schwesterngruppe begrenzt ist, bietet sie den Kindern die nötige Nähe und Intimität. Auf diese Weise haben alle Frauen „Kinder", und zugleich gibt die gemeinsame Fürsorge jeder von ihnen – auch den leiblichen Müttern – genug Zeit für ihre beruflichen und persönlichen Fähigkeiten. Vielleicht findet diese symbolische Schwesterngruppe auch einen schönen, mythologischen Namen, den sie ihrem wahlverwandten Kern-Clan geben will.

Im nächsten Schritt werden von diesen „Müttern" die Männer gewählt und in den Clan eingeladen, die ihre symbolischen „Brüder" sein sollen und wollen. Diese „Brüder" sind nicht die Geliebten, sondern Männer, die das Vertrauen der Frauengruppe genießen, weil sie einen hohen Grad an fürsorglichen, schützenden Fähigkeiten besitzen. Sie teilen sich nun mit ihren symbolischen „Schwestern" die Pflege und Erziehung der Kinder, so dass für jedes Mitglied dieses wahlverwandten Clans der persönliche und berufliche Spielraum noch größer wird. So haben auch alle Männer „Kinder", und es entstehen gemeinsame Verbindlichkeiten.

Dass ausnahmslos alle Menschen in der Gemeinschaft für Kinder mitsorgen, ist ein Prinzip der Balance, denn jeder Mensch hat diese Fürsorge als Kind erhalten. Es gibt deshalb eine gewisse ethische Verpflichtung, diesen Dienst auch weiterzugeben. Die individuelle Mutterschaft und Vaterschaft, die Einzelnen diese ganze Pflicht aufbürdet, werden dabei aufgelöst – sie sind mit der Kleinfamilie überholt –, ohne dass die Kinder nun im gesichtslosen Kollektiv leben müssten. Gleichzeitig wird die patriarchale Rollenverteilung aufgelöst, gemäß der die Frauen als Mütter für die anderen fürsorglich da zu sein haben. Sie werden in unserer Gesellschaft dafür noch nicht einmal geehrt, sondern verachtet, weil sie unbezahlte Arbeit tun (müssen). Krabbelgruppe und Kindergarten sind dabei nur Trostpflaster für eine grundsätzliche soziale Schieflage.

Im Modell des wahlverwandten Matri-Clans ist das anders: Mutterschaft und mütterliche Eigenschaften werden geehrt, denn fürsorgliches „mütterliches" Verhalten stellt die Norm für alle dar. Deswegen geht die Bildung des Clans von den Müttern aus. Aber Frauen werden nicht auf dieses Verhalten als angeblich wesensmäßig „weiblich" festgeschrieben und wieder in eine Nische verwiesen. Stattdessen ist im Matri-Clan für größte Gerechtigkeit gesorgt: Alle Menschen haben an der Betreuung der Kinder teil. Alle können dabei auch die damit verbundenen positiven emotionalen und sozialen Erfahrungen des Werts allgemeiner „Mütterlichkeit" machen. Zugleich sind die Kinder auf hervorragende Weise integriert, denn sie haben eine Vielfalt konkreter Bezugspersonen.

Alle Mitglieder des symbolischen Matri-Clans haben damit gleichermaßen die Möglichkeit, ihre persönlichen Fähigkeiten weiterzuentwickeln und ihren beruflichen Interessen nachzugehen. Dabei wäre es ideal, wenn die symbolischen „Schwestern“ und „Brüder“ auch hinsichtlich des Berufs möglichst eine Kooperationsgruppe darstellen würden, das heißt, wenn sie von einem gemeinsamen Projekt oder Unternehmen leben würden, damit nicht die zentrifugalen Kräfte der Arbeitswelt draußen die Gruppe sprengen.

### *3. Matri-Clans und Liebesbeziehungen*

Wenn die Männer in diesen Matri-Clans nun die symbolischen Brüder sind und nicht die Geliebten, wie können die Frauen und Männer des Clans ihre Liebespartner und -partnerinnen finden? Die Antwort ist klar: Sie kommen von außerhalb. Denn die Liebe behält ihre Spontaneität und Freiheit am ehesten, wenn sie nicht mit Alltagspflichten beladen wird. Außerdem ist es problematisch, auf wechselnde Gefühle und wechselnde Beziehungen eine tragfähige Gruppe gründen zu wollen, die außerdem Kindern dauerhaft Schutz geben soll.

Ein solcher symbolischer Matri-Clan ist glücklich dran, wenn in seiner Nachbarschaft ein ähnlicher Matri-Clan entsteht. Ebenso günstig ist es, wenn innerhalb einer großen Gemeinschaft, die ein „Dorf“ ist, sich mehrere wahlverwandte Matri-Clans von ca. zehn Personen bilden. Die Liebesbeziehungen finden nun zwischen den Clans statt, aber nicht innerhalb von ihnen. Dabei bleiben die Frauen im Clan, nur die Männer gehen auf Suche. Sie werden von den Frauen im Clan zu sich eingeladen. Dabei wohnen die männlichen Liebespartner nicht weit entfernt, und man kennt sich durch gemeinsame Feste gut. So kommen sie zu Liebes-Besuchen über Nacht oder mit kurzfristigem Verweilen; niemals aber lassen sie sich im Clan der geliebten Frau nieder. Diese Form von sogenannter „Besuchs-Ehe“ ist heute gar nicht so fremd, denn sie wird bereits in Liebesdingen von Singles innerhalb der bestehenden Gesellschaft praktiziert.

Auf diese Weise bietet das Gefüge der Matri-Clans die Lösung für zwei menschliche Grundbedürfnisse, nämlich jenes nach Freiheit in der Liebe und jenes nach persönlicher Sicherheit und Geborgenheit. In patriarchalen Gesellschaften hat es dafür niemals Lösungen gegeben, sondern nur Repressionen. In bereits bestehenden Gemeinschaften könnte damit die Frage geklärt werden, ob die Liebe nun „Privatangelegenheit“ der Liebespartner sein soll oder sich die ganze Gemeinschaft damit beschäftigen soll. Die Lösung liegt im Dritten, im wahlverwandten Matri-Clan, wo die kleinere Gruppe der jeweiligen „Schwestern“ und „Brüder“ Rat, Hilfe und Geborgenheit gewährt. Diese bringen sich größtes Vertrauen entgegen und schenken sich auch bei Liebesfragen gegenseitig seelische Unterstützung, eben wie „Schwester“ und „Bruder“ im idealen Sinn. Die Matri-Clans sind nicht zu eng wie die Kleinfamilie, aber auch nicht zu weit wie eine große Gemeinschaft aus vielen Leuten. Sie haben genau jene Größe, die für soziale und psychische Problemlösungen am besten geeignet ist.

Zugleich folgt die Liebe allein der freien Wahl und keinen anderen Rücksichtnahmen, die nichts mit ihr zu tun haben, wie etwa Geld, Versorgung, Prestige, Macht. Andererseits muss das Modell des Matri-Clans und der Liebesbeziehungen von außen keineswegs mit sich bringen, dass diese Beziehungen oberflächlich und kurz wären, weil die Liebenden nicht zusammen wohnen und arbeiten würden. Dass sie nicht im selben Clan leben, kann im Fall einer Trennung eine große Erleichterung sein. Abgesehen davon steht langdauernden Beziehungen nichts im Wege, im Gegenteil: Sie können sich gerade deshalb vertiefen, weil sie nicht mit den Pflichten des Alltags vermischt sind, sondern sich der Schönheit und Spiritualität der Erotik unbelastet widmen können. Sie nützen sich auch nicht so schnell ab, weil das Zusammensein nicht selbstverständlich und banal wird, sondern jede Begegnung etwas Besonderes behält.

### *4. Generationen im Matri-Clan*

Genauso wie die jungen Mütter ihre symbolischen „Schwestern" und „Brüder" gewählt und damit den wahlverwandten Clan aus zwei Generationen gebildet haben, wird er auch auf drei oder mehr Generationen erweitert. Denn sie wählen nun aus den Menschen oder Gemeinschaftsmitgliedern im höheren Alter ihre symbolischen „Großmütter" und „Großen Brüder" aus. Diese älteren Frauen und Männer sind durch ihre reichen Lebenserfahrungen sehr wichtige RatgeberInnen und HelferInnen für die Einzelnen wie für den Clan. Außerdem können alle Clanmitglieder aus dieser Gruppe eine symbolische „Matriarchin" und einen symbolischen „Mutterbruder" wählen, die den Clan nach außen vertreten. Wenn alle Clans, aus denen eine große Gemeinschaft besteht, zu einer großen Beratung auf dem Dorfplatz oder im Rathaus zusammenkommen, dann treten sie als Sprecherin und Sprecher ihres jeweiligen Clans auf. Aus dieser Gruppe der Älteren werden auch diejenigen gewählt, diesmal allerdings von der ganzen Gemeinschaft, die den „Rat der Weisen" bilden. Dieser Rat dient der gesamten Gemeinschaft in ihren Angelegenheiten und kann von ihr obendrein beauftragt werden, sie nach außen zu vertreten.

Da diese Matri-Clans auf Wahl beruhen, ist ihr Gefüge nicht unveränderbar. Jede Wahl kann durch eine Neuwahl ersetzt werden, es gibt keinen Zwang, ständig im selben Amt oder überhaupt zusammen zu bleiben. Es bleibt, was sich bewährt, ganz abgesehen davon verändern sich auch die Lebensphasen der Einzelnen, was berücksichtigt werden muss. Jede Neuwahl braucht aber dieselbe Ernsthaftigkeit wie die den Clan konstituierende Wahl, damit nicht Beliebigkeit und individuelles Chaos ausbrechen. Sinnvoll ist es, eine bestimmte Zeit des Zusammenbleibens zu vereinbaren und damit eine Verbindlichkeit von zwei oder mehr Jahren zu schaffen. Auf jeden Fall aber wird ein Matri-Clan jedes Jahr sein gesamtes Gefüge reflektieren, überprüfen und danach ausdrücklich erneuern. Das ist der Anlass für ein schönes, jährliches Clanfest, bei dem die innovative soziale Leistung, die alle hier erbringen, gefeiert wird.

## *Anregungen für eine moderne matriarchale Gesellschaft*

Ich beschrieb, wie sich matriarchale Muster auf neue, kreative Wahlverwandtschafts-Clans und Wahl-Gemeinschaften übertragen lassen, die von Frauen als Matri-Clans gegründet werden. Sie stellen neue matriarchale Mikrostrukturen dar. Im Folgenden geht es darum, diese Gedanken auf die Ebene der Gesellschaft als Makrostruktur zu erweitern. Damit enthalten diese knappen Gedanken die Skizze eines neuen Gesellschaftsentwurfs. Er ist nicht das Ergebnis eines abstrakten, philosophisch-utopischen Gedankenspiels, sondern beruht auf dem Wissen über matriarchale Gesellschaften und knüpft an ihre Erfahrungen an. Gleichzeitig ist er bezogen auf die Probleme und die Not der gegenwärtigen gesellschaftlichen Situation weltweit. Denn täglich werden soziale Zusammenhänge, Kulturen und ganze Völker zerstört, tragfähige egalitäre und mütterliche Werte gehen verloren, und als Folge davon verelenden und sterben immer mehr Menschen.

### *1. Zur Größenordnung: die Rolle der Region*

Bei den Überlegungen für eine moderne matriarchale Gesellschaft müssen wir uns von dem herrschenden Bild von Gesellschaft verabschieden. „Gesellschaft" meint im Allgemeinen ein Sammelbecken von verschiedensten Personen, Interessengruppen und Institutionen, die sich fremd sind und miteinander um die Macht im Staat rivalisieren. Häufig wird „Gesellschaft" auch mit dem Nationalstaat gleichgesetzt, und solche Staaten haben heute als Staatenbünde oder Supermächte beträchtliche Größe. Größe wird dabei bewundert, und diese Bewunderung hat mit der patriarchalen Ideologie von Eroberung, Expansion, Reichsbildung und Weltherrschaft zu tun.

Im matriarchalen Gesellschaftsentwurf ist jedoch Größe an sich kein Wert. Es werden kleinere Einheiten bevorzugt, denn sie müssen eine personennahe und transparente Politik ermöglichen. Sie dürfen nicht so groß sein, dass die Menschen sie nicht mehr durchschauen können und durch ihre Entscheidungen nicht mehr mitbestimmen können – wie dies bei den heutigen Staaten und Supermächten der Fall ist. Sie dürfen aber auch nicht so klein sein, dass die unabhängige Versorgung und die Vielfalt von Handwerk, Technik und Künsten nicht mehr gewährleistet ist. Diese ideale Größenordnung ist die Region. Die Grenzen einer Region sind nicht willkürlich wie Staatsgrenzen, sondern sie bestimmen sich nach den landschaftlichen Gegebenheiten und den gewachsenen kulturellen Traditionen. Eine matriarchale Gesellschaft reicht nicht über ihre Region hinaus, sie ist ein Netz aus Dörfern und kleineren Städten. Dabei gibt es keinerlei Rangordnung zwischen den Dörfern und Städten, keinerlei Zentralisierung, denn jede Siedlung wirtschaftet eigenständig, versorgt sich mit den elementaren Gütern selbst und ist politisch autonom. Sie sind voneinander unabhängige Dorf- und Stadtrepubliken. Eine solche Dorfrepublik besteht aus einem einzigen oder einigen wenigen wahlverwandten

Matri-Clans, welche nach den Mustern organisiert sind, die ich oben beschrieben habe. Eine Stadtrepublik besteht aus mehreren Stadtvierteln, die sich ihrerseits wie ein „Dorf" verhalten, denn sie bestehen auch aus einigen wenigen neuen Matri-Clans. Das garantiert die Transparenz. Außerdem begrenzt es die Größe der Stadt, die nichts mehr gemeinsam hat mit unseren Riesenstädten, die eine wahllose Anhäufung von mehr oder weniger entwurzelten, untereinander fremden und aggressiven Individuen bis zum Millionenfachen sind. Eine matriarchale Stadt ist demgegenüber ein wohlgeordneten Gefüge, denn nicht nur die wahlverwandten Matri-Clans der einzelnen Stadtviertel beziehen sich politisch aufeinander, sondern auch die einzelnen Stadtviertel, und zwar nach den Mustern der Konsenspolitik.

## *2. Konsenspolitik auf gesellschaftlicher Ebene*

Die Muster der matriarchalen Konsenspolitik schließen bei der Entscheidungsfindung jede Person ein und lassen Beschlüsse nur mit Einstimmigkeit zu. Es sind genau diese Muster, welche die Größenordnung einer matriarchalen Gesellschaft bestimmen und ebenso die Struktur der Dorf- und Stadtrepubliken. Denn die Konsenspolitik beruht auf der Nähe von Personen und auf Transparenz.

Die reale Politik wird in den Matri-Clans gemacht. Darin leben alle Menschen, als Wahlverwandte und nicht als rivalisierende Fremde. Von hier gehen die Entscheidungen aus, und hierhin kehren die Beratungen zurück, bis die Einstimmigkeit auch auf den erweiterten Ebenen gefunden ist. Wenn eine Dorfrepublik ihren Konsens sucht, dann beginnt das in den Matri-Clans, und er ist gefunden, wenn die Mitglieder all dieser Clans die Einstimmigkeit gefunden haben, das heißt, wenn alle Matri-Clans zuletzt dieselbe Auffassung teilen. Im Dorfrat tauschen dabei die Delegierten der einzelnen Clans fortwährend die Informationen zum Stand der Dinge aus und helfen so bei der Konsensfindung. Analog verläuft es in einem Stadtviertel, wenn die wahlverwandten Matri-Clans des Stadtviertels ihren Konsens bilden. Geht es dann um eine Konsensfindung auf Stadtebene, wird der Vorgang noch komplexer: Nun kommen im Stadtrat die Delegierten der einzelnen Stadtviertel zusammen und tauschen die Informationen aus. Ist der Konsens noch nicht gefunden, kehren sie zum Stadtviertel-Rat zurück und informieren dort die Delegierten der einzelnen Matri-Clans, die ihrerseits wieder zu den Clans zurückkehren, damit die Sache neu bedacht wird. So geht es hin und her, bis der Konsens auf Stadtebene gefunden ist. Bei der Konsensbildung auf regionaler Ebene beginnt die Entscheidungsfindung wieder bei allen einzelnen wahlverwandten Matri-Clans. Dieser Prozess wird dann durch die Delegierten der einzelnen Dörfer und Städte in den Rat der Region hinein getragen, und er geht über alle Delegierten-Stufen wiederum so lange hin und her, bis der Konsens der ganzen Region erreicht ist.

Es liegt bei diesem Vorgang der Konsenspolitik auf der Hand, dass über die Größe einer Region hinaus Konsensbildung als Einstimmigkeit aller Mitglieder nicht mehr durchführbar ist. Daher ist die Region die größte politische Einheit. Alles, was darüber hinausgeht, entspricht nicht mehr dem menschlichen Maß. Es ent-menschlicht die einzelnen Menschen und macht sie zu Objekten und zu Nummern, die keine Stimme mehr haben, wie an den zu großen, zentralistischen Staatsgebilden des Patriarchats zu sehen ist. Das menschliche Maß ist nun einmal begrenzt und relativ klein. Doch wenn es wieder als Maßstab gilt, lässt es die herrschende Gigantomanie, die unaufhaltsam vom Großen zum immer Größeren strebt, nicht mehr zu.

### *3. Die ökonomische Basis der Gesellschaft: Subsistenzwirtschaft*

Die Region ist auch die größte wirtschaftliche Einheit. Denn die matriarchale Ökonomie ist grundsätzlich Subsistenzwirtschaft, die nach dem Grundsatz der lokalen Unabhängigkeit in der Grundversorgung funktioniert (3). Die Produkte werden auf dem Garten- und Ackerland gewonnen, das die Dörfer und Städte umgibt, und sie werden zu lokalen Märkten gebracht, welche die lokale Verteilung sicherstellen. Das heißt, nicht nur die Dörfer sind Agrarsiedlungen, sondern auch die Städte sind Agrarstädte, die von ihrem Umland abhängen. Dieses Umland hat Grenzen, daher ist auch die Größe einer Stadt begrenzt. Deshalb kann es bei einer modernen matriarchalen Gesellschaft auch vom wirtschaftlichen Standpunkt her keine Riesenstädte mehr geben, die ihr sogenanntes „Hinterland" aussaugen und zur verarmten Provinz herabsinken lassen. Das „Hinterland" der westlichen Zivilisation ist mittlerweile der gesamte Rest der Welt geworden, der immer schneller verarmt, während die Industriegesellschaften Lebensmittel und Luxusgüter von dort mit Flugzeugen um die ganze Welt befördern lassen.

Subsistenzwirtschaft ist die einzige Wirtschaftsform, welche die herrschende, hemmungslose Ausplünderung unseres Planeten durch die westliche Konsumgesellschaft, durch transnationale Konzerne und den ungeheuer aufgeblähten Militärapparat beenden kann. Sie wird heute noch überwiegend in den nicht-westlichen Ländern praktiziert, besonders als Gartenbau der Frauen, die damit überall in der Welt ihre Familien ernähren, die sonst längst verhungert wären. Diese Gartenbäuerinnen leisten anhaltenden Widerstand gegen die galoppierende Kommerzialisierung der Landwirtschaft im weltweiten „Agro-Business" der Lebensmittel-Konzerne, die mit Plantagenbau, Düngemitteln und Giften ganze Landstriche verwüsten. Subsistenzwirtschaft geschieht im kleinen Rahmen, wird in intensiver Handarbeit und im sorgsamen Umgang mit der Erde geleistet und hat sich obendrein als am produktivsten erwiesen. Sie hat das Maß der Menschen, nicht das der Maschinen.

Auf gesellschaftlicher Ebene bedeutet Subsistenzwirtschaft, dass sich die Dörfer und Städte unabhängig ernähren können. Diese wirtschaftliche Unabhängigkeit von Dörfern und Städten heißt nicht, dass jede Frau Gärtnerin und jeder Mann Bauer werden müsste. Es bleibt die Differenzierung in verschiedene Berufszweige erhalten, besonders in den Städten. Auf Dorfmärkten und Stadtmärkten gibt es lokalen Handel, und gibt es ein Netz von Märkten in der Region, um die Vielfalt von Produkten und Dienstleistungen auszutauschen und zu verteilen. Wenn dabei Geld noch benötigt wird, hat es nur noch die Funktion eines lokalen Tauschmittels, aber nicht die von Kapital. Auf diese Weise verschwinden die unüberschaubar großen Geldkreisläufe, die Spekulationen an den Börsen und die Zins-Manipulationen der Banken mit dem hier vorherrschenden Profitstreben Einzelner. Stattdessen geht es beim lokalen Handel viel mehr um die Pflege der menschlichen Beziehungen als ums Geld. Dieser Austausch in geschlossenen, regionalen Kreisläufen kann in eine matriarchale Schenke-Ökonomie des Verteilens, an den natürlichen Bedürfnissen orientiert, übergehen, in der Geld gar keine Rolle mehr spielt (4). Das macht von der weltweiten Geldwirtschaft mit ihren betrügerischen Möglichkeiten unabhängig; stattdessen werden die mitmenschlichen Bindungen der gegenseitigen Hilfe und Fürsorge enger geknüpft. Dabei reicht die Region als größte Versorgungseinheit vollständig aus, denn sie ist groß genug, um Arbeitsteilung und eine vernünftige Spezialisierung zu gewährleisten und bei Versorgungsschwierigkeiten Schutz zu geben.

Bei dieser Wirtschaftsform ist das Ausmaß der heute herrschenden, sinnlosen Verschwendung von Gütern in den westlichen Industriegesellschaften nicht mehr möglich. Die Subsistenzwirtschaft reduziert nämlich den Konsum auf das, was die Region erlaubt, die Lebenshaltung wird damit notwendig einfacher. Das ist ökologisch im besten Sinne, denn als Folge dieser Begrenzung muss die Landschaft schonend behandelt werden. Zugleich ist es weltpolitisch im besten Sinne, denn in den armen Ländern behalten die Menschen nun die Güter, die sie aus ihren Regionen gewinnen, wieder für sich – ohne Steuern, Verschuldung und Zinsen an die Kapitalgeber (und Kapitalvernichter) in der westlichen Welt. Auf diese Weise kann die Wirtschaft wieder zu einem normalen Maß zurückfinden, und dieses Maß ist das begrenzte menschliche Maß.

### *4. Das doppelte Gesicht der Gesellschaft*

Die Menschheit besteht aus Zwei, aus Männern und Frauen. Alle traditionellen matriarchalen Gesellschaften haben dieser Grundtatsache Rechnung getragen, indem sie eine Sozialordnung von komplementärer Gender-Egalität und perfekter Balance zwischen den Geschlechtern geschaffen haben. Auch eine moderne matriarchale Gesellschaft wird so aufgebaut sein. Kein Geschlecht kann über das andere bestimmen oder es den eigenen Vorstellungen anpassen, auch kein Chef und keine Chefin nimmt den einzelnen Mitgliedern die persönliche Entscheidung ab. Bei der matriarchalen Konsenspolitik ist das nicht möglich.

In allen Bereichen der Gesellschaft sind Frauen und Männer gleich repräsentiert. In der matriarchalen Politik sind es stets eine Frau und ein Mann gemeinsam, die Matriarchin und einer ihrer Brüder (Mutterbruder), die als gewählte Sprecher den Clan nach außen vertreten. Das trifft auch auf die erweiterten Ebenen von Dorf, Stadt und Region zu: Auch hier sind die Sprecher für das Dorf, für die Stadt oder die ganze Region jeweils eine Frau und ein Mann. Sie können nur gemeinsam handeln, denn sie repräsentieren das doppelte Gesicht der Gesellschaft. Dies gilt nicht nur für den politischen Bereich, sondern für alle Bereiche der Gesellschaft: für die wirtschaftlichen Funktionen genauso wie für die spirituellen Würden, ebenso für besondere Gruppen und Gilden wie Handwerk, Technik, Künste und Wissenschaften. Jedes Amt wird gleichzeitig von einer Frau und einem Mann repräsentiert, ist also doppelt besetzt. Diese Repräsentanten verhalten sich zueinander wie „Schwester" und „Bruder" im Sinne einer geistigen Wahlverwandtschaft im Amt. Ihr gemeinsames Handeln ist von einer geschwisterlichen Haltung getragen. Gewählt wird die weibliche Repräsentantin nur von den Frauen des Clans, des Dorfs, der Stadt, der Gilde, ebenso wird der männliche Repräsentant nur von den Männern gewählt. Damit sind Frauen wie Männer überall und vollständig vertreten. Bei diesem Modell ist weder ein Geschlecht chronisch unterrepräsentiert – wie in patriarchalen Gesellschaften für Frauen allgemein üblich –, noch entsteht Konkurrenz zwischen den Geschlechtern um die Positionen – wie aus unserer Berufs- und Karrierewelt zur Genüge bekannt.

Diese Doppelbesetzung aller Ämter schließt allerdings nicht eine Staatschefin neben einem Staatschef oder eine Generalin neben einem General oder eine Päpstin neben einem Papst ein. Denn hierarchisch organisierte Staaten mit Militärapparat und Kriegsmaschinerie sowie patriarchale Staats- und Weltreligionen wird es in einer modernen matriarchalen Gesellschaft nicht mehr geben.

Es ist klar, dass die matriarchalen Repräsentanten nur Delegierte, aber keine Entscheidungsträger sind. Sie werden nach der Fähigkeit gewählt, Probleme lösen, Vertrauen aufbauen und Verschiedenheit integrieren zu können. Bei alledem spielen wiederum persönliche Nähe und Transparenz die entscheidende Rolle. Denn die Repräsentanten sind im lokalen Umfeld bekannt und werden direkt gewählt. Ebenso wird die Balance zwischen den Geschlechtern stets unmittelbar von allen Mitgliedern überwacht. So ist auch für die gesellschaftliche Sozialordnung die Region die oberste Größe, denn darüber hinaus sind persönliche Bekanntschaft und Beobachtung der Handlungen der Repräsentanten nicht mehr möglich.

## *5. Kultur und Spiritualität auf gesellschaftlicher Ebene*

Spiritualität ist die verbindende Kraft zwischen allen Teilen und Tätigkeiten in einer traditionellen wie in einer modernen matriarchalen Gesellschaft. Ihr lebendiger Ausdruck sind die matriarchalen Feste, in denen alles gefeiert wird: die Lebensstadien der einzelnen Menschen, die bedeutenden Ereignisse im wahlverwandten Matri-Clan oder im Dorf, im Stadtviertel und in der Stadt, insbesondere die Jahreszeiten der Natur, die als große Volksfeste alle Menschen im Feiern zusammen führen. Denn matriarchale Spiritualität ist der musisch-magische Ausdruck einer durch und durch spirituellen Weltauffassung und Gesellschaft.

Matriarchale Spiritualität ist nicht institutionalisiert und daher frei, aber sie ist nicht beliebig. Sie hat eine verbindliche Grundlage: die mütterliche Erde, die alles trägt, und den Lebensstrom, der alles durchdringt. Doch außer diesen gemeinsamen Festen der Jahreszeiten, die Erde und Kosmos gewidmet sind, werden sich jeweils besondere lokale Traditionen entwickeln. Daraus entsteht ein buntes Mosaik an lokalen Kulturen, was die Vielfalt und den Reichtum von Kultur ausmacht. Alle Beteiligten schaffen ihre lokale Kultur aktiv mit, weshalb eine solche Kultur nicht mehr zum Kunst-Verkauf und zum bloßen Kunst-Konsum herabsinken kann.

Die spirituellen Werte, die auf dem allgemeinen Wert der Mütterlichkeit beruhen, durchziehen die ganze Gesellschaft: die Verehrung der Göttin Erde prägt die Ökonomie, die Achtung vor der Verschiedenheit der Menschen die Politik. Diese Werte reichen auch über die Grenzen einer matriarchalen Gesellschaft hinaus, d. h. über die Grenzen der Region. Obwohl eine matriarchale Gesellschaft sich als Gefüge nur regional konstituieren kann, knüpft sie dennoch freundschaftliche Verbindungen mit anderen Regionen. Diese Verbindungen sind rein spiritueller Art und werden symbolisch artikuliert. Wenn z. B. Regionen, die in den vier Himmelsrichtungen liegen, eine solche Verbindung knüpfen wollen, könnten sie sich „Region der aufgehenden Sonne“ (Osten), „Region der hochstehenden Sonne“ (Süden), „Region der untergehenden Sonne“ (Westen), „Region der ewigen Sterne“ (Norden) nennen. So beziehen sie sich symbolisch aufeinander und knüpfen eine spirituelle Verbindung: Sie sind nun „Schwester-Regionen“ in einem symbolischen Gefüge. Diese Verbindung wird bekräftigt durch gegenseitige Besuche und interregionale Feste, bei denen ihre symbolische Ordnung abgebildet wird. Dabei werden Geschenke ausgetauscht, die aus den spezifischen Produkten oder Künsten der jeweiligen Region bestehen. Auf diese Weise bildet sich ein freies, horizontales Netz zwischen Regionen, das sich vollständig von den gegenwärtigen zentralistischen, hierarchischen Staats-Strukturen unterscheidet.

Im Zeitalter der modernen Kommunikationstechnik müssen sich diese spirituellen Verbindungen nicht auf die Nachbar-Regionen beschränken, sondern können Länder und sogar Kontinente verknüpfen. Warum soll eine matriarchale Region in Deutschland nicht eine „Schwester-Region“ in Indien, eine in Japan, eine in Amerika und eine in Afrika haben? Solchen Verbindungen sind keine Grenzen gesetzt. Die Besuche werden dabei eher übers Internet stattfinden, oder lange Reisen werden einem gemeinsamen Fest vorausgehen, was solche interkontinentalen Feste eher zu seltenen, glanzvollen Ausnahmen macht. Auf diese Weise können weltweite „Schwester-Netze“ zwischen Regionen entstehen.

Ist eine solche Verbindung nun als „matriarchaler Staat“ zu bezeichnen? Oder sind Begriff und Vorstellung von „Staat“ vielleicht überflüssig? Für eine moderne matriarchale Gesellschaft sind sie in der Tat überflüssig, denn diese ist eine wohlgegliederte, gut funktionierende Gesellschaft ganz ohne Staat. Sie ist eine „Basis-demokratie“ im besten Sinne und hat den „Vater Staat“ endgültig hinter sich gelassen.

Die meisten Archäologen und Historiker lassen die Kulturgeschichte erst mit der Bildung von hierarchischen Staaten beginnen – in unserer Perspektive hört jede humane Kulturgeschichte damit auf, denn nun beginnt das Patriarchat. Doch mit der Bildung solcher modernen Formen von matriarchalen Gesellschaften könnte eine neue humane Kulturgeschichte beginnen.

## *Anmerkungen und Literaturhinweise*

1) Vgl. zu matriarchalen Gesellschaften in der Gegenwart Heide Göttner-Abendroth: *Das Matriarchat II,1. Stammesgesellschaften in Ostasien, Indonesien, Ozeanien*, Stuttgart 1991/1999; dies.: *Das Matriarchat II,2. Stammesgesellschaften in Amerika, Indien, Afrika*, Stuttgart 2000.
2) Siehe zu diesen und den nachfolgenden Bemerkungen: Heide Göttner-Abendroth: „Mutter – Mutterschaft – Mütterlichkeit. Was heißt das jenseits des Patriarchats?“, Beitrag in diesem Buch; und die weiterführenden Gedanken in: dies.: *Der Weg zu einer egalitären Gesellschaft. Prinzipien und Praxis der Matriarchatspolitik*, Klein Jasedow 2008.
3) Vgl. zur Theorie der Subsistenz Veronika Bennholdt-Thomsen/Maria Mies: *Eine Kuh für Hillary. Die Subsistenzperspektive*, München 1997; Veronika Bennholdt-Thomsen/Mechthild Müser/Cornelia Suhan (Hg.): *FrauenWirtschaft. Juchitàn – Mexikos Stadt der Frauen*, München 2000; Andrea Baier/Veronika Bennholdt-Thomsen/Brigitte Holzer: *Ohne Menschen keine Wirtschaft*, München 2005; Claudia von Werlhof/ Veronika Bennholdt-Thomsen/ Nicholas Faraclas (Hg.): *Subsistenz und Widerstand*, Wien 2003.
4) Zur Analyse und Theorie der Ökonomie des Schenkens siehe Genevieve Vaughan: *For-Giving. Schenken und Vergeben*, Königstein/Taunus 2008 (zuerst Austin/Texas 1997).